大衆社会とデモクラシー――大衆・階級・市民――／目　次

［凡　例］

1　文献は、巻末の文献一覧に詳細を記し、本文・注においては、著者名［出版年：頁］のように表記し、その文献が外国語文献で邦訳がある場合は、著者名［出版年：頁＝訳書の出版年：頁］のように表記した。

2　外国語文献の邦訳は可能な限り参照したが、訳文は適宜変えてある。

3　引用文中の旧漢字は適宜常用漢字に改めた。ただし、旧かな遣いはそのままである。

4　引用文中に説明などを補った部分は［　］で示した。

5　民主主義・民主政治を表す場合には「デモクラシー」という用語を用いているが、「一般民主主義」「地域民主主義」「分節民主主義」等のように、鍵概念と考えられるものについてはそのまま表記した。

6　注は各章末に掲げた。

序論

比喩的に語るならば、変化しつつある社会を再建することは、新しい土台の上に家屋を改築するようなことであるよりもむしろ、動いている汽車の車輪を取換えるようなものなのである。

――カール・マンハイム（一九四〇年）

政治理論の「パラダイム転換」が必要とされる「現代」とは、いかなる時代なのだろうか。また、「現代社会」とは一体どのような社会であろうか。

この問いに答えることは容易ではない。その理由として、あらゆる領域において変化の激しい現代にあっては、どこからどこへ向けて変化しているのか把握するのが極めて難しいこと（ある種の方向性喪失）、特にグローバル化の急速な進展がその変化の激しさに拍車をかけていること、また同時代を客観的に見ることがそもそも困難であること、などが指摘できるだろう。もっとも、ここ数十年の日本の諸議論を振り返ってみれば、どの時代にも「激動」とか「転換点」という言葉が飛び交っていた。それでは、一九七〇年代の「激動」と、八〇年代の「激動」と、九〇年代の「激動」を比較考察する視点を、私たちが持っているかというと、必ずしもそうではなさそうである。

一方、「現代はデモクラシーの時代である」と言うことも可能であるが、それは何を意味するのだろうか。あまりに陳腐すぎて、何の内容も持たない言説であろうか。それとも、二〇世紀後半からの世界的な民主化――サミュエル・P・ハンティントン流に「第三の波」と言ってもよかろう――に新たな道筋をつけようとする現代的な言説であろうか。確かに、二〇世紀最後の十年間から今日に至るまで、「ラディカル・デモクラシー」「熟議《デリバレイティヴ》デモクラシー」「グローバル・デモクラシー」等々という形で、デモクラシー論が非常に活発であることは事実だろう。しかし、「『デモクラシーとは何か』という現代政治の根本問題に関して、一般市民のあいだでも、プロの政治家や専門の政治学者のあいだですら、十分な掘りさげがなされていないことは、驚くべき事態である」（千葉［1996: 7］）、「二〇世紀末におけるデモクラシーの現状はきわめて錯綜しているにもかかわらず、残念ながら、それを正面から取り上げる理論的作業は必ずしも多くない」（杉田［1998: 137］）等という指摘もなされてきた。となれば、「デモクラシーの時代」とされる「現代」とは何か、という困難な問いに答えようとする際の出発点や立脚点が、そもそも問い直されなければなるまい。

大衆社会論の「死亡宣告」？

ところで、二〇世紀において、「現代社会論」の名で語られたものとしては、帝国主義論、大衆社会論、産業社会論、管理社会論、消費社会論、などが挙げられる（Cf. 奥井［1990］）。その中で、デモクラシー理論ともっとも密接な関係を持っていたのは、大衆社会論であろう。二一世紀初頭の今日において、大衆社会論を議論の俎上に乗せようとすることは、何か古色蒼然たる印象を与えるものかもしれない。事実、二〇世紀前半から中葉にかけては華々しかった大衆社会に関する議論は、一九七〇年代までには姿を消しつつあったというのが世界的な流れであった。

日本の場合を考えても、大衆社会論は少なくとも二度の「死亡宣告」を受けている。一度目は、一九五〇年代後半に戦わされたいわゆる「大衆社会論争」の後の、六〇年安保闘争の時である。当時の通俗化した大衆社会論――つまり、「大衆は非合理的で受動的で、マスコミによる操作の対象である」というステレオタイプ的な議論――に対して、安保闘争を戦った日本国民はそうした「大衆」ではなく自発的な「市民」である、と主張されたのである。こうした、大衆社会という時代認識を否定する見方は、当時の論壇および社会科学で強い影響力を持っていたマルクス主義にも、方向性は異なるものの、ある意味では共有されていた。すなわち、安保闘争は日本人の「階級」意識の盛り上がりであり、人民は受動的な大衆ではなくプロレタリア革命の主体だ、というわけである。

また二度目の「死亡宣告」は――「宣告」と呼べるほど、明示的であったかどうかはともあれ――、一九八〇年代であったと言える(1)。日本が二度のオイル・ショックから立ち直り、欧米を脅かすほどの「経済大国」となったことを背景に、日本国民は画一的・均質的な大衆ではなく今や成熟した個人である、との認識が八〇年代には一般的に広がっていた。日本社会はもはや、かつての全体主義・軍国主義に戻ることがあり得ないほどに個人の価値観が多様化して、しかも安定した「豊かな社会」であると言われた。確かに、それまでの「保守対革新」という対立図式がほぼ崩れ去り、保守政権を「ファッショ・軍国主義復活」などと批判することが無意味に近くなった時代でもあった。

以上の「死亡宣告」は、それなりに的を射ていたところもあるだろう。とするならば、今さら大衆社会論を論じようというのは、時に適わない好事家とのそしりを受けるかもしれない。しかしながら、私たちはすぐに、非常に単純な事実にぶつかるのである。それは、「現代の大衆社会状況においては……」という言い方が今日でもなされるという事実、つまり現代社会も当然のように「大衆社会」と呼ばれる事実である。そして、それにもかかわらず、かつてしばしば取り上げられた多くの大衆社会論者たち——例えばカール・マンハイム、エーリッヒ・フロム、C・ライト・ミルズ、デヴィッド・リースマン——の諸議論が、省みられることが非常に少なくなっている、というもう一つの事実である。

「大衆社会」とは何か

そもそも、「大衆社会」という言葉はいったい何を意味するのか。これは極めて基本的な問題の出発点なのだが、しかし同時に私たちは、「大衆」や「大衆社会」が従来から、定義づけの困難なあいまいな概念であったことも知っている。これらの言葉に接して直ちにイメージするものも、各人によってかなりの開きがあるだろう。

その上、さらに厄介な問題がある。「大衆」が英語の mass（あるいは複数形の masses）の、また「大衆社会」が mass society の訳語であることは周知の通りだが、英語の mass 自体がさまざまな意味を含む言葉であるし、日本語の「大衆」もまた、その都度吟味されることなく使われる日常語でもあるという問題である。「大衆」と mass は、そのまま重なり合う概念とは決して言えまい。実際、「大衆」は

people（または形容詞の popular）の訳語としても頻繁に使われている。おそらく、従来もそうであったように、「大衆」「大衆社会」を明確に定義づけようとしても、決して生産的な議論は産まれないであろう。

それでは、「そうしたあいまいな言葉を使うのは止めよう」ということで、大衆および大衆社会に関する議論がなくなったのであろうか。そのような明確な合意が、社会科学者やジャーナリストの間であったとは思えない。繰り返すように、「現代は大衆社会状況にある」と無反省に言われる場合もしばしばである。ならば、「大衆」「大衆社会」という定義づけが困難な概念が、少なくともこれまでの言説においてどのように使われてきたのかを、踏まえないわけにはいかないのではなかろうか。

あるいは――大衆社会論が提起した諸問題が、今では分かりきった常識的なことだから、もはや議論する必要がないというのだろうか。マス・メディアの問題、官僚制の問題、政治的無関心の問題、政党離れの問題、等々、今日においても議論の尽きることないこれらの諸問題は、広義の大衆社会論とすべて関わっている。しかし、選挙権が拡大し、デモクラシーが今日ではマス・デモクラシーであることはもはや所与の事実だから、今さら大衆社会を云々しても始まらないということであろうか。もしも、大衆社会状況が所与の事実なるがゆえに議論の余地がないとするならば、大衆社会の問題は解決済みではないはずであり、「現代は大衆社会ではない」ことにはならないはずである。大衆社会状況が常態化した時代に、それらについて正面から議論しないというのは、知的に健全なことなのだろうか。確かに、「大衆社会」という概念があいまいなるがゆえに、あらゆる社会現象を「大衆社会状況」

だと言えてしまうという面もあり、その意味ではこの言葉はその表象能力を失っているのかもしれない。しかし、だからこそ、「では大衆社会ということで、過去に何が議論されてきたのか」を常に自覚し続ける必要があるのではなかろうか。

または、別の可能性も考えられる。すなわち——現代を「大衆社会」と呼ぶかどうかをひとまず措くとして、大衆社会論と呼ばれたかつての理論家・思想家たちの議論は、もはや今日的な政治社会状況を考察するためには時代遅れである、という可能性である。この立場をとるならば、それは大衆社会それ自体というよりも、大衆社会「論」の方の古さを問題にしていると考えられる。私たちは漠然と「大衆社会論」という言葉を用いるが、それは大衆社会の理論《セオリー》と、大衆社会についての議論《アーギュメント》との、両方を含み得るものである。広義の大衆社会論は、ひとつの理論体系を打ち立てようとしたものとは言えず、そこには哲学的なものから文化論、時事評論に近いものまで、極めて多様なものが含まれていると言ってよい。そう考えれば、さまざまな理論家・思想家たちを十把一絡げに「大衆社会論者」と括ってしまうのは、危険なことかもしれない。「大衆社会論」ということで、通俗化した紋切り型の理解をしてしまうならば、容易に「それは過去のものだ」と言えてしまうだろうし、現代的な政治理論・社会理論が大衆社会論と通底する議論を展開していても、その連関性が問われることはなくなってしまう。

日本における大衆社会論の問題

先に筆者は、世界的に見て大衆社会論は一九七〇年代までには消えつつあったと述べた。と同時に、日本の場合に言えることは、七〇年代中葉から八〇年代にかけて、大衆社会論の見直しが散発的になされてきたことである（青木［1982］、後藤［1986］［1988］、林秀甫［1977］、細谷／元島［1982］、加茂［1975］、小島［1987］、桜井［1981］など）。それらの中には、代表的な論者の議論を丹念に追ったものもあれば、批評にとどまるものもある。また、日本の一九五〇年代における「大衆社会論争」については、確かに多くの論及がなされてきた。さて、言うまでもなく、その「大衆社会論争」の立役者の一人は、松下圭一であった。彼とマルクス主義者との間に「論争」がなされたという事実は、あまりに有名であろう。しかし、その「論争」や松下の大衆社会論を再検討した諸論考をレビューして気づくことは、松下の理論を内在的に解読する作業が満足になされていないことである。

松下の政治理論の全体像は、これまで十分に理解されてはこなかったし、実際、その評価も定まってはいない。一九五〇年代の松下の、ジョン・ロックを機軸とする「市民政治理論」研究、および大衆社会論、六〇年代の分権論・都市論・市民論、七〇年代のシビル・ミニマム論は、ほとんど相互に関連づけて理解されていないように見える。五〇年代には社会主義的な階級論にこだわっていた松下が、六〇年代にはそれを放棄し、七〇年代には自治体論や行政学へと移行した――という認識があるように見受けられるが、これもまた通俗的な理解と言わざるを得ず、松下の論理を丹念に読み解いていけば、むしろそこにかなり一貫した論理を見出すことができる。特に彼の、五〇年代の大衆社会論と、六〇年代の都市論・市民論との理論的なつながりは、当然のことながら非常に強固であり、シビル・ミニマムに至る彼の理論的パラダイムを定礎したのは大衆社会論であったのである。

松下にとって大衆社会論は、一九世紀から二〇世紀にかけての政治理論のパラダイム転換であった。それでは、それに匹敵するだけのパラダイム転換が、一九八〇年代（およびそれ以降）に日本の社会科学でなされたのであろうか。実は、そのことは決して明らかではない。「ポストモダン」という言葉が頻繁に使われるようになり、ポスト工業社会が議論されるようになったものの、パラダイムが自覚的に転換されたというよりは、かつての議論がなし崩し的に忘れられていっただけのように思えてならない。「政治理論のパラダイム転換」を現代の問題として引き受けようとするならば、大衆社会に関する知的遺産を——それを継承するにせよ放棄するにせよ——現在の時点で再検討し、今日のデモクラシー理論といかなる関係性にあるのかを問い直すことは、必要な作業なのではなかろうか。

本来なら、日本において「政治理論のパラダイム転換」を考える場合、敗戦直後の言説空間において圧倒的な影響力を持っていたマルクス主義が、その後どのような道をたどったのかについて、きちんとした説明がなされるべきであろう。もちろん、冷戦が終結してすでに十数年を経た今日、マルクス主義や社会主義を再検討することには非常な困難を伴うし、筆者がそうした巨大な問題を論じるだけの準備はない。本書で松下圭一の一九五〇年代の大衆社会論を扱うのは、当時の彼の議論が左翼的な言説空間の中でなされたという周知のことを、歴史的にわざわざ振り返るためではない。彼の理論の中に、単純に当時の歴史的産物として片付けることを許さない知的遺産があると考えるからである。

それを再検討することもまた、「政治理論のパラダイム」を「転換」しようとする私たちの知的な位置の再確認につながるのではないか。

事実、松下の大衆社会論は、マルクスの影響を非常に強く受けていた。松下自身はマルクス主義者ではなく、硬直化したスターリン主義的マルクス主義に批判的な政治学者であった。しかし同時に彼は、マルクスおよびレーニンの理論を、工業社会に関する社会理論と理解しており、二〇世紀の現代社会を理論化する際にそれが重要であることを繰り返し指摘していた。欧米の大衆社会論の多くが、大衆社会を無定形な「無階級社会」と捉えるのに対して、松下は資本主義社会における階級関係を否定せず、むしろマルクス的な階級理論を自身の大衆社会理論の中に組み込もうとした。このような彼の大衆社会論は世界的にも非常にユニークであり、日本の政治学者・社会学者でさえそれをこれまで十分に理解してきたとは言いがたい。

また、松下がその大衆社会論の中で示した、社会主義とデモクラシーの関係性に関する知見は、重要なものであると考えられる。後の章で見るように、松下は、デモクラシーを全否定する共産主義とも、また資本主義と妥協する社会民主主義とも異なる、大衆社会の現実を克服するための社会主義を構想した。彼にとって現代社会は、二重の疎外、つまり「資本主義的疎外」と「大衆社会的疎外」に直面している。ゆえに、政治理論家および社会主義者の役割は、この二重の疎外を克服する道を提示することであるというのである。こうした彼の一九五〇年代の構想は、一九八〇～九〇年代ヨーロッパにおけるラディカル・デモクラシーの議論と軌を一にするものがある。松下および数人の日本の社会主義者は、一九五〇年代末から一九六〇年代初頭にかけて、民主化をさらに前進させるような社会主義の道について議論していたからである。

本書の構成

本書は、以上のような問題意識を背景にして成り立っている。もちろん、本書の課題は非常にささやかなものであって、これまで触れた諸問題すべてに満足な解答を与えることははじめから考えられていない。本書が示そうとするポイントは、まず一つには、欧米の大衆社会論と比較して、松下のそれが世界的にも極めて独自の大衆社会理論であったこと。二つには、松下の大衆社会論が、その後の彼の政治学に一定のパラダイムを準備したこと。そして三つには、左翼的な言説空間の中でなされた松下の大衆社会論が、社会主義とデモクラシーをめぐる現代ヨーロッパ左派の諸議論を先取りするような性格を持っていたこと、である。

第一章は、欧米の大衆社会論の再検討であるが、これはある意味で、従来の政治学や社会学の標準的なテキスト類における記述と大差ない内容かもしれない。だが、少なくとも一九九〇年代以降の日本の政治学において、大衆社会論と呼ばれる議論を改めて整理したものは決して多くない。ゆえに、大衆社会論者と呼ばれた理論家・思想家がいったい誰のことであり、いわゆる大衆社会論がいかなる背景で登場し、何を問題としたのかを、ここで改めて確認することにも、十分な意味はあろう。

第二章では、松下圭一の大衆社会論、およびその前提となっている彼の「市民政治理論」理解の検討を行なう。なお、筆者のさしあたりの関心が日本政治思想史研究にはないため、一九五〇年代における松下とマルクス主義者との、ある意味で不毛だった論争それ自体を吟味することはしない。むしろ、松下自身の理論を内在的に読み解くことを通じて、彼の大衆社会論の意図がどこにあったのかを明らかにしたい。続く第三章では、一九六〇年代の久野収らによる市民論、松下の七〇年代に至る議論の推移、山崎正和や西部邁らが八〇年代前半に展開した新たな「大衆」論、等々、日本における大衆（社会）論の変遷をフォローすることとする。見方によっては、同列に扱うことのできない論者が並べられていると奇異に感ずる向きもあろう。しかしながら、ここでの筆者の関心は、「大衆社会論争」や安保闘争以降、大衆（社会）をめぐる言説がどのように変化したかを検討することにある。

第四章では、松下の大衆社会論の独自性を評価するとともに、一九八〇年代以降のヨーロッパの有力な政治理論・デモクラシー論との比較を行なう。そして最後に、一九九〇年代以降に日本でなされたデモクラシーや市民社会に関する諸議論が、大衆社会論といかなる接点を持つのかについて、筆者なりの若干のコメントを示したい。

（1）庄司興吉は一九八四年の時点で、社会学の領域では大衆社会論はすでに評価の定まった過去のパラダイムである、と述べていた（庄司［1984: 122-23］、cf.［庄司［1977］）。

第一章

欧米の大衆社会論とデモクラシー理論・再訪

私が申し上げたいのは、マス・デモクラシーが他の政治形態より腐敗したものあるいは無能なものだということではありません（私は、そんなことを考えてはおりません）。そうではなくて、マス・デモクラシーは新しい現象――過去半世紀の間に生まれたもの――で、それを、ロックの哲学や一九世紀のリベラル・デモクラシーの流儀で考えるのは不適当で、誤解を生むということなのです。

――E・H・カー（一九五一年）

一九世紀の後半から二〇世紀中葉にかけての欧米では、「大衆」「大衆社会」に関する理論《セオリー》および議論《アーギュメント》が百花繚乱の様相を呈していた。この時期は、さまざまな形での近代批判・近代社会批判が登場した時代であり、ロシア革命の後には左右のイデオロギー対立が顕著になった時代でもある。また、ヨーロッパが二つの世界大戦を通じて世界の支配的地位から滑り落ちるとともに、アメリカ合衆国と旧ソ連が超大国として世界の表舞台に現れた時代をも含んでいる。ゆえに、この時期の知的状況をひとまとめに扱うことは決して容易ではない。しかし同時に、大衆および大衆社会をめぐる議論が、この時期における知的トレンドであったこともまた、否定できない事実である。(1)

この章では、ヨーロッパおよびアメリカにおける、大衆・大衆社会に関してなされた議論にたいして、一定の整理を試みたい。「大衆社会論」という場合、政治学、社会学、心理学、哲学など広範な分野で論じられたものであることが容易に見て取れる。紙幅の都合上、ここで扱う理論および議論は当然のことながら限定的・選択的とならざるを得ない。まず第一に、近・現代西洋社会における大衆社会論の諸議論をたどりながら、「大衆」および「大衆社会」が何を意味したのかを改めて確認したい。第二に、大衆社会論によって議論された種々の論点――多数者の専制、共同体の崩壊、公衆の消失、社会の合理化・組織化、無階級社会、等々――を可能な限り詳述する。第三に、ヨーロッパ的な大衆社会論に対してアメリカの社会科学からなされた批判を検討する。そしてさらに、一九七〇年代の参加デモクラシー論の中に、当時消えつつあった大衆社会・大衆《マス》デモクラシーの諸議論の延長線上にある問題意識を見出してみたい。

第一節　「大衆」および「大衆社会」

一　「大衆」とは何か

意味と用法

「大衆」（mass, the masses）は、さまざまな意味あいを含んだ、非常にあいまいな言葉である。フィリップ・セルズニックによれば、大衆とは「社会生活への普通の自発的な参加から退いている、未分化で階層化されていない人々」のことである（Selznick［1952: 284］）。またウィリアム・コーンハウザーは、大衆とは「階級をも含めて、広範ないかなる社会集団にも統合されていない大勢の人間」であると述べている（Kornhauser［1959: 14 = 1961: 12］）。一般的にいえば、大衆という概念は、共同体の崩壊あるいは生活の官僚制化によって、集団への関係性や帰属意識が深刻に損なわれている人々を意味するものとして使われた。それゆえに大衆とは、「階級的、宗教的、職業的、地域的、その他の主要な諸集団の一員であるとの感覚を喪失した、社会の断片化された人々のことである」（Halebsky［1976: 45］）。

大衆社会批判という文脈においては、大衆の概念は、「多数者」「烏合の衆」「下層階級」「暴徒」「群集」といったネガティヴな意味で用いられた。これらの意味の多くは、「デモクラシー」の語源である「デーモス（人民）」が含意していたものと重なり合うと言ってよい（Cf. Arblaster［2002: 15 = 1991: 21］）。「大衆」「大衆社会」という言葉を厳密に定義づけることは困難であり、それらの言葉がどのような意味で用いられるかは、論者によってさまざまである。ここでは、「大衆」「大衆社会」の概念を規定するという、あまり生産的でないことを試みるよりも、近代社会においてそれらの言葉がいかに用いられてきたか、その歴史を大まかにたどってみたい。

レイモンド・ウィリアムズの説明によれば、「大衆」（単数形の mass および複数形の masses）は、「デモクラシー」という伝統的に不人気だった言葉が一九世紀以降ポジティヴな意味で用いられるようになった時、かつての「デモクラシー」の替わりに用いられるようになったものである。

社会的な意味をもつ語義について言えば、現代の masses と mass には別個のものと言える二つの意味あいがある。Masses は、①「多頭の（many-headed）大衆、群集」をさす現代版の単語で、それは卑しく、無知で不安定なものとされている。②同じ集団をさすが、この人々が昨今では前向き、積極的に力を及ぼす、ないしはその可能性のある社会的な力とみなされていて、そのようなものとしての「大衆」という意味である。この両者の違いは派生語形、関連語形の多くの場合に重要になった。たとえば mass meeting（大衆集会）という言い方は、一九世紀半ばより語義②で、人々がなにがしかの共通の社会的な目標のために集まったもの、という意味であった（もっとも、軽蔑の意を込めた like a mass meeting（大衆集会のごとき）という表現もあって、これは mass meeting への反応として見過ごしにできない用法である）。一方、「独自の目や耳はきわめて少ない。多数の人々（mass）は他人に指示されるままに見たり聞いたりする」……という例に見られるような語義①は、二〇世紀になるといくつかの造語として現れた。mass society（大衆社会）、mass suggestion（大衆暗示）、mass taste（大衆趣味）がそれにあたる。このような造語の大半は「民主主義」批判として比較的手の込んだものである。というのも、「民主主義」という語は一九世紀初めより立派な言葉としての度合いを増してきたために、ある種の思想においてはこのように効果的に言い換える必要が出てきたのだろう。mass-democracy（大衆民主主義）という表現は操作を受けた政治システムをさすこともあるが、この語はむしろ教養のない、あるいは無知な好みや意見に牛耳られたシステムをさすことのほうが多い。要するにこれは、「民主主義」そのものに対する古典的な不満なのである。（Williams［1976: 161 = 2002: 194］）

このようにウィリアムズによれば、「大衆」概念は、ポジティヴな面とネガティヴな面の両方を持ち合わせている。

「大衆」は、量的な概念であるとともに質的な概念でもある。ウィリアムズは次のように続けている。

一方、この手の造語のいくつかについては、そのなかでも最も普及した表現の影響を受けている。その表現とは、一九二〇年代にアメリカに登場したmass production（大量生産）のことである。……この語がさすのはむしろ「消費」の過程……、つまりmass market（マス・マーケット、大衆市場）のことであって、この場合のmassは語義①「多頭の大衆」のバリエーション、つまり今や購買力をそなえた「多頭の大衆」なのである。mass marketは「高級市場」を表すquality marketと対照的なものとして使われていて、①の意味あいを今よりも多く残していた。けれども、そこから意味が拡大して、mass productionといった場合には多数のものの生産を表すようになった。

（Williams［1976: 161-62 = 2002: 194］）

そしてウィリアムズは、二〇世紀においては「大衆」という言葉にいくつかの意味が混ぜ合わされ、混乱した使い方をされている点を指摘する。「たとえば、マスコミ、マス・メディアが情報を送る相手としている多数の人々という点については、『多頭の群集』ないしは『大部分の人々』という意味があるし、そこで採られる様式については、『操作的』あるいは『広く普及している』、そこで想定されている趣味については、『俗な』あるいは『ふつうの』、また、結果として生じる関係については、『疎外された、抽象的な空想上のもの』あるいは『新しい種類の社会的なコミュニケーション』といったぐあい」である（Williams［1976: 162 = 2002: 195］）。「大衆」は、デモクラシー理論や現代社会論の文脈において、量的な「多数」だけでなく質的に「劣っている」ことを表すためにも用いられた。

大衆とエリート

「大衆」概念はしばしば、「エリート」の対概念として用いられた（Cf. Bachrach［1967］、Bottomore［1964 = 1965］、Selznick［1952］、Wolin［1960 = 1994］）。二〇世紀初頭においては、社会の民主化のもとで、ヴィルフレド・パレート、ガエターノ・モスカ、ロベルト・ミヘルスといったエリート理論の論者が、「民衆による」統治は不可能であるとの見方を示した。これらの理論家たちが当然の前提としたのは、支配する階級と支配される階級という二つの階級がいかなる社会にも存在する、という事実である。パレートは、支配する階級を「エリート」（a higher stratum）と、また支配される階級を「非エリート」（a lower stratum）と呼んだ（Pareto［1935: 1423-24］）。モスカによれば、支配する階級は常に少数者であり、あらゆる政治的機能を演じ、権力を独占し、権力のもたらす利益を享受しているのに対して、支配される多数者の階級は、支配する階級に方向づけられコントロールされている（Mosca［1939: 50］）。こうしたエリート理論の論者たちは、強い政治的影響力を持つエリートの存在を強調した。

デモクラシーという言葉が、ポジティヴな意味で用いられるようになったのは、第一次世界大戦前後のことと考えられる。これは、その大戦がデモクラシーのための戦争であるとして、国民を総力戦に動員することを正当化する必要があったことと結びついていよう（Cf. 福田［1972: 1-2］［1977: 3-4］）。と同時に、西洋のリベラリズムの文脈においては、依然としてエリート主義的な理論が影響力を持っていた。第二次大戦中、ジョセフ・シュンペーターは、デモクラシーを、「人民による統治」ではなく、権力をめぐる競争が行なわれている政治システムとして定義づけた。彼は「民主的方法」というものを、「政治決定に到達するために、個々人が人民の投票を獲得するための競争的闘争を行なうことにより決定力を得るような制度的装置」として描き出した（Schumpeter［1942: 269 = 1962: 270］）。つまり、デモクラシーは、統治を行なうエリートを選出する方法であると見なされたのであった。

第二次大戦後のアメリカでは特に、シュンペーターによるデモクラシー・モデルが受容されたようであった。例えばセイムア・M・リプセットは、「デモクラシー独特の、最も価値のある要素は、もっぱら受身の有権者の票を集めて相競い合うなかで政治的エリートが養成されていくことである」と述べている（Finley［1973: 12 = 1991: 11］の引用による）。リプセットにとっては、有権者が政治的に受動的であることは必ずしも悪しきことではなかったのであり、むしろ「参加水準が非常に高いということはデモクラシーにとってつねに好ましいことだ、とする考えは妥当ではない」（Lipset［1959: 32 = 1963: 42］）。エリート主義的デモクラシー論の理論的基礎は、エリートの多元性と、定期的なエリートの周流であった。この二つの要素は、支配する階級が永続的・閉鎖的になってしまうことを避けるために必要なものであった（Bottomore［1964: 17-19 = 1965: 14-16］）。

政党政治と選挙制度を含む代表制デモクラシーは、近代社会に不可避のものであろう。「大衆」が政治社会に関する複雑な諸問題について、常に正しい意思決定をするとは限らない。むしろ、直接デモクラシーの一形態としての人民投票は、一九三〇年代のナチス・ドイツのようなカリスマ的独裁への道を開いてしまう可能性がある。――こうしたエリート主義的デモクラシー論の考え方は、民主政治における大衆の役割を最小限度に抑えるものであったと言ってよい。

二　「大衆」および「大衆社会」への批判

社会学・社会心理学

大衆社会に関する考え方には、二つの淵源があると考えられる。一つは、一九世紀における保守主義、自由主義、ロマン主義などの思想、今一つは、一九世紀末に発達した社会心理学である。一九世紀的な社会に対する、保守主義的、自由主義的、ロマン主義的な批判は、社会科学、特に社会学に影響を及ぼした。レオン・ブラムソンによれば、一九世紀におけるロマン主義は主として二つの方向性を持っていた。すなわち、一方では、自由な個人を賞賛する方向性であり、他方では、地方的《ローカル》、国民的《ナショナル》、民俗的《フォーク》な有機的共同体を重要視する方向性である。

民俗的な有機的共同体を理想化するというのは、一九世紀前半の精神史において重要なテーマであった。そしてそのような理想化は、社会学の勃興との関連で重要であった。……しかしながら、ロマン主義の個人主義的要素は、変容をこうむった。勝ち誇ったバイロン的英雄のプロメテウス的孤独は、一九世紀後半の社会学においては、平均的人間――大衆の中の、英雄的でない人間――の普遍的な孤独へと変化した。社会学的なロマン主義は、一九世紀的ロマン主義のこれら二つの要素を組み替えた。すなわち、一方では、ゲマインシャフトを理想化することにおいて。そして他方では、伝統的社会から解放されて非人格的・抽象的な「都市」の世界に放り出された、孤独で、不幸で、疎外された個人を強調することにおいて。現代の社会学者には非常になじみのある後者のものは、一九世紀後半から二〇世紀初頭にかけての実質的にあらゆる社会学理論の中で、さまざまな形で練り上げられた。そして、一九世紀初頭の社会学――フランス保守主義――において現れたいくつかの基本的な概念は、一九世紀のドイツ、フランス、英国の社会学において繰り返されてきたテーマであり、ついに大衆社会のヨーロッパ的な理論を生み出した。（Bramson［1961: 30-31］）

個人の弱体化と社会関係の崩壊は、しばしば「原子化《アトミゼーション》」というキーワードで表現された。

社会学の理論的パースペクティブの中心となったのは、伝統社会と近代社会の区別であった。例えばヘンリー・メインは、血縁関係によって支配された社会と、個人の契約関係によって支配された社会とを区別した。フェルディナンド・テンニエスの、ゲマインシャフトとゲゼルシャフトに関する分析や、エミール・デュルケムによる社会連帯とアノミーの理論、またマックス・ヴェーバーの伝統的権威と官僚制的権威の説明は、よく知られている（Cf. Gamble［1981 = 1992］、Lukes［1969］）。「こうした種類の社会学理論が大衆社会という考えに妥当性を持ったのは、近代化の帰結としての原子化や社会的組織の非人格化などを分析したからである」（Kornhauser［1968: 61］）。

一九世紀的な社会学のパースペクティブは、二〇世紀の大衆社会論に再登場した。特に、大衆社会論が過去をどのように見るかという中に、それは顕著であったと言える。都市におけるアナーキーな個人主義、社会関係の非人格化、金銭関係を主軸とする都市生活者が持つ特有のメンタリティ、等々と対比して、大衆社会の論者たちはしばしば、中世の伝統的社会の社会的側面を理想化した。つまり、顔の見える関係や相互の認知といった特徴を持つ、小規模な「第一次」集団や共同体社会《コミュニティ》が重要であることが強調されたのである（Bramson［1961: 31-32］）。

大衆社会という考え方のもう一つの淵源は、社会心理学の発達であった。ギュスターヴ・ル・ボンやガブリエル・タルドは、一九世紀末に、大衆（あるいは群集《クラウド》）の行動《ビヘイヴィア》を説明しようと試みた。彼らが群集行動という現象を説明するために用いたのは、複雑で教養の高い《シヴィライズド》ものから単純で原始的な《プリミティヴ》ものへという「退化《ディジェネレーション》」の理念であった。この二人にとって退化とは、心的な退行を意味するものだった。彼らは、もはや共同体的な紐帯や伝統的権威によってしばられていない人々が暗示にかかりやすく操作されやすいことを分析することによって、大衆社会の社会心理学に貢献をなした（Kornhauser［1968:

31-32］、Walter［1964: 398］）。

このような社会心理学の成果はまた、二〇世紀の政治学研究にも影響を及ぼした。つまり、伝統的な政治学の制度論的または哲学的アプローチに対する、経験的・科学的政治学への注目である。政治学の伝統的理論が、人間を合理的な存在と見なしてきたのに対して、いわゆる政治科学《ポリティカル・サイエンス》は、人間の非合理的な側面を把握しようと試みた。それは、二〇世紀初頭の高度な工業化と都市化を通じて大衆社会が登場する時代にあって、人々がシンボルによって操作されやすくなったためである。英国のグレアム・ウォーラスが一九〇八年に著した『政治における人間性』（*Human Nature in Politics*）は、政治への心理学的アプローチとして先駆的な業績の一つである。ウォーラスはまた、一九一四年に『巨大社会』（*The Great Society*）という名の著書を出版し、これが後の「大衆社会」概念に引き継がれていった。「巨大社会《グレイト・ソサエティ》」が意味するものは、第一次集団の衰退によって近代社会全体があたかも一つのメカニズムであるような社会へと変容したことであり、また、例えば労働運動における人々の行動がしばしば暴徒と化すような社会のことであった。社会の変貌はまた、新しいタイプの政治学をもたらしたのであった。

アメリカの政治科学は、ウォーラスによる心理学的アプローチを受け継いだと言ってよい(2)。アーサー・F・ベントレーが『統治過程論』（*The Process of Government*）を著したのもまた、一九〇八年であった。ベントレーがこの書物で試みたのは、政治・統治過程のダイナミズムを把握するために、経験的・計量的な政治科学を確立することであった。彼は、個人ではなく集団を政治の単位と見、政治を集団間の一連の相互行為であると見なした。このような政治の経験科学は、チャールズ・E・メリアムを中心とするいわゆる「シカゴ学派」の理論家たちによって、一九二〇～三〇年代にさらに発展し、やがて一九五〇年代の行動科学《ビヘイヴィオラル・サイエンス》を生んでいくこととなる。アメリカの経験的・計量的な政治科学は、常に心理学的なものであったわけではなかろうが、しかしシカゴ学派の一人、ハロルド・D・ラスウエルが、心理学的手法を導入することで行動科学的な政治学の確立に重要な役割を果たしたことも、重要な事実であろう。

マス・デモクラシーの危機

多くの理論家・思想家が、伝統社会の崩壊の問題としてのみならず、デモクラシーの危機の問題として、「大衆社会」に関して議論したのは、一九三〇年代であった。E・V・ワルターによれば、一九三〇～三九年の十年間が、大衆という考え方の歴史的流れの分水嶺であった。つまり、「それ［＝一九三〇年代］以前においては、大衆の行動について考えることは、社会の一部分として『大衆』を扱うことに限定されていた。そしてもっぱら、大衆行動が生じる条件や、大衆行動に特有のタイプや、それらが持つ意味について検討された。しかし、それ以降においては、『大衆』は全体としての社会であると考えられるようになった」（傍点は原文イタリック）。こうした変化は、以下のような重要な歴史的出来事に伴っていた。つまり一方では、コミュニケーション研究の分野をもたらしたマス・メディアの発達であり、他方では、ナチズムやボルシェヴィズムといった全体主義的システムの出現であった

(Walter [1964: 397])。民主化したヨーロッパ社会が、熱狂的な大衆運動に支えられた独裁——すなわちファシズム——を生み出してしまった、という事実は、多くの知識人たちに、デモクラシーへの深刻な懐疑をもたらしたと言ってよい。

デモクラシーの危機はしばしば、「マス・デモクラシー」を理想的なリベラル・デモクラシーと比較する形で説明された。E・H・カーは『新しい社会』(*The New Society*)の中で、近代のデモクラシーが以下の三つの前提条件の上に成り立っていたと指摘した。すなわち、(一)善悪を決定する究極の根源は、個人の良心であること、(二)異質な諸個人の間には、利害の根本的な調和が存在し、この調和は平和な社会生活を営むのに十分な強さを持つこと、(三)社会の名において行為がなされる場合、その行為を決定する上での最善の方法は、諸個人間の理性的な討論であること、である。「近代のデモクラシーは、その淵源からして、個人主義的であり、楽観主義的であり、合理主義的である」。そしてカーは続けて、これら三つの前提条件が、マス・デモクラシーの時代には深刻な挑戦を受けることになったと述べる(Carr [1951: 61-62 = 1953: 91])。

第一に、マス・デモクラシーの時代には、多数者による少数者の抑圧の危険性がもたらされた。ジョン・ロックの「自然法」の寡頭制的個人主義が、フランス革命を通じてルソーの「一般意思」的な集合主義に取って代わられた後、人民主権が至高のものであることが宣言された。一般意思は、「共通の意見を表現する」と称する正統思想であり、それによって、反対する少数者は合法的に抑圧され得るのである。大衆文明の時代には、個々人のさまざまな意見の一般意思への服従が要求されるようになった（Carr［1951: 64-65 = 1953: 92-94］）。第二に、階級闘争の存在によって、利害の調和は自動的に確立するものではなくなった。レッセ・フェールの崩壊は、国家による介入を必要とした。「二〇世紀には、個人主義的デモクラシーに代ってマス・デモクラシーが現れたのみならず、利害の自然調和という学説に代って強力な救済的国家に対する礼賛が生まれたのである」（Carr［1951: 66-67 = 1953: 96-98］）。

第三に、理性的な討論を政治活動への指針とするという信仰は、選挙権が制限されていた時代には期待できた。しかしマス・デモクラシーにおいては、国家が経済問題に介入することを求められ、ゆえに問題解決のためには専門知識が必要とされるに至った。一般の人々は、高度に論争的な性格を持つ主要な問題に関してのみならず、誰が相談するに最もふさわしい専門家であるかといった問題についても、知的な意見を持つことはできない。その上、「大衆を効果的に動かすのは、讃美、嫉妬、嫌悪といった非合理的な感情であり、そのためには理性的な討論よりも、目や耳や感情に訴えるかまたは単純な反復が最も有効である。ちょうど広告がマス・プロダクションに不可欠な機能であるように、プロパガンダはマス・デモクラシーに欠かせない機能なのである」（Carr［1951: 68-69 = 1953: 99-101］）。

大衆社会の非合理的・全体主義的な傾向性は、ナチス・ドイツやスターリン体制のソ連のみならず、英国のようなリベラル・デモクラシー体制にも見出された。カーのマス・デモクラシー観に影響を及ぼしたのは、一九三三年にドイツから英国に亡命した社会学者、カール・マンハイムであり、彼は大衆社会的な傾向性を産業社会に普遍的に見られるものと論じた。マンハイムの『変革期における人間と社会』（*Man and Society in an Age of Reconstruction*）によれば、工業化の進む近代社会は、合理的な要素と同時に非合理的な要素をも持っている。

近代社会は、大規模な産業社会《インダストリアル・ソサエティ》としては、すべての衝動の充足を断念し抑圧することによって、その行為組織を最高度に予測し得るものとするが、他面大衆社会《マス・ソサエティ》としては、無定形の人間集合に特徴的なあらゆる非合理性や激情的暴動をも産む。また、産業社会としてのそれは、社会機構を非常に洗練しているために、極めて微々たる非合理的騒乱でもその影響するところが極めて大きいが、しかもそれは大衆社会として、非常に多くの衝動力を集積する結果、社会生活の精細な全機構を打ち潰すおそれに常に脅かされているのである。（Mannheim［1940: 61 = 1962: 73］）

マンハイムにとっては、合理性と非合理性の二律背反が、近代社会の全体的な崩壊をもたらす深刻な問題であった。

マンハイムは、この二律背反は「社会の基本的民主化」および「増大する相互依存性」という二つの要素によって支えられている、と説明した。「社会の基本的民主化」の意味するものは、かつては政治生活において受動的な役割しか果たさなかった社会集団が、その数を増大させることにより、社会的・政治的な影響力に参与することを求めて競合するようになり、それぞれの利益が代表されるべきであると要求するようになった。しかしながら、それら社会集団が、知的に退行した大衆から成っている限り、危機の時代には非合理的な大衆心理が世界を支配するようになる。マンハイムにとっては、このことがもたらすものは、マックス・シェーラーのいう「情動のデモクラシー」（Stimmungs-demokratie）――種々の社会集団の利益を表明するというよりも、むしろ、感情によって支配された大衆の情緒を急激に爆発させるもの――への変化であった（Mannheim［1940: 44-45 = 1962: 51-52］）。

他方、「増大する相互依存性」は、近代の産業社会のあらゆる部分が相互に影響を及ぼし合うことを意味しており、この概念はウォーラスの「巨大社会」に由来するものと考えられる。マンハイムの説明によれば、近代社会はその初期段階と比較すれば非常に柔軟になったが、しかし社会のあらゆる部分の相互依存性は近代的秩序をより敏感にした。「事実、大きな機構の個々の部分が相互に適応する程度が精密になればなるほど、そしてまた個々の構成要素が互いに密接に拘束し合うほど、どんなに微々たる波乱でもその反響はそれだけに一層重大な結果を生ずる」（Mannheim［1940: 50 = 1962: 58］）。

そしてマンハイムは、マス・デモクラシーに対する悲観的な見方を示した。

> 大衆が支配的になる傾向性をもつ社会においては、社会構造の中へ統合されていない非合理性が、政治的生活の中にも押入るであろう。このような状況は危険である。なぜなら、合理的な方向づけが不可欠な場合にも、マス・デモクラシーの選択装置によって非合理性への扉が開かれてしまうからである。こうして、デモクラシーそれ自体がみずからの反対物を生み出し、自身の敵に武器を与えさえするのである。（Mannheim［1940: 63 = 1962: 75-76］）

彼はこのプロセスを、「否定的民主化《ネガティヴ・デモクラティゼイション》」と呼んだ。

マンハイムは、右（ナチズム）と左（ボルシェヴィズム）からの全体主義の出現を、レッセ・フェールの崩壊および社会の解体に対する反応であると考えた。英国亡命後、彼は社会の再建をもとめて、大衆社会の救済策としての「第三の道」を提唱した。すなわち、全体主義的な計画とは異なる「自由のための計画《プランニング・フォー・フリーダム》」あるいは「民主的計画《デモクラティック・プランニング》」である。彼の社会再建のための処方箋は、政治的・軍事的権力を民主的にコントロールすることにとどまらず、民主的な人格および行動のための教育や、変動する社会の宗教的再統合までも含んでいた（Mannheim［1943］［1951］、cf. 澤井［2004］、山田竜作［1993b］）。

三　W・コーンハウザー『大衆社会の政治』

大衆社会の理論をもっとも体系的に展開したのは、ウィリアム・コーンハウザーによる一九五九年の著作『大衆社会の政治』（*The Politics of Mass Society*）であると言われる。コーンハウザーが、大衆社会の理論の主要な見方を、大衆社会の「貴族的批判」および「民主的批判」と要約したことは、よく知られている。彼にとって、「貴族的批判」は、大衆の政治参加の増大に対するエリートの知的擁護が中心であり、他方、「民主的批判」は、エリートによる全体的支配に対する民主的価値の知的擁護が中心であった（Kornhauser［1959: 21 = 1961: 18］）。彼は、この二つの見方を総合することで、大衆社会に関する一般理論の定式化を試みたのである。

近づきやすいエリートと操作されやすい非エリート

コーンハウザーによる「貴族的批判」「民主的批判」という区別は、諸理論家たち自身の価値観にではなく、それらの論理に基づくものであった。言い換えれば、コーンハウザーの「貴族的」「民主的」という用語法は、価値的な区別ではなく分析的な区別に基づいていた（**Kornhauser**［1959: 24 = 1961: 22］）[3]。

コーンハウザーによれば、貴族的批判の立場にとって大衆社会とは、エリートの閉鎖性が失われた社会である。彼は、貴族的批判の論者による大衆社会概念に含まれる三つの主要な用語を指摘した（**Kornhauser**［1959: 27 = 1961: 26］）。

（a）平等主義の増大（伝統的権威の喪失）

（b）反貴族主義的な支配形式に飛びつく軽率さの普及（大衆的《ポピュラー》権威の追求）

（c）大衆による支配（擬似的権威による支配）

ここでは大衆社会は、大衆による支配が貴族主義的な支配に取って代わった状況を意味している。直接選挙といった手続きや、世論が支配者だとする共有された期待から帰結するのは、大衆社会におけるエリートは非常に近づきやすい《アクセシブル》ということである。

エリートへの門戸が広く解放されている制度では、エリートに対する大衆の圧力をうみだし、そのためにエリートがかれらの創造的で価値保存的な機能を果たし得なくなる。民衆はさまざまな種類の決定を下す特別の資格をもったものとは見なされない。世論はその場限りでの一般意思と見られるものであるが、その世論が政策や趣味に関するすべての事柄の直接的にしてかつ究極的な裁定者と見なされている。したがって、誰しもが資格をもつことになる。つまり、どんな決定に対しても、それに裁決を下したり、それを左右しようとすることが正当だと、誰もが信じてさしつかえないのである。その結果は、貴族主義的な学者に言わせれば、大多数の個人がなっていないというにとどまらず、制度そのものがなっていないということになる。なぜならば、この制度は資格のあるものとないものとを区別する何の用意もないのだから。それゆえ、卓越した者（政治、芸術その他いかなる領域もおいても）が発見されることも、その才を伸ばすことも、保護されることもあり得ない。（**Kornhauser**［1959: 28-29 = 1961: 28］、傍点は原文イタリック）

さらにコーンハウザーは続ける。貴族主義的な論者は、社会政策の決定に多くの人間が参加するようになったという量的な問題を批判するだけではなく、大衆の参加の仕方が、一定のルールによって統制されていないということを問題にする。つまり大衆参加は、暗示へのかかりやすさ、無意識的、衝動的、気まぐれ、等という言葉で特徴づけられる。貴族主義者が主張するのは、「興奮しやすい頑固な仕方で、民衆が政策決定過程に干渉する時、自由は危機に瀕する」ということである（**Kornhauser**

[1959: 29 = 1961: 29]）。

一方、民主的批判の立場からすれば、大衆社会のもたらす脅威は、いかにエリートが大衆から保護され得るかという問題より、むしろ、非エリートがエリートによる支配からいかに保護され得るかという問題であった。貴族的批判者が大衆社会を、少数者に対する多数者のコントロールが過剰な状況と見なすのに対して、民主的批判者は、多数者に対する少数者のコントロールが過剰なのが大衆社会であると見なす（Kornhauser [1959: 30-31 = 1961: 30-31]）。民主的批判者の関心は、全体主義的なエリートの登場によってデモクラシーが破壊されるという危険性にあった。

コーンハウザーはやはり、民主的批判者による大衆社会概念に含まれる三つの主要な用語を指摘する（Kornhauser [1959: 33 = 1961: 33]）。

（a）原子化の増大（共同体の喪失）

（b）新しいイデオロギーに飛びつく軽率さの普及（共同体の追求）

（c）全体主義（擬似共同体による全体的支配）

ここでは、大衆社会が意味するものは、エリート支配が民主的支配に取って代わる状況である。「大衆社会は客観的には原子化した社会、主観的には疎外感をもった人間の社会である。したがって、大衆社会は民衆がエリートによる動員にいとも簡単に服するようにできている仕組である」（Kornhauser [1959: 33 = 1961: 33]、傍点は原文イタリック）。

コーンハウザーは、この二つの大衆社会批判がどちらも不十分であると見なした。つまり、大衆社会の概念を完成させるには、この二つのアプローチが相互に補完し合わなければならないというのである。ゆえに、彼の大衆社会の定義は、エリートが非エリートによって近づきやすく、非エリートがエリートによって操作されやすいような、そうした条件を備えた社会システム、というものであった。

不安定な社会としての大衆社会

ここで指摘しておきたいのは、コーンハウザーが大衆社会を、激しい大衆運動が起こる不安定な社会と見なしていたこと、そして大衆政治を、制度化された手続きとルールの外部で多数の人々が政治活動に参加する時代に、起こると考えていたことである。彼にとって、大衆社会は全体主義社会と区別されるものの、しかし前者は後者に容易に変貌するものであった。

コーンハウザーは、彼の大衆社会概念をより理解しやすくするために、(a)エリートの近づきやすさ《アクセシビリティ》と(b)非エリートの操作されやすさ《アヴェイラビリティ》という二つの変数の組み合わせによって、四つのタイプの社会を図1－1のように想定した。コーンハウザーによるこれら社会類型の説明を、以下のように整理してみよう（Kornhauser［1959: 40-41 = 1961: 42-44］)。

1　共同体的社会：伝統的構造を保持

(1) エリートは、伝統的な基準に従って選ばれかつ固定されているから、接近しがたい。

(2) 非エリートは、血縁や共同体にしっかり結びつけられているから、操縦されがたい。

2　多元的社会：ある種の自由主義的な民主国家

図1—1　コーンハウザーによる4つの社会類型

		非エリートの操縦可能性	
		低い	高い
エリートの接近可能性	低い	共同体的社会《コミューナル》	全体主義社会《トータリタリアン》
	高い	多元的社会《プルーラリスト》	大衆社会《マス》

(Kornhauser［1959: 40 = 1961: 42］)

（1）エリートは、さまざまな自律的集団間の競争が多くのコミュニケーション回路や権力への道を開くため、接近しやすい。

（2）民衆は、多様な自律的集団に身をおいているため、操縦されにくい。

3　大衆社会：広範な大衆行動の活発化

「この社会でエリートが接近しやすく、非エリートが操縦されやすいというのは、国家と家族との間に介在する独立集団を欠如しているからである。このような独立集団は、エリートもしくは非エリートが互いに他方によって操縦されたり動員されたりすることを妨げる働きをする。社会のあらゆる次元で社会的自立性が欠けているので、大多数の民衆は右往左往しながら、社会の中心的な急所に干渉を加える積極分子的な行動にひきずられていく。そして大衆に重きをおく指導者連が、この活動主義を動員する機会をとらえて権力を掌握するのである。その結果、大衆社会においては、自由は根無し草のようにたよりないものとなる。」

4　全体主義社会：上からの全体的な統制機構

（1）エリートは、強制と説得の手段を独占することにより、エリートとしての要素が互選によって選択されかつ固定されるので、接近しにくい。

（２）民衆は、エリートに対抗するための独立した社会的組織を全く欠いているので、操縦されやすい。

大衆行動《マス・ビヘイヴィア》を大衆社会の縮図と考えるコーンハウザーは、以上のことから大衆社会について次のような命題を提示した。「広範な大衆行動は、エリートと非エリートとがともに社会的絶縁体を欠く時、つまり、エリートは非エリートによる直接の干渉に影響されやすく、非エリートはエリートによる直接的動員に操縦されやすい時、発生することが予期される」（Kornhauser［1959: 43 = 1961: 46］）。コーンハウザーは大衆行動を、高度に不安定で、政治的行動主義《ポリティカル・アクティヴィズム》を伴うものと見なした。「政治的行動主義は非民主的なものとなる傾向がある。なぜならば、それは多数者の意思と少数者の権利を保証しようとする制度的な手続きをすて去り、対立する利害を妥協させる土台としての自由競争と公的討議《パブリック・ディスカッション》の原理を否定するからである」（Kornhauser［1959: 46 = 1961: 50］）。政治的行動主義が極端になった場合、反対者に対する暴力という形となって現れる。ゆえにコーンハウザーは、大衆社会が全体主義に対して脆弱なものと考えたのであった。

大衆社会が、政治的秩序と市民的自由にとって破壊的な大衆運動の条件を含んだ不安定な社会であるとすれば、多元的社会ははるかに安定した社会であるとコーンハウザーは見た。彼によれば、多元的社会は、大衆社会においては非常に脆弱になっている中間団体が強いという特徴を持っている。

> 独立的でかつ限定的な集団が多元的に存在していると、エリートと非エリートとを互いに他から守ることになるばかりか、それが自由民主主義的な支配《コントロール》を可能にするようなやり方でそれがおこなわれるのである。自由民主主義的な支配は、民衆がエリートに接近でき、民衆の参加によってエリートに制約が与えられることを必要とする。独立集団は組織された圧力をエリートに加え、エリートが外部の力に無反省となることを防ぐことによって、トップ・レベルの政策決定への接近を確保するのに役立つ。各々の集団は独自の利益をいだいてエリートへ接近しようとするのであり、これらの利益を成就するのに、個々バラバラの個人にはできない組織された力をもっている。これらの利益を実現するためには、たんにエリートがその集団の要求に注意を払うだけではなく、他の集団がこの集団のエリートへの接近を排除できるほどに強力にならないことが必要である。独立の諸集団は一段上のエリートの権力だけではなく、お互いの力をも規制しあうことによって、自分の地位を保持しようとつとめるのであるから、これらの集団の相互作用は、より大きな社会における政策決定過程への接近を確保するのに役立つ。（Kornhauser［1959: 81 = 1961: 96-97］）

ゆえにコーンハウザーは、リベラル・デモクラシーを支えるためには、社会的な多元主義が重要であると強調した。彼は当時、フランスやドイツが何らかの形で大衆社会である一方、アメリカやイングランドが理想的な多元的社会であると見なしていたようである（Kornhauser［1959: Part II = 1969: 第二部」)。彼の「大衆社会」概念は理念型であり、必ずしもアメリカやイングランドが大衆社会であることを否定しているものではない。しかし、大衆社会と多元的社会を対置して、後者を安定したデモクラシーの要件と考える彼の議論は、本章第三節で触れるアメリカのいわゆる利益集団多元主義と親近性を持つものであったと言える。

それでは次節において、大衆社会およびマス・デモクラシーについての議論を、論点ごとに整理してみることにしよう。

第二節　大衆社会に関する議論の諸論点

一　「多数者の専制」と大衆の凡庸さ

トクヴィルとJ・S・ミル

まず、大衆に関するもっとも古典的な議論は、アレクシス・ド・トクヴィルやジョン・スチュアート・ミルの「多数者の専制」概念の中に見出すことができよう。トクヴィルの『アメリカにおけるデモクラシー』（*Democracy in America*）から引用するならば、

多数者の支配が絶対的であるということが、民主的政治の本質なのである。なぜかというと、民

主政治においては、多数者に対して反抗できるものは何もないからである。（Tocqueville［1981: 145 = 1987b: 162］）

多数者の態度がはっきりしない限り、人々は議論する。しかし、多数者がいったん決定的な発言をすると、誰も沈黙してしまう。そして、敵も味方も多数者のいうままになる。その理由は簡単である。法律をつくり、これを執行する権利を与えられている多数者ほどに、全社会力を握っていてすべての反抗に打ち勝つことのできる専制的君主は、他にはないのである。（Tocqueville［1981: 152 = 1987b: 179］）

このような状況の中で、個人主義は、個人の信条や理性、信仰などにかかわるものとしてよりも、むしろ公的関心や社会的義務などに背を向けた私的領域への閉じこもり（特に物質的・経済的欲望への耽溺）を意味するようになった。個人はバラバラに断片化された脆弱な大衆となり、社会的紐帯も自己信頼も持たない塵芥のような存在となった。そして、「世論」が新たな知的・道徳的権威となるに至り、それに対する反対意見や、また反対しようとする意思そのものが萎縮し始める。個人は今や、相互に孤立するのを恐れ、多数者の考え方に合わせようとする大衆となり、多数者は、誰も反対するものがいない言わば「全能の」力を持つようになる。――これが、トクヴィルの考えた「多数者の専制」へのプロセスであり、それは個人の自律した精神を脅かすものであった。

Ｊ・Ｓ・ミルもまた、トクヴィルと同様、多数者の専制に対する恐れを抱いていた。ミルにとって、民主的な社会の下では、専制は公的権威によるものばかりでなく、多数者の意思という名の社会的抑圧としても働く。「社会的暴虐は、必ずしも政治的圧制のような極端な刑罰によって支持されてはいないけれども、遥かに深く生活の細部にまで浸透し、霊魂そのものを奴隷化するのであって、これを逃れる方法はむしろ、少なくなる」。ゆえに、社会と個人は、官憲の圧制からのみならず、広く行き渡った優勢な意見や感情の暴虐からも防御される必要があるというのである（Mill［1989: 8 = 1971: 15］）。

ミルがトクヴィルと共有しているのは、個人の力が脆弱になる傾向性への関心であった。「現代にあっては、個人は群集の中に埋没されてしまっている。政治においては、今や世論が世を支配している、などと述べることは、ほとんど陳腐な言葉となっている。力の名に値する唯一の力は、大衆の力であり、また、政府が大衆の傾向と本能との機関となっている限りで、それは政府の力なのである。……彼らは常に大衆である。すなわち凡庸者の集団である。……凡庸者の行なう政治が凡庸な政治であることを否定するわけにはゆかない」（Mill［1989: 66 = 1971: 133-34］）。ミルにとって、社会力の強化が個人の自由の縮小につながる傾向性は、放置すれば自然消滅するどころか、ますます増加の一途をたどる恐るべき害悪であった。特に彼は、政府がいかに民主的であろうとも、ある意見の発表を国民の名において封じ込めることは不当な権力行使である、と主張した。「このような権力そのものが不法なのである。たとえ最善の政府でも、かような権力をもつ資格のないことは、最悪の政府と異なるところはないのである。このような権力は、それが世論に従って行使される場合にも、世論に反対して行使される場合と同様に有害であり、あるいはそれ以上に有害である」（Mill［1989: 20 = 1971: 36］）。一人を除く全人類が同じ意見をもち、反対意見をもつ一人の個人を沈黙させることは、その一人が全人類を沈黙させる権力をふるうことと同様に、不当なのであった。

オルテガ

ホセ・オルテガ・イ・ガセは、凡庸で画一的な大衆の中で個人が失われるという考えを、二〇世紀に受け継いだ思想家であり、コーンハウザーのいう大衆社会の貴族的批判者の代表者の一人であった。オルテガは『大衆の反逆』（*The Revolt of the Masses*）において、ヨーロッパは大衆の時代を迎えており、「大衆による支配」が生の条件となっている、と主張した。彼によれば、あらゆる場所——都市、ホテル、列車、カフェ、劇場、等々——が、以前ではあり得なかったほど慢性的に人で充満している。この群集《マルティチュード》が一つの塊となって、社会の高級な場所に入り込んでしまっているのが、言わば大衆の時代なのであった（**Ortega y Gasset**［1932: 11-12 = 1979: 387-88］、cf. 長谷川［1996］）。

オルテガにとって「大衆《マス》」あるいは「大衆的人間《マス・マン》」とは、凡庸な「平均人《アヴェレージ・マン》」のことである。

人間についての、もっとも根本的な分類は、次のように二種の人間に分けることである。一つは、自分に多くを要求し、自分の上に困難と義務を背負いこむ人であり、他は、自分になんら特別な要求をしない人である。後者にとって、生きるとは、いかなる瞬間もあるがままの存在を続けることであって、自身を完成しようという努力をしない。言わば波に漂う浮草である。（Ortega y Gasset［1932: 15 = 1979: 391］）

つまり「大衆的人間」とは、単に量的な意味での群集というのみならず、「みずからを、特別な理由によって――よいとも悪いとも――評価しようとせず、自分が『みんなと同じ』だと感ずることに、いっこうに苦痛を覚えず、他人と自分が同一であると感じてかえっていい気持ちになる」ような、現状に満足しきった人間のことであった（Ortega y Gasset［1932: 14-15 = 1979: 390］）。そして、こうした大衆が、従来は社会の一握りの少数者に独占されていた諸領域に押し入り、我が物顔で支配するようになったというのである。

なるほど、大衆をこのように「平均人」であると定義するオルテガを、コーンハウザーが大衆社会の「貴族的批判」者と位置づけるのはもっともなことではある。しかし、オルテガのこうした痛烈な大衆批判は、民衆蔑視ではなかった。「大衆という言葉を、単に、また主として、『労働大衆』という意味に解してはならない」（Ortega y Gasset［1932: 13 = 1979: 389］）。彼にとって、「大衆」と「選ばれた少数者《セレクト・マイノリティ》」との区別は人間の区分であって、社会の上層・下層の階層序列と混同されるべきではなかった。なぜなら、通常であれば資質の優れた者の集まりと思われる上層階級にも、大衆・俗衆《ヴァルガー》――例えば似非知識人――が存在するし、逆に、普通であれば資質の劣った大衆の典型として考えられる労働者の中にも、磨かれた高貴な魂を持つ者を見出すことは稀ではないからである（Ortega y Gasset

［1932: 15-16= 1979: 392］）。

問題は、大衆的人間が愚かだということではない。まったく反対に、現代の大衆的人間は利口で、他のいかなる時代の大衆よりも知的能力がある。しかし、この能力はなんの役にもたたない。厳密にいって、それを所有しているという漠然たる感覚は、ますます自己の内部に隠れ、それを使用しないことにだけ役だっている。年がら年じゅう、できあいの決まり文句、偏見、観察の枝葉末節、簡単にいえば、偶然かれの頭のなかにたまった空虚な言葉をたいせつにして、天真爛漫だからとでもいうほか理解できない大胆さで、そういう言葉をなににでも押しつけるのである。……凡人《ザ・ヴァルガー》が、自分は卓抜であり、凡庸でないと信じているのではなくて、凡人が凡庸の権利を、言い換えれば、権利としての凡庸を、宣言し押しつけているのである。（Ortega y Gasset［1932: 70 = 1979: 437］）

ゆえに、オルテガが「現時の特徴は、凡庸な精神《コモンプレイス・マインド》が、自己の凡庸であることを承知の上で、大胆にも凡庸なる者《ザ・コモンプレイス》の権利を確認し、これをあらゆる場所に押しつけようとする点にある」（Ortega y Gasset［1932: 18 = 1979: 394］）と大衆批判をする場合、その「凡庸なる者」とは必ずしも一般民衆のことではない。むしろ、医師や技術者、政治家といった社会的エリートの中に、そうした凡庸な精神がしばしば見出されるのであった。このように、自らを疑うということを知らない大衆的人間によって支配された時代を、オルテガは「慢心した坊ちゃんの時代《ザ・セルフ・サティスファイド・エイジ》」と呼んだ。

二　共同体の衰退と個人の脆弱性

自由からの逃走

多くの社会学者、社会心理学者は、大衆社会の淵源を、資本主義と工業化の進展を通じた社会の変動の中に見出した。彼らが指摘したのは、共同体の崩壊であり、中間団体の消失であった。

エーリッヒ・フロムの『自由からの逃走』（*Escape from Freedom*）は、ファシズムが勃興したメカニズムを、基本的な紐帯を失った不安定な人々の中に見出し、社会心理学的な分析を行なった書である。フロムによれば、個性化《インディヴィデュエーション》には二つの側面がある。一つは、個人が伝統的な共同体から自由になり、個人としての人格が強化・綜合化される側面であり、それと同時にもう一つは、もともとあった他者との一体性が失われ孤独が増大する側面である。それゆえ、「個性をなげすてて外界に完全に没入し、孤独と無力の感情を克服しようとする衝動が生まれる」というのである（Fromm［1941: 28-29; 1951: 38-39］）。

フロムは、「自由からの逃走」というメカニズムを、「人間が個人的自我の独立をすてて、その個人に欠けているような力を獲得すべく、自分の外側の何ものかと、あるいは何ごとかと、自分自身とを融合させようとする傾向」と説明した（Fromm［1941: 140 = 1951: 159］）。そして彼は、このメカニズムが、支配と服従への努力、言い換えればサディズム的努力とマゾヒズム的努力という形で現れることに注目した。

フロムによれば、サディズム的努力もマゾヒズム的努力も共に、耐え難い孤独からの逃避であった。まず、マゾヒズム的な傾向性については、孤独感と無力感の恐怖にみちている個人は「自分を誰かと、あるいは何ものかと結びつけようとする。もはや彼は自分自身を持ちきれない。彼は狂気のように自分自身から逃れようとする。そしてこの重荷としての、自己を取り除くことによって、再び安定感を得ようとする」。個人が圧倒的に強いと感じる人物や力に服従しようとするマゾヒズム的努力が目指すものは、「個人的自己から逃れること、自分自身を失うこと、言い換えれば、自由の重荷から逃れることである」という（Fromm［1941: 150-151 = 1951: 169-70］、傍点は原文イタリック）。

他方、サディズム的な傾向性について、フロムはその本質が、他者に苦痛を与えることにはないと述べた。サディズムの多くの形態は、一つの本質的な衝動に帰結するというのである。つまり「他人を完全に支配しようとすること、彼をわれわれの意思に対して無力な対象とすること、彼の絶対的支配者となること、彼の神となり、思うままに彼を操ることである」（Fromm［1941: 155-56 = 1951: 175］）。フロムによれば、サディズム的傾向性のもたらす具体的な結果はマゾヒズム的傾向性とは正反対であるとしても、実は両者は、「孤独に耐えられないこと、および自分自身が弱いということから、逃れ出る」という一つの基本的なニーズの結果である。彼は、サディズムとマゾヒズムの双方の基礎にある共通の目的を「共棲《シンバイオシス》」と呼んだ（Fromm［1941: 156-57 = 1951: 176］）。

> 心理学的意味における共棲とは、自己を他人と（あるいは彼の外側のどのような力とでも）、お互いに自己自身の統一性《インテグリティ》を失い、お互いに完全に依存し合うように、一体化することを意味する。サディズム的人間は、マゾヒズム的人間が対象を必要とするのと同じように、対象を必要とする。ただ彼は、抹殺されることによって安全を求めるのではなく、他者を抹殺して安全を確保する。どちらの場合も個人の統一は失われる。一方では私は自己の外側の力の中に解消する。私は私を失う。他方では私は自己を拡大し、他人を自己の一部にするが、その際私は独立した個人としては欠けていた力を獲得するのである。他人と共棲的な関係に入ろうとする衝動へかりたてられるのは、自己自身の孤独感に抵抗できないからである。（Fromm［1941: 157 = 1951: 176］）

ナチズムに積極的に服従した大衆には、サディズム的傾向とマゾヒズム的傾向とが混在していた、というのがフロムの説明であった。

他人指向型

フロムによる社会心理学的アプローチは、アメリカの社会学者、デヴィッド・リースマンらの『孤独な群集』（*The Lonely Crowd*）に受け継がれた。この書は、以下の三つの人口統計学的な段階に基づいて典型的な社会的性格を定式化したものとして、よく知られている（Riesman et al.［1961: 8 = 1964: 7］）。

（1）「伝統指向《トラディション・ディレクション》」：高度成長潜在的な社会における典型的な社会的性格。伝統に従うことによって、成員の同調性が保証される。

（2）「内部指向《インナー・ディレクション》」：過渡的人口成長期の社会における典型的な社会的性格。幼児期に、目標を内面化することによって、成員の同調性が保証される。

（3）「他人指向《アザー・ディレクション》」：初期的人口減退の段階における典型的な社会的性格。外部の他者たちの期待と好みに敏感である傾向によって、成員の同調性が保証される。

リースマンによれば、死亡率低下の後を追いかけるように出生率が低下し始めると、社会は初期的人口減退の方向に向かう。農・林・漁業などに従事する人々の数は次第に少なくなり、製造業従事者さえも減少し始める。労働時間は短くなり、人々の物質生活は豊かになり、レジャーも増えてくる。と同時に、人々は中央集権化された官僚制社会の中に生きなければならず、しかも工業化のゆえに世界は加速度的に小さくなり、さまざまな人種・国家・文化の接触という問題も生じてくる。そうした新しい条件の下で、自身の内面化されたジャイロスコープに従って人生を律しようとする「内部指向」型人間は、必ずしも必要とされなくなる。そこで問題となるのは、物質的環境ではなく「他の人々《アザー・ピープル》」である。そして、アメリカの大都市の上層中産階級の間に、「他人指向」型人間とも言うべき人々が出現した（Riesman et al.［1961: 18-19 = 1964: 14-15］）。

「内部指向」型人間の方向づけの起動力が、幼少期に年長者によって植えつけられ、一般化されかつ宿命的に逃れられないものとされる「内的な」目標である（Riesman et al.［1961: 15 = 1964: 12］）のに対して、「他人指向」型人間の方向づけを決定するのは同時代人《コンテンポラリーズ》――直接の知り合いであるかもしれないし、友人やマス・メディアを通じて間接的に知っている人物であるかもしれない――である。「同時代人を人生の指導原理にするということは幼児期から植えつけられている。他人指向型の人間がめざす目標は、同時代人の導くがままに変わる。彼の生涯を通じて変わらないのは、こうした努力のプロセスそのものと、他者からの信号に絶えず細心の注意を払うというプロセスである」（**Riesman et al.** [**1961: 21 = 1964: 17**]）。ゆえに、そのようにして他者と接触し合おうとするところから、行動面の同調性が生まれ、他人の行為や願望に対しての驚くべき感受性によって、その同調性が知らず知らず身についていくのである。

リースマンによる「他人指向」型人間という概念は、大衆社会における典型的な社会的性格であると理解できる。彼の三つの社会的性格は、価値自由的な理念型であり、彼自身は他人指向型より内部指向型の方が優れている等といった価値判断をしているわけではない。むしろ、大衆社会における大衆のパーソナリティに対するフロムの議論が非常にペシミスティックであったのに対して、リースマンの議論はアメリカ大衆社会に対してははるかに楽観的でさえあったように見える（アメリカにおける大衆社会の議論については、本章第三節で述べる）。

三　国家権力の増大と公衆の消失

「巨大社会」あるいは「大衆社会」とは、国家権力と個人の間を媒介する機能をもった中間団体が衰退する社会を意味していた。ゆえに大衆社会とは、個人が直接に国家権力と対面せざるを得ない社会をも意味していた。国家権力が強大になるにしたがって、個人は脆弱になり、大衆社会の到来はリベラル・デモクラシーを支える「公衆《パブリック》」の消失としてもまた議論された。

中央集権化

すでにトクヴィルは一九世紀において、中央集権的な国家の到来を予見していた。彼は、工業化社会において、国家による活動が多くの領域に拡大すると見ていた。貴族的社会においては、人々と国益との間に直接的で明確なつながりがある限りにおいて、政府が人間の諸関係を統制することは制限されていた。しかし、民主的社会にあっては、政府は、人間の安全と幸福の完璧な責任者であると見なされるようになった（Tocqueville［1981: 64 = 1987a: 181-82］）。

このように中央集権化された国家権力が、人々の私的領域に介入する力には、限界がない。にもかかわらず、そうした権力が行使される場合には、より暴力的・抑圧的でない形でなされる。こうした国家権力は一般的に、暴君としてよりむしろ後見人として行為する。「国家は、［人間の］安全を提供し、人間に何が必要であるかを予見してそれを満足させ、人間の楽しみを促進させ、人間の最も重要な事柄を管理し、産業を方向づけ、財産の相続を調節し、遺産を分割する」（Lively［1962: 96］の引用による）。要するに、国家権力は、人々が自分自身で思考するという面倒なことや、生活の重荷から、人々を解放するような父親のごとき存在となる。このようにトクヴィルにとって、中央集権化された政府は、人々に苦痛を与えることなく堕落させる。すなわち、そのような政府は、自由のみならず、個人が自由であろうとする意思をもまた、弱体化させるというのである（Lively［1962: 96］）。

公的な事柄についての自由で独立した意思決定をすることがない脆弱な個人、という大衆の問題は、二〇世紀初頭の工業社会において、より顕著に現れるようになった。ウォーラスが「巨大社会」と呼んだものは、テクノロジーとマス・メディアが高度に発達した社会であった。そこでは、共同体における顔の見える人間関係が失われるのみならず、人々がおびただしい情報を世界から得ることもできる。人々は、自ら直接見たり経験することのできない事柄について、意見を持たざるを得なくなる。そして、「公衆」の喪失という問題が浮上することとなる。つまり、もっぱら私的な事柄にしか関心を示さず、自ら思考する十分な能力を持たない人々が、本来デモクラシーを支えるはずの意味のある公共圏を形成することができない、という問題である。

世論の問題性

ジョン・デューイやウォルター・リップマンといった、ウォーラスの知的影響を受けた多くの理論家たちは、今述べた人々の能力や、世論の政治としてのデモクラシーに、ペシミスティックであったと言える。リップマンが世論に関して問題にしたのは、ステレオタイプについてであった。「われわれはたいていの場合、見てから定義しないで、定義してから見る。外界の、大きくて、盛んで、騒がしい混沌状態の中から、すでにわれわれの文化がわれわれのために定義してくれているもの拾い上げる。そしてこうして拾い上げたものを、われわれの文化によってステレオタイプ化されたかたちのままで知覚しがちである」(Lippmann [1922: 54-55 = 1987: 111-12])。

リップマンによれば、多忙な現代生活において、すべての物事を類型や一般性としてでなく、新鮮な目で細部まで見ようとすることは、非常に困難である。それゆえステレオタイプは、自分でそもそもの最初から考えなければならないという面倒なことから、人々を解放してくれるものである。

……われわれは自分のよく知っている類型を指し示す一つの特徴を人びとの中に見つけ出し、頭に入れて持ち歩いているさまざまのステレオタイプによって、その人物像の残りを埋めるのである。彼は煽動者である。それだけしかわれわれには見えない。あるいは教えてもらえない。そうか、煽動者というものはこういう種類の人間だ。したがって彼はそういう種類の人間なのだ、となる。彼は知識人だ。彼は金権家だ。彼は外国人だ。彼は「南欧人」だ。彼はバック・ベイ出身だ。彼はハーヴァード大学の出身だ。これは、彼がイェール大学出身だ、というのとまったく意味が違う。彼はまともな人間だ。彼はウエスト・ポイント陸軍士官学校出だ。彼は古参下士官だ。

彼はグリニッチ・ヴィレッジに住んでいる。それだけ知ればその人についてすべてわかったことになる。彼は国際的な銀行家だ。彼はメイン・ストリートからきた、などもそうだ。（Lippmann [1922:59 = 1987: 123]）

公衆の喪失は、大衆社会の理論における典型的なイシューの一つである「大衆操作」の問題と結びついている。すなわち、メディアの発達は、人々の思考や判断の能力を改善するよりも、むしろステレオタイプ化された情報を通じて大衆の動員を可能にした、という問題である。トクヴィルやリップマンによる議論や、リースマンによる「他人指向」型人間という概念に共有されている問題は、大衆社会における個人の考えや判断は非常に不安定であり、他者――他の人々や情報を含む――によってコントロールさえされる、ということであった。特に、一九三〇年代以降の大衆社会論者は、リベラル・デモクラシーをファシズムへと導いてしまう政治的プロパガンダの危険性について多く議論した。

第二次世界大戦後のアメリカでは、C・ライト・ミルズの『パワー・エリート』（*The Power Elite*）が、周知のように公衆社会《コミュニティ・オヴ・パブリックス》と大衆社会《マス・ソサエティ》との比較を通じて、大衆社会を論じた（Mills [1956: 303-04 = 1969: 208]、cf. Eldridge [1983: 82]）。

1　公衆社会

（1）意見の受け手とほとんど同程度に多数の意見の送り手がいる。

（2）公衆にたいして表明された意見に、ただちに、また効果的に反応を示す機会を保障する公的コミュニケーションが存在する。
（3）そのような討論を通じて形成された意見が、効果的な行動として――必要な場合には現存の権威秩序に対抗する行動として――実現される通路が、容易に見出される。
（4）制度化された権威が公衆に浸透しておらず、公衆としての行動に多かれ少なかれ自律性が保たれている。

2　大衆社会

（1）多数の人々は、たんなる意見の受け手にすぎない。
（2）支配的なコミュニケーションは、個人が迅速に、また効果的に反応を示すことを困難にし、あるいは不可能にさえするような組織におかれている。
（3）意見の行動への実現は、種々の権威によって統制されている。
（4）大衆は、制度化された権威からの自律性を全く持っておらず、討論を通じて意見を形成する際の自律性が根こそぎにされている。

ミルズにとって、一方で大衆は受動的でしかも原子化され、他方で国家権力は「パワー・エリート」と呼ばれる一握りの人々によって握られていた。いかなる中間団体もない状況の中で無力化した大衆は、巨大な官僚制国家機構の権力にむき出しのまま曝されている――というのが、ミルズによるペシミスティックな大衆社会観であった。官僚制国家と大衆社会における公衆の消失、という二〇世紀の問題は、「国家権力のマキシマム」と「個人の力のミニマム」、と要約できるかもしれない。

社会の合理化・組織化

　個人の断片化、共同体の衰退、国家機構の中央集権化——これらすべての問題は、社会の合理化・組織化と対応していた。シェルドン・S・ウォーリンのいう「組織化の時代」であった（Wolin［1960: Chapter 10 = 1994: 第一〇章］）。二〇世紀初頭、マックス・ヴェーバーは、合理化と官僚制化の非人間的影響について論じた。彼は悲観的に、近代の運命は合理化と「世界の脱魔術化」にあると指摘した。彼は、資本主義社会であると社会主義社会であるとを問わず、労働の分業化、個人の役割の細分化・専門分化のゆえに、近代社会に官僚制度は不可欠のものであると認識していたのである（Weber［1991: 155］、cf. Gamble［1981: 165-66］、Halebsky［1976: 38-40］）。

　大衆社会論の文脈では、マンハイムが合理性を、「実質的《サブスタンシャル》」合理性と「機能的《ファンクショナル》」合理性とに区別した。彼にとって「実質的」合理性とは、所与の状況において諸事象の相互関係を洞察し、それを知的に明示する思考活動のことであった。「こうして、思考そのものの知的活動は『実質的に合理的』であり、一方、虚偽であったりあるいは全く思考活動でないもの（例えば、意識的であれ無意識的であれ、本能、衝動、欲求、感情といったもの）」はいずれも「実質的に非合理的」であると呼ばれるだろう（Mannheim［1940: 52-53 = 1962: 62］）。

　他方、「機能的」合理性については、マンハイムは以下のように続けている。

しかしわれわれは、日常の言葉における同様に、社会学においても、「合理的」という語をさらに他の意味でも使用する。例えば、さまざまな産業あるいは行政スタッフが「合理化」されている、などという場合である。このような事例において、われわれが「合理的」という用語で理解するものは、ある人が思惟活動や認識活動をおこなっているという事実では決してなく、むしろ、一連の行動があらかじめ定められた目的に達するように組織され、それゆえこのような行動のあらゆる要素に機能的な位置や役割が与えられているという事実である。(Mannheim［1940: 53 = 1962: 62-63］)

マンハイムの「機能的」合理性の概念は、所与の目的を達成するのに最も効果的な手段を選ぶという、ヴェーバーの目的合理性概念と軌を一にしている。マンハイムにとって問題は、機能的な合理化が決して実質的合理性を増大させはしないということだった。工業化の進展は機能的合理性を含意しており、それは「まさにその性質上、必ずや平均的な個人から、思考、洞察、責任といった諸能力を奪い、これらの能力を、合理化過程を指揮する個人に委譲してしまう」。ゆえに「彼ら［=平均的な大衆］はますます他人に指導されることに慣れるようになり、次第に自分独自の見解を捨てて他人が考えてくれるものを受け入れるようになる」(Mannheim［1940: 58-59 = 1962: 70］)。このようにマンハイムは、機能的に合理化した社会が、実質的には非合理的なものになり得るということを指摘したのだった。

四　無階級社会と新中間階級

全体主義

ミルズのパワー・エリートに関する議論は、後に触れるアメリカの多元主義者と比較するならば、ある種の階級社会論であったと言える。だが同時に、原子化され無力化した存在として大衆を見る見方は、無階級社会という議論とも結びついた。大衆社会論の中で、一つの重要な論点であったのは、巨大な官僚制的国家権力と原子化された個人という状況下での全体主義の問題であった。多くの論者が、大衆社会は政治的プロパガンダを通じて全体主義をもたらす無階級社会である、ということに注目した。例えば、ハンナ・アレントによれば、

……全体主義運動は、いかなる理由からであれ政治的組織を要求する大衆が存在するところならばどこでも可能である。大衆は共通の利害で結ばれてはいないし、特定の達成可能な有限の目標を設定する個別的な階級的分節性《アーティキュレートネス》を全く持たない。「大衆」という表現は、人数が多すぎるか公的問題に無関心すぎるかのために、人々がともに経験しともに管理する世界に対する共通の利害を基盤とする組織、すなわち政党、地域の自治組織、職業団体、労働組合などに統合されない人々の集団であればどんな集団にも当てはまるし、またそのような集団についてのみ当てはまる。

（Arendt［1951: 311 = 1974: 10］）

無階級社会という同様の視点は、エミール・レーデラーにも見出すことができる。「近代の政治的リーダー、つまり目さきのきく独裁者は、国家の永久化のみならず、その支配および併合をめざす運動の基盤として、大衆を利用してきた。彼らリーダーたちは大衆を制度化し、それを政治的および社会的な蒸気ローラーとして、さまざまな集団を押しつぶした。……全体主義国家は大衆の国家である」(Lederer［1940: 45 = 1961: 41］)。レーデラーによれば、こうした全体主義国家に比すべきものは、歴史の中に見出すことはできない。つまり、「これほどまでに社会構造を破壊してしまった国家はいまだかつてなかったし、すべての人々を大衆に変貌させ、彼らをこの状態に閉じ込める技術的な機械が今日ほど与えられている時代も、いまだかつてなかった」というのである(Lederer［1940: 46 = 1961: 41］)。

レーデラーは、大衆《マス》または群集《クラウド》という言葉を、内面的に一体化され、互いに一体と感じ、一体として行動する可能性を持つ多数の人々を意味するものと理解していた。この「一体化」は、大衆社会が原子化した社会であることを否定しない。彼は以下のように続ける。

大衆の中の諸個人は、いろいろの違った社会集団に所属しているが、しかしそんなことは問題ではない。なぜなら、大衆の中に埋没しているとき、そんなことには気づかないからである。ゆえに大衆は無定形《アモルフ》であり、社会的成層も不明確であるか、少なくともぼかされている。大衆を形成している諸個人にとって、統合の中心は常に情緒的なものである。群集は、理性ではなく、もっぱら情緒によってのみ一体化される。心理学上の通説となっているように、大衆にあっては、理

性が失われてしまうのである。（Lederer［1940: 30-31 = 1961: 27］）

レーデラーにとって、多くの人々が一つの群集になり得るということは、群衆の中に巻き込まれている人々がすべてその一部になっている、ということを意味しない。群集の一部と化すことを嫌う個人は、自ら考えることをやめず、情緒を批判せざるを得ない。しかし、「他方、別の人々は思考を中止し、動かされ、押し流され、元気づけられる。彼らは群集の中で、仲間の成員たちと一体化し、すべての抑制から解放されたような感じを持つのである」（Lederer［1940: 32-33 = 1961: 28］）。このように彼は、原子化された大衆社会は、情緒的・非合理的な社会であると同時に、無階級社会でもあると見ていた。

　レーデラーによれば、階級なき大衆社会は無定形であるがゆえに、大衆は行動的《アクティブ》になるのであった。だが彼は、大衆がダイナミックであると言うことを拒否した。なぜなら彼にとって、「ダイナミック」という言葉は、特定の目的意識を持ちその達成へ向けて努力している集団や制度——社交団体《フラターニティ》、一般のクラブ、労働組合など——にだけ使われるべきものだったからである。その一方、大衆あるいは群集は「このようなダイナミックな制度とは違って、突発的行動へと駆り立てられやすく、ただ単にそのエネルギーを浪費してしまいがちである。むしろ、その活動は行動《アクション》というより爆発《エクスプロージョン》と呼ぶにふさわしい」（Lederer［1940: 38 = 1961: 34］）。

　レーデラーは著名なマルクス主義経済学者であったが、しかし大衆社会状況は、マルクス主義者が理想とした無階級社会と見なすことのできないものであった。むしろレーデラーは、無階級社会は文明の危機であると考えるようになった。「社会は常に成層化されており、生産性のみならずその文化的発展も、自律的な集団生活のいかんにかかっている」と考える彼にとって、「無階級」社会の出現は、プロレタリア革命を通じたマルクス主義的な理想社会の実現というよりも、国家権力から自律した自由な結社《アソシエーション》の消滅という事態であった。ここで無階級社会が意味したものは、理想的な平等社会ではなく、全体主義の温床となる非合理的な社会であった（Lederer［1940: 206-08 = 1961: 198-200］）。

ホワイト・カラー

無階級社会についての議論はまた、他の論点をも伴っていた。つまり、ブルジョアジー対プロレタリアートというマルクス主義的な意味での階級社会の変容であり、「新中間階級《ニュー・ミドル・クラス》」あるいは「ホワイト・カラー」という概念の登場である。二〇世紀においては株式会社の経営者や俸給生活者としての官僚から、デパートの販売員、保険の外交員、秘書、タイピスト、記帳係、伝票記入係、通信係などに至る、いわゆるホワイト・カラー労働者の数が増大した（Mills［1951: x = 1957: 2-3］）。これらの人々を一つの階級であると定義づけるのは困難であるし、かといってブルジョアジー対プロレタリアートという伝統的な二分法に還元することもできなかった。

シグマンド・ノイマンは、ファシズムの社会的条件という文脈で、ホワイト・カラーあるいは賃金労働者を論じた。ノイマンにとって、特に第一次大戦後のドイツにおいては、無定形な大衆は、安定性を欠いた新中間階級、よるべなき失業者、不正規の民兵など、「揃いも揃って合理的社会主義の社会観に包摂されず、しかも現代社会の危機を如実に反映していた」社会集団から構成されていた（Neumann［1942: 106 = 1960: 107-08］）。

> 「俸給生活者《サラリード・エンプロイーズ》」が、こうした社会的騒乱のプロトタイプとなるに至った。資本主義社会で最も若いこの階層は、資本主義の高度な発展と共に著しく急激に成長した。このことによって、この階層と古い社会階層との関係における量的変化のみならず、質的変化もまたもたらされることとなった。すなわち、この階層の社会内部における量的拡張と共に、社会における彼らの地位は低下することとなった。昇進の機会は一般的に少なくなった。……合理的科学的経営が、個人の経験に取って代わった。機械化の発展と共に、人員の転換も、能率を大して落とすことなく頻繁に行なわれるようになった。彼らの賃金《ウェイジ》（俸給《サラリー》と呼ばれていたものの）の水準や社会保障の状態は、プロレタリア並みに低落した。（Neumann［1942: 107 = 1960: 108］）

ノイマンは続ける。このような新中間階級は、マルクス主義的な意味でのプロレタリアートとしての階級意識など持ってはいない。なぜなら彼らは、大資本と労働との中間にあって、常にこれら二つの社会勢力に押しつぶされる危険にさらされていたからであり、「事務員や店員などは、金権政治を嫌いながら、同時にプロレタリアートにも反感を持っていた」。ホワイト・カラーは自分たちを、高度資本主義のスローガンである合理化の犠牲者だと感じていた。「大規模生産、大デパート、銀行の合併など——まさに官僚制的に肥大化した独占資本主義——は、次第に独立した中間階級を弱体化させつつあった」（Neumann［1942: 107-08 = 1960: 109］）。

したがって、ノイマンによれば、空虚な生活と労働への反動で、ドイツのホワイト・カラー階級は、絢爛たる映画の画面を通じて夢の世界に逃避するのみならず、現代の独裁を支える無定形な大衆へと変貌することとなった。「実際、政治は彼らにとって、集団的な情緒化を通じて、自己の卑小な存在を忘れさせようとする以外の何ものでもなかった。『大衆的ナショナリズム《ナショナリゼーション・オヴ・ザ・マッセズ》』は、都市の人間の極端な孤独から生まれた。……指導者の約束したよりよき生活は、悪夢がさめたと同様の効果をもった。『ドイツよ、目覚めよ！』の言葉は、大衆に対して電撃的スローガンとなった。大衆は、味気ない現実を一瞬の悪夢に過ぎないと考え、『救世主』の力強い声によって呼び覚まされ得るものと思い込んでいたのである」（Neumann［1942: 108-09 = 1960: 110］）。

アメリカの文脈では、ミルズのホワイト・カラーに関する議論が有名である。『ホワイト・カラー』（*White Collar*）において、ミルズは新中間階級に対する彼のネガティヴな観点を披瀝した。彼によれば、第一次大戦前には、新中間階級に属する人は比較的少数で、しかも高等学校教育を独占していたため、資本主義の進展に伴って発生した社会的苦難の圏外に安住できた。しかし、新中間階級の数が増加するにつれて、次第に賃金労働者並みの条件に追い込まれてきた。特に大恐慌以後、彼らは資本主義社会につきものの苦難を、すべて味わうことになった。すなわち、不況期には失業の苦しみを、戦時には絶大な技術的暴力の威力を、身を持って思い知らされたし、一方、好況期には収入の増加よりも物価の騰貴の方が早かったのである。

一九世紀に、賃金労働者を苦しめた物質的苦難と心理的には同じ苦難が、二〇世紀に、ホワイト・カラーを襲った。このあわれな新中間階級には、生活の支えとなるべき基盤もなければ、全幅の信頼を捧げて忠誠を尽くすに足るだけの対象もなかった。……おそらく、自己の目標を明確に認識していないからだろうが、彼らは狂気のようにただ焦っている。自己を脅かしているものの正体を知らないからだろうが、彼らは恐怖に麻痺している。その傾向は、政治面において特に著しく、そうした麻痺は現代への最も深い無関心をもたらしている。（Mills［1951: xv-xvi = 1957: 9-10］）

ノイマンが主として、ホワイト・カラーの無力感をファシズムの温床と見て、ドイツのケースを論じたのに対して、ファシズムが権力を握ることのなかったアメリカにおいてミルズが問いかけたものは、ホワイト・カラーの政治的無関心であった。

第三節　大衆社会論に対するアメリカ的批判

一　D・ベル『イデオロギーの終焉』

レオン・ブラムソンやエドワード・シルズといった多くのアメリカの理論家たちは、大衆社会の理論があまりにヨーロッパ的なものであると主張した（Bramson［1961］、Shils［1963］）。ここでは、大衆社会論へのアメリカ的な批判の代表例として、ダニエル・ベルの一九六〇年の著作『イデオロギーの終焉』（*The End of Ideology*）を簡潔に検討しよう。同書のイントロダクションで、彼は次のように述べた。「多くのアメリカに関する社会理論の不適切さは、大部分、ヨーロッパ社会学からの両義的な観念をアメリカ社会の全く異なる諸経験に無批判に適用したことによる……。この最も顕著な例が、大衆社会の理論であり、この大衆社会という概念は、アメリカの社会生活に関する急進的かつ貴族主義的非難の、そしてアメリカ政治をエリート的観点から考察しようとする試みのライトモティーフとなったのである」（Bell［1960: 13-14 = 1969: 14］）。

ベルが強調したのは、大衆社会理論《セオリー・オヴ・ザ・マス・ソサエティ》がいかに現代生活の質と雰囲気を省察したものであろうと、それらは十分に分析的ではなく、単に現代社会の一般的な影絵に過ぎないものを示すだけである、ということであった。彼にとって、大衆社会理論は以下のように、「大衆」という用語の区別されるべき（時に矛盾するような）用法を混同しているのであった（Bell［1960: 22-25 = 1969: 6-10］）。

（1）未分化な群れとしての大衆
（2）無能力者と判定される大衆
（3）機械化された社会と結びつけられた大衆
（4）官僚制社会と結びつけられた大衆
（5）モッブとしての大衆

ベルによれば、以上のような大衆（社会）という概念の多彩な用法は、現実世界の複雑で豊かに成層化された社会関係を、ほとんど反映してもいなければ、またほとんど関連もない。むしろ、ヨーロッパ的な大衆社会理論は、理想化されたかつての有機的共同体あるいはゲマインシャフトへのロマンティックな観念と、貴族主義的な文化的伝統の擁護とを、含んでいるというのである。

「有機的《オーガニック》な社会（ゲマインシャフト）と原子的《アトミスティック》な社会（ゲゼルシャフト）という」これらの区別立ては、価値判断のいかんによって、全く謎めいてしまう。誰しも原子的社会論《アトミズム》に反対し、「有機的生活」に賛成する。しかし、巧みに論理を操って、「有機的」を「全体的《トータル》」に、「原子的」を「個人主義的《インディヴィジュアリスティック》」に、それぞれ言葉を置き換えるなら、議論の全体は異なる様相を呈する。（Bell [1960: 27 = 1969: 12]）

理想化された過去の封建時代のメガネによって歪められた、近代社会に対するこれらの「貴族主義的な」批判は、奇妙なことに、デモクラシーを平等とのみ同一視している。普通選挙権とともに、西欧民主体制の構成要素である立憲主義と法の支配との役割が看過されている。同様に、近代文化が民衆の趣向への譲歩によって堕落したように誇張して描かれ、文化の一般的鑑賞力における大きな向上が省かれている。大衆社会における隔絶化、人間関係の表層性、匿名性、はかなさ、専門化、功利性、競合性、利欲性、移動性、地位飢餓といった特徴を前提とするにしても、プライヴァシーへの権利、友人と職業との自由選択の権利、個人の外的属性《アスクリプション》よりも業績《アチーヴメント》に基づく地位、単一の支配集団による排他的・独占的な社会統制でなく多元的な規範と基準といった、今ひとつの側面が同時に示されなければならない。（Bell [1960: 30 = 1969: 15]）

ベルはさらに続ける。アメリカは古い共同体的紐帯を失い、高度に都市化・工業化・民主化した社会であるから、大衆社会理論の仮説によれば、不満操縦型政治《ポリティクス・オヴ・ディサティスファクション》に対して特に脆弱であってしかるべきである。にもかかわらず、共産主義運動もヨーロッパ型のファシズム運動も、アメリカでは確たる地盤を築くことができなかった。第一に、アメリカはしばしば「原子化」した社会であると言われるものの、アメリカ人が各種団体に加入するのを好む国民であるという自明のことを忘れるべきではない。「今日、アメリカ合衆国には少なくとも二〇万の自発的組織《ヴォランタリー・オーガニゼーション》、団体《アソシエーション》、クラブ、社会団体《ソサエティ》、各種団体の支部《ロッジ》、親睦団体《フラターニティ》があって、その全会員数（もちろん、重複しているが）は男女八、〇〇〇万近くである」（Bell［1960: 32 = 1969: 17］）。第二に、匿名性が著しく広がっているように見える都市の近隣においてさえ、地域的《ローカル》な紐帯は存在するのであり、ゲマインシャフトからゲゼルシャフトへという社会科学的前提は常に正しいわけではない（Bell［1960: 33 = 1969: 18］）。第三に、アメリカの人口の多くの部分が文化的諸活動に参加したが、それによって文化的水準が下がることはなかった。むしろ、「教育水準の向上は文化の鑑賞力の上昇を意味した」（Bell［1960: 33 = 1969: 18］）。第四に、アメリカの大衆社会はその成員に過度の同調性を強いているとしばしば論じられるが、誰が何に同調しているのかを見極めるのは困難である。同時に、離婚、犯罪、暴力がアメリカにおける広範な社会的無秩序を表している、という非難がある。だが、大衆社会理論によるアメリカ社会の批判は、一貫性を欠いている。つまり、アメリカ人がその孤立性・匿名性を非難され、友愛性、地域社会性、共同性を創出しようと努めると、大衆社会理論はアメリカ社会を同調的だと非難し、一方、アメリカ社会において個人がより自由を手にすると、その理論は今度はアメリカをアノミーであると非難する（Bell［1960: 34-37 = 1969:

19-23])。

ゆえに、

ここにおいて、社会の解体と衰退という暗黙の診断を派生的に含む「大衆社会」というような大規模な抽象的概念が、比較基準を欠いたほとんど意味のないものであることが、極めて明白になる。社会的・文化的変動はおそらく他のいかなる国におけるよりも、アメリカ合衆国において今日いちだんと大きく、かつ急速である。しかし、社会的無秩序とアノミーが不可避的にそのような変動に伴うという仮説は、アメリカの場合、証明されていないのだ。(Bell [1960: 37 = 1969: 23])

ベルにとっては、大衆社会理論は、現代社会に対するロマンティックな抵抗のイデオロギー以上のものではなかったのであり、そのイデオロギーは西洋社会すべてを記述するのには役立たないものであった。

二　S・ウォーリンと「政治的なるもの」

大衆社会論に対する別の批判として、次に取り上げるのは、シェルドン・S・ウォーリンによるものである。ウォーリンは一九六〇年に『政治とヴィジョン』(*Politics and Vision*)を著した。彼の直接の関心が大衆社会にあったとは言えないものの、その第一〇章で取り上げられているのは、多くの古典的な大衆社会論である。ここでは、政治理論家としてのウォーリンが、大衆社会に関する多くの著作をどのように見ていたかを検討しよう。

ウォーリンは、一九世紀と二〇世紀を「組織化の時代」と呼んだ。彼によれば、多くの理論家たちが大衆社会の諸問題について論じた時代は、西洋社会における政治生活がかつてないほどに民主化されたにもかかわらず、「社会の大多数の成員が、公共の事柄《パブリック・アフェアーズ》に参加するなど、自分には関係のないことだと思っている」ような時代だった。有権者のアパシー、首尾一貫した意見を表明する能力のない「幻の公衆《ファントム・パブリック》」、職業としての政治のランクの低さ、といったトピックは、二〇世紀前半の政治学者たちが熱心に研究したものであった。そしてこのことは、その時代における政治的要素の希薄化に見えた（Wolin [1960: 353 = 1994: 408]）。しかしながら、ウォーリンは、政治的なるものの衰退《ディクライン》ではなく拡散《ディフュージョン》こそが問題であると考えた。

立法部、首相、裁判所、政党などは、もはや、五〇年前にそうであったような仕方では、関心の焦点になっているわけではない。今日では、企業体、労働組合、さらには大学の「政治」が綿密に研究されるようになっている。こうした傾向から示されることは、政治的なるもの《ザ・ポリティカル》が他の平面に移されてきたこと、すなわち、かつては「私的なもの《プライベート》」と規定されたが、今や、旧来の政治制度を越えて重要度を増したと信じられている新しい平面に移されてきたということである。われわれは、今日、個々人が、ますます強く、その政治的満足を政治の伝統的な舞台の外側に求めるようになっていく時代に生きていると思われる。これが示しているのは、現代に特に著しいのは政治の拡散であるかもしれないということである。もし事態がこうであるとすれば、問題は、アパシーとか政治的なるものの衰退ではなくて、政治的なるものが非政治的制度および活動に吸収されることとなのである。これを言いかえれば、西欧においてはなお、政治に参加しまた関心を持つだけの力がはっきり残っており、ただ、それが伝統的な政治生活の形態でないものに向けられているということになる。（Wolin［1960: 353 = 1994: 409］）

ウォーリンにとって、政治的なるもののそうした転移の原因は、巨大で複雑な組織によって支配された世界へと個人が入り込んでしまったという事実の中にあるのだった。つまり「市民は『巨大政府』に直面している。労働者は大労働組合に、ホワイト・カラーは巨大会社に、学生は非人格的組織になった大学に直面している。いたるところに組織化の進行があり、いたるところに官僚化の進行がある」（Wolin［1960: 354 = 1994: 410］）。

そしてウォーリンは、サン゠シモン、フーリエ、プルードン、コント、マルクス、デュルケムら一九世紀の理論家たちが、政治への軽蔑をほぼ共有し、「政治というより古いテーマ、それどころか経済という新しいテーマにも代えて、一九世紀は『社会』に向かった。『社会』はこの世紀の知的課題のシンボルと」なったと指摘した（Wolin［1960: 361 = 1994: 418］）。社会の工業化と民主化の下で、テクノロジーの急速な変化と社会の高度な流動化によって、多くの人々は深い意味での孤独を伴う根無し草となった。そして、社会連帯《ソーシャル・ソリダリティ》の復興ということが、現代思想の一つの支配的なテーマとなった（Wolin［1960: 357 = 1994: 412］）。したがって、個人主義的でエゴイスティックな工業化の時代において、組織が共同体的連帯を復活させるものと見なされるようになる。

ウォーリンによれば、組織が原子化した個人を救う力であるとする思想は、二〇世紀に引き継がれた。緊密な革命組織を創出することへのレーニンの熱望や、社会秩序の再建に向けた社会計画というマンハイムの構想は、サン＝シモンの管理社会《マネジリアル・ソサエティ》という思想の延長線上にあったという（Wolin［1960: 364-65 = 1994: 421-22］）。しかしながら、政治的なるものが廃棄されたわけではないとウォーリンは強調する。むしろ、政治的なるもの――政治、政治理論、政治的行動――は、組織のレベルへと移行されたというのである。

> 産業主義や大規模な組織は、必ずしも政治的事象を不必要にしたわけではなく、また、サン＝シモンやその他の人々が想定したように、「管理《アドミニストレーション》」が完全に政治に取って代わることもなかった。ここでのトリックは、政治的なるものを破壊するのではなく、それを組織のうちに浸透させ、新しい複合体を創出するところにあった。（Wolin［1960: 421= 1994: 485］）

ここで、レーニンやマンハイム、あるいは経営理論や多元的政治理論などを含む二〇世紀初期の政治・社会理論において、ウォーリンが問題にしたのは、それぞれのイデオロギー的な相違ではなく、それらが共通して、「政治的なるもの《ザ・ポリティカル》」の一般的《ジェネラル》性格という理念を失う傾向性についてであった。なぜならそれらの諸理論は、「政治的なるもの」を、従来は非政治的と見なされた小集団や結社《アソシエーション》へと還元してしまったからである。政治的なるものの一般的性格についての、ウォーリンの説明を引用するならば、

> 例えば、政治社会の包括性は、常に、家族、階級、地域社会、宗派などの局地性と対比させられてきた。また、社会全体の福祉に対する一般的責任は、一貫して、政治秩序に特有の機能と見なされてきた。他の例を挙げれば、国民としての地位を一つの役割と考える場合に、そこに生まれる個々人の義務と期待は、一般的関心の対象となる事柄に関わるものであった。最後に、政治的権威は、社会の一般性を代表し、かつその名において語る権威として定義されてきた。こういう事例に現れた傾向は、政治理論の自己主張を裏づけるものとして、そこに取り込まれてきた。というのは、政治理論の側では、社会生活にとって共通な、あるいは一般的なものとは何かを、はっきりさせようとする社会の試みに関連する知識と知恵の体系こそ、政治理論なのだと主張してきたからである。（Wolin［1960: 429-30 = 1994: 494-95］）

要するに、ウォーリンが「政治的なるもの」として考えていたのは、共通の事柄、一般的なもの、す

なわち「レス・プブリカ」（res publica）であると言ってよいであろう。

しかし、ウォーリンによれば、二〇世紀中葉に至る政治・社会理論は、より限られた問題関心しか持たなかった。「その提示する諸価値は、より局地的で、比較的小さな集団や結社と関連を持つだけである」。彼にとって、多くの理論家たちは、人間を、一般的な政治社会の成員として見なすことなしに、階級指向、集団指向、あるいは職業指向という観点から分析するようになったのである。「政治的人間の細分化は、政治理論と社会理論の分野で進んでいる、より広汎な過程の一部分であるに過ぎない。過去二世紀の間に、政治理論の全体像は崩壊の様相をとりはじめ、それは、本来的には社会が全体として捉えられるべきであり、その一般的生活は政治形態を通じて最もよく表現されるという考え方を、一貫して打ち壊す働きをするようになってきている」（Wolin［1960: 430 = 1994: 495-96］）。結果として、一方では、人間の人格と欲求は（治安と防衛を除いて）、労働組合、教会、企業、その他の私的ないしは自発的な集団といった、非政治的結社の中で満たされるもの、と見なされるようになった。また他方では、政治的秩序とは、「他の集団や組織が達成することを好まないか、または達成できないような任務」を負わされた単なる行政機能を意味するようになった（Wolin［1960: 431 = 1994: 496］）。ウォーリンにとってこのことは、一般的という意味での政治社会のヴィジョンが失われたことを意味していた。

そして彼は、次のように結論づけた。

これらの理論の誤りは、政治的概念を非政治的状況に適用しようとする試みからきている。……

「政治的」責任は、選挙民一般との関係においてのみ意味を持つのであり、個別的選挙民団体をいくら積み重ねても、その代りになることはない。同様に、個人の参加は、非政治的集団の枠内においても、政治的方法でさせられ得ると主張することは、市民権《シティズンシップ》という言葉からその意味を奪ってしまい、政治的忠誠を不可能事にしてしまうことである。政治的意味において用いられる場合には、市民権とか忠誠とかいう言葉は、一般的な秩序との関係においてのみ意味を持っている。……政治的結合《ポリティカル・アソシエーション》は、アリストテレスによれば、より包括的な善――すなわち共同体全体の善――を促進させるものと考えられ、それゆえ、より完全な服従を受けるに値するのである。(Wolin [1960: 433 = 1994: 498-99])

ウォーリンの批判は、大衆社会論に対してというよりも、「政治的なるもの」の本来の意味を失わせてしまった社会・政治理論の傾向性に対して向けられたものであった。彼による「政治的なるもの」のヴィジョンは、以下に述べるような利益集団多元主義の理論に対する批判を含んでいたものと考えられる。

三 参加デモクラシー論

ベル、リースマン、コーンハウザーといったアメリカの社会学者たちは、アメリカを多元的社会と見なしていた。ベルが大衆社会論を批判したことは前述の通りだが、大衆社会論への洞察を示したコーンハウザーも、アメリカ社会は不安定な大衆社会ではなく、安定した多元的社会であると考えていた。大衆社会における「他人指向」型人間を考察したリースマンもまた、アメリカ社会の多元性に対しては楽観的な見通しであった。

これらの多元主義的な論者は、アメリカ社会に対して、ミルズのパワー・エリート論とは異なった見解を示していた。一種の階級論的な社会観を持つミルズにとっては、アメリカは国家と企業と軍といったパワー・エリートを頂点としたハイアラーキカルな社会構造を持っており、公的《パブリック》な討論を通じた政治は凋落していた。それに対して、例えばリースマンは、アメリカにおいては権力の脱中心化こそが増大していると見た。すなわち、意思決定を行なう者はイシューによって異なり、権力は「拒否権行使集団《ヴィトー・グループ》」としての多様な利益集団に分散しているというのである。リースマンによれば、権力を独占できるような特定の集団はアメリカには存在せず、拒否権行使集団の間における競合的な状態によって権力は多元化している。ミルズもリースマンも、アメリカに多様な利益集団《インタレスト・グループ》が存在することとは同様に認識していたが、ミルズがパワー・エリートと未組織大衆との間を媒介する中間団体の機能の喪失を見ていたのに対して、リースマン（およびベル）はそのような見解を取らないのであった（秋元［1980: 23-27］［1981: 13-33］）。

本章第一節で触れたエリート主義的デモクラシー論と、ここでいう多元主義は、共に「アメリカ社会は、一般大衆が政治参加という公的活動に積極的か否かとは別次元で、多元的社会であるから民主的である」という認識を共有していたように見える。こうしたいわゆる利益集団多元主義《インタレストグループ・プルーラリズム》――これは、C・B・マクファーソンがいう「均衡的《エクイリブリウム》デモクラシー」（Macpherson［1977］）、またアイリス・M・ヤングが「集合的《アグレゲイティヴ》デモクラシー・モデル」と呼ぶもの（Young［2000］、cf. Young［1989］）に相当する――は、デモクラシーを構想する場合、市場をモデルとしていた。つまり、有権者は選挙という「市場」で特定の候補者を買う「消費者」と想定されたのであり、また相互に競合的な利益集団が複数存在するのが民主的な社会であるというのである。ここでは、市民の政治参加という視点は大きく後退している。(4)

やがて、「大衆社会」に関する議論は、一九六〇年代末には消えていく傾向にあった。その理由をここで十分に示すことはできないが、少なくとも二つの要素があったと考えられる。一つは、多くの西洋社会においては安定した民主的システムが確立され、ファシズムや全体主義を生み出す「極端な政治《エクストリーミスト・ポリティクス》」の問題はそれほど差し迫ったものではなくなった、という認識であろうし、もう一つは、例えばベルのように、一九六〇年代の高度経済成長とテクノロジーの急速な発展により、工業社会からポスト工業社会へと論点が移行した、との認識であろう（Cf. Bell［1973＝1975a, 1975b］）。

しかしながら以上のことは、大衆社会の問題が西洋諸国においてなくなったということを意味しない。特に、ヨーロッパ知識人の観点からすれば典型的な大衆社会ということになるアメリカにおいて、「アメリカは多元社会だから大衆社会ではない」ということは不可能であった。ここで大衆社会という言葉が意味しているのは、大衆が全体主義に向けて動員される不安定な社会ということでもなければ、無力な大衆がパワー・エリートによって支配される社会ということでもない。そうではなく、トクヴィルが一九世紀アメリカ社会に見出したように、大衆が画一的になり、しかも私的・経済的な利益にしか関心を示さなくなるような社会が、大衆社会なのであった。二〇世紀中葉から後半にかけては、安定した快適な大衆消費社会のなかの大衆が問題となったのである。そして、この問題をアメリカで提起したのは、ヨーロッパからの亡命知識人たちであった。

アレント

例えば、ハンナ・アレントは一九五八年の『人間の条件』（*The Human Condition*）において、ウォーリンの『政治とヴィジョン』に先駆けて、大衆社会における「公的なもの《レス・プブリカ》」の衰退を論じた。アレントによれば、公的領域（**polis**）と私的領域（**oikos**）という古代ギリシャ以来の区別は、近代という時代には不明瞭なものとなり、後者に当たる「社会的なるもの」が勃興してきた。古代の感覚では、「プライヴァシー」とは、人間のもっとも高度で人間らしい能力が奪われた状態のことを意味した。ゆえに、私的領域においてのみ生きている人間は、公的領域《パブリック・レルム》に入ることを許されなかった奴隷と同様に十全に人間的ではなく、またそうした公的領域を構成しようとしなかった蛮族と同じなのであった。しかし、個人主義を通じて私的領域が著しく豊かになった近代社会においては、「プライヴァシー」という言葉はもはや「何ものかを奪われている」（**deprived**）状態を意味しなくなった（Arendt［1958: 38 = 1994: 60］）。そして、大衆社会の出現とともに、社会的なるもの《ザ・ソーシャル》の領域は、数世紀の発展の後に、大いに拡大された。そして、今や、社会的領域は、一定の共同体の成員をすべて、平等に、かつ平等の力で、抱擁し、統制するに至っている。しかも、社会はどんな環境の下でも均質化する。だから、現代世界で平等が勝利したというのは、社会が公的領域を征服し、その結果、区別《ディスティンクション》と差異《ディファレンス》が個人の私的問題になったということを政治的、法的に承認したということにすぎない。（Arendt［1958: 41 = 1994: 64］）

アレントにとって、平等主義的な大衆社会を支配しているものは、画一主義《コンフォーミズム》であった。古代ギリシャの都市国家で公的領域であったポリスが、アゴーンの精神で満ちており、市民は自らの功績や偉業を通じて、いかに自分が他者より優れた人間であるかを常に示そうとしていたのに対して、近代の世界においては、人間関係の主要なあり方は、自らの独自性を示す「活動《アクション》」から、一般的で予測可能な「行為《ビヘイヴィア》」へと変わってしまった（Arendt［1958: 41 = 1994: 65］）。公的領域は、すべての市民が万人に見聞きされ、最大に広い公開性を持ち、他者に対して自身の独自性を表す市民同士が共通の世界（すなわちレス・プブリカ）を構成する、そうした領域である（Arendt［1958: 50-53 = 1994: 75-79］）のに対して、人々を相互に結びつける力を失った大衆社会においては、人々は真に人間らしい本質的なもの、すなわち他者から見聞きされることからくるリアリティを奪われてしまった。「私生活に欠けているのは他人である。逆に、他人の眼から見る限り、私生活者は眼に見えず、したがって存在しないかのようである。私生活者がなすことはすべて、他人にとっては、意味も重要性もない。そして私生活者に重大なことも、他人には関心がない」（Arendt［1958: 58 = 1994: 87-88］）。高度に工業化した社会において極端に孤独となった大衆は、複数の人間の間における「活動的生活」（viva activa）が織りなす公的領域ではなく、単に行為を消費する私的領域でしか生きていない。このように、行為を消費するにすぎないことこそ、アレントが大衆社会の画一化と見なしたものであった。

マルクーゼ

しばしば「フランクフルト学派」と呼ばれる思想家たちもまた、高度に工業化したアメリカ社会における画一化を見出した。ヘルベルト・マルクーゼによれば、先進産業文明には、快適で、摩擦がなくて、道理に適った、民主的な不自由が、行き渡っている。つまり、

> 欠乏からの自由——あらゆる自由の具体的実質——が実現可能になるにつれて、もともと生産力の未発達段階にふさわしいさまざまな自由は、かつての内実を失ってゆく。諸個人の欲求を次々に充足できるような組織形態を備えた社会においては、思想の自立性、自治の権利および政治的反対の権利から、現に、その根底的な批判的機能《ベーシック・クリティカル・ファンクション》が奪い取られつつある。（Marcuse［1964: 1 = 1980: 20］）

社会が権威主義的であると否とを問わず、「生活水準が向上している状況の下では、体制《システム》に同調しないことそのものが、社会的に無益なものに見える」（Marcuse［1964: 2 = 1980: 20］）というのであった。

マルクーゼが高度な工業社会に見出したものは、精神の内面的な次元が浸食され、現状に反対する理性の批判力が失われる傾向性であった。「先進産業社会の顕著な特徴は、解放——相当に条件がよく、得になり、しかも快適である状態からも解放されること——を求める欲求を有効に窒息させながら、同時に、豊かな社会の破壊的な力と抑圧的な働きを維持し、許容しているという点にある」（Marcuse［1964: 7 = 1980: 25］）。マルクーゼは、思考様式が互いに同一化してしまっている人々を「一次元的人間《ワン・ディメンジョナル・マン》」と呼び、彼らの私的領域（精神の深層レヴェルを含む）が産業主義のイデオロギーによってすっかり支配されてしまっていると考えた。マルクーゼに言わせれば、状況は「イデオロギーの終焉」などでは全くなかったのである（Marcuse［1964: 9-13 = 1980: 28-30］）。

マルクーゼにとって、社会あるいは政党が「多元的《プルーラル》」であるかどうかは問題ではなかった。多元主義的な政治理論に対して、彼は以下のように議論した。

資本主義の最も進んだ段階においては、この社会は抑制された多元主義の体系となり、そこでは競争している諸制度が、いずれも個人に対する全体の権力を固定化するように機能し合っている。しかしそれでも、管理される個人にとっては、多元主義的な管理は全体的な管理よりはるかに良い。甲の制度は乙の制度に逆らって彼を保護するかもしれない。甲の組織は乙の組織の衝撃を軽減するかもしれない。脱出の救済の可能性を当てにすることができるのだ。法による支配は、例えどんなに制約されたものであるにしても、法を越えた、あるいは法のない支配と比べれば、やはりはるかに安全なものなのである。

しかし、支配的な諸傾向について考えた場合、多元主義のこの形態は多元主義の破壊を促進するのではないか、という問題が提起されねばならない。先進産業社会は確かに相互に対抗する諸権力の体系であるが、しかしこれらの勢力は、高度の一様化《ユニフィケーション》の中では——すなわち規制の地位を防衛・拡張し、歴史的選択に反抗し、質的変革を阻止しようという一般的関心の中では——相互に相殺し合う。相互に対抗する諸勢力は全体に反抗するような権力を含まない。……

多元主義の現実はイデオロギー的で欺瞞的なものとなる。それは操作と等質性を減らすよりは強めるように思われる。（Marcuse［1964: 50-51 = 1980: 67-68］）

アレントとマルクーゼとは、説明の力点が異なるように見える。アレントは、相互に疎外された大衆が、共通の公的領域（レス・プブリカ）を構成することができない、という点を強調した。それに対してマルクーゼは、私的領域が高度化した産業資本主義によってイデオロギー的に支配されている、という点に重きをおいた。しかし、その相違にもかかわらず、両者は共に、単に大衆社会における画一化だけでなく、アメリカの政治学および社会科学における行動主義《ビヘイヴィアリズム》をも批判した。アレントは、「近代最初の科学である経済学は、人間の活動力《アクティヴィティ》の比較的限られた分野にのみ行動のパターンを代用した。

しかし、経済学に続いて、今や社会科学全部を包括すると称する『行動科学《ビヘイヴィオラル・サイエンス》』が現れ、人間の活動力に関する限り、人間を全体として条件反射的な行動的動物の水準にまで引き下げようとしている」と述べた（Arendt［1958: 45 = 1994: 69］）。マルクーゼは、一次元的な思考と行動のパターンが登場する流れは、「科学的方法における新しい展開、すなわち自然科学における操作主義《オペレイショナリズム》、社会科学における行動主義《ビヘイヴィアリズム》と関連づけられよう。その一般的な特徴は、概念の扱いにおける徹底した経験主義であって、概念の意味が、個々の操作と行動によって表現されるものに限定される」と述べた（Marcuse［1964: 12 = 1980: 30］）。両者とも、アメリカの行動主義的な政治科学、および市場モデルに基づいた利益集団多元主義への批判を含んでいたと言ってよいであろう。

一九七〇年代以降の議論

アレントやマルクーゼの議論は、一九六〇年代後半の、いわゆる新左翼《ニュー・レフト》の運動に影響力を持った。その時期はまさに、大衆社会に関する議論が消え始めた頃であるが、しかし大衆社会およびマス・デモクラシーの古典的な諸問題――大衆の画一化・均質化、政治的無関心と私的生活への没入、国家による大衆の官僚制的なコントロール、等々――は、現実になくなったとは言えなかった。そして、一九七〇年代に登場したのは、「参加《パーティシペトリー》デモクラシー」という議論であった。その代表格の一人とされるキャロル・ペイトマンによれば、参加デモクラシーの理論は、個人とその制度は相互に孤立しては考えられないという基本的な主張を中心にして組み立てられている。国家レベルでの代議制度の存在は、デモクラシーにとって十分なものではない。国家レベルでのすべての民衆による最大限の参加のためには、デモクラシーのための社会化、ないしは「社会的訓練」が他の領域においても行なわれ、必要な個人的態度や心理的資質の発達が可能とならなければならない。こうした発達は、参加自体の過程をとおして実現するのである。それゆえに、参加デモクラシー理論における参加の主要な機能は教育的なものである。心理的側面と、種々の民主的な技量と手続きにおける実践の獲得を含んだ、もっとも広い意味での教育的なものである。かくて、参加的制度の安定については特別の問題はない。それは、参加の過程の教育的インパクトを受けながら自立的なものである。参加は参加にとって必要な資質そのものを発達させ育てていく。個人は参加すればするほど、より有能に参加するようになる。参加をめぐる副次的仮説は、参加が統合的な効果を持っているということと、集合的決定を受容するのを助けるということにある。(Pateman [1970: 42-43 = 1977: 77])

参加デモクラシーに関する議論には、二つの側面があるようである。第一に、参加デモクラシー論は、人間の能力の開発・改善の可能性を前提としている。ゆえに、ペイトマンは先の引用に見られるように、参加の教育的機能を重視した。また、C・B・マクファーソンも同様の前提を共有しており、「民衆の意識(ないし無意識)が、自らを本質的に消費者と見なし行動することから、自らを自分自身の潜在能力の行使と開発の行使者・享受者と見なし行動することへと変化すること」を求めた（Macpherson［1977: 99 = 1978: 163］）。第二に、参加デモクラシー論は、経済的な不平等の是正と、職場における参加の必要性とを前提としている。ペイトマンは、「［参加型社会の］もっとも重要な分野が産業である。大部分の個人は、人生の大半を職場で過ごし、職場での仕事は、職場を除いては他のどこでも類を見出すことが難しい集合的事項の管理《マネジメント》についての教育を提供するからである。……産業のような領域は、ナショナル・レベルに付加する参加の領域を提供するものとして、れっきとした政治的制度として見なされるべきである」ということを強調した（Pateman［1970: 43 = 1977: 77-78］）。マクファーソンもまた、社会的・経済的不平等を大幅に減じることを求め、労働者による統制《ワーカーズ・コントロール》（自主管理）という形での職場における意思決定への民主的参加運動が重要であることを主張した。

> 労働者による統制に参加する人々は、他のどんな分野よりも深い関心を持つか少なくともよりじかで直接的に感じられる彼らの生活の側面――つまり労働生活――において意思決定への参加の経験を得つつある。……そして、このことの経験そのものを基礎とする参加への意欲は、職場からより広い政治領域に移されることもあり得よう。一つの種類の参加において自らの能力を証明し、自分たちでも影響を及ぼし得るという自信を持った人々は、彼らを政治的に無関心にしてきた諸力によって悩まされることが少なくなり、結果からより大きな距離がある場合でも論理的に筋道を立てて考えることがよりよくできるようになり、自分たちの最も直接的な関心事からさまざま

な距離にある決定の重要性を、よりよく理解できるようになるだろう。(Macpherson [1977: 104 = 1978: 170-71])

ペイトマンもマクファーソンも、それぞれの一九七〇年代の著作において、「大衆社会」あるいは「マス・デモクラシー」という言葉を使用しているわけではないが、しかし彼・彼女らが、マス・デモクラシーの問題に対して利益集団多元主義(あるいは「均衡的デモクラシー」論)とは異なったアプローチをしていることは、明らかであろう。利益集団多元主義が、民衆の政治参加を選挙にのみ限定するエリート主義となる傾向性にあるのに対して、参加デモクラシー論は、大衆の質を消費者から市民へと向上させることによって、デモクラシーそれ自体を民主化しようと試みるものであった。こうした参加デモクラシー論の系譜は、一九八〇年代のベンジャミン・R・バーバーら、共和主義的な関心を持つ論者に受け継がれていったと言えよう(Cf. Barber [1984])。

(1)「大衆社会」(mass society, Massengesellschaft) という言葉を、現代社会を説明するための主要概念として最初に用いたのは、カール・マンハイムの『変革期における人間と社会』(ドイツ語版、一九三五年)であったというのが定説のようである(Giner [2001]、辻村 [1972: 31])。

(2) ただし、ウォーラスをもっぱらアメリカ政治科学の先駆者として扱うことは、妥当とは言えない。石井 [1996] [1999]、松下 [1959b = 1969c]、杉田 [1986a] [1986b]、また本書一三四―五ページを参照。

（3）ゆえにコーンハウザーは、例えばファシズムに対してデモクラシー擁護の論陣を張ったマンハイムを、「貴族的批判」の論理を持つものとして扱っている。つまり、マンハイムは「民主的価値の擁護をめざすものであるが、彼の大衆社会についての理論は大衆参加がエリートの機能をくつがえす事情に重点を置く傾向性をもっている」というのである（**Kornhauser**［1959: 24 = 1961: 22］、傍点は原文イタリック）。

（4）キャロル・ペイトマンは、第二次世界大戦後のアメリカのデモクラシー理論が、「デモクラシー」対「全体主義」という二分法を前提にして、主に政治システムの安定性に関心を寄せていた点を指摘している（**Pateman**［1970: 1-2］）。冷戦を背景に、市場をモデルとしたデモクラシー理論は、一党支配体制の共産主義に対するものとして受け容れられやすかったと考えられ、「アメリカ自体がデモクラシーである」との観念を強めたように見える。それに対して、当時のソ連側からすれば、アメリカのデモクラシーは単なるブルジョア的な帝国主義に過ぎず、東欧諸国こそが労働者階級を解放した真のデモクラシーを実現しているのであった（Cf. 福田［1972: 4-16］）。

第二章　松下圭一の大衆社会論

社会科学は物識事典や人生案内、青年詩集などのようにはその日その日の生活の要求にたいして直接こたえうるものではない。逆にそれは読者自体のきびしい内的禁欲と抽象への情熱を要求するものである。

——松下圭一（一九五九年）

日本において「大衆」が論じられた早い例としては、哲学者・戸坂潤の『日本イデオロギー論』（一九三六年）が挙げられるだろう（戸坂［1977］）。また、第二次世界大戦後、現代社会を「機械時代」と認識し、大衆社会の理論家たちを本格的に日本に紹介したのは、社会学者・清水幾太郎の『社会心理学』（一九五一年）であった（清水［1951］）——ただし彼は、「大衆社会」という訳語でなく「マス・ソサエティ」とカタカナ表記をしていたが。清水は、岩波講座・現代思想の第八巻『機械時代』（一九五七年）の執筆者の一人であったが、その巻の中には、第一章第二節で触れたような諸論点に関する諸論文が収められていた（例えば高橋／城戸／綿貫［1957］）。また同年、東京大学出版会からは、第七巻を『大衆社会』とする講座社会学が出版された（福武編［1957］）。大衆社会論と呼ばれるものを日本に紹介する大きな役割を担ったのは、社会学者や社会心理学者であった。

と同時に、政治学の分野において、大衆社会やマス・デモクラシーの問題について多く論じられるようになったのも、ほぼ同じ時期であった。「科学としての政治学」を提唱した丸山眞男は、直接的に大衆社会論を論じたわけでは必ずしもないが、しかし、トクヴィル、ラスキ、マンハイム、ラスウェル、メリアムらの政治理論に言及する彼の多くのエッセイは、マス・デモクラシー状況を前提として書かれていたと言ってよい。また、日本政治学会年報では、一九五五〜五七年にかけて、大衆の問題をめぐる多くの論考を掲載した。「大衆社会論争」の口火を切ることになったのは、大衆社会を特集した雑誌『思想』一九五六年一一月号であったし、翌五七年には『理想』一二月号がやはり大衆社会の問題を特集。先に触れた岩波講座・現代思想にも、大衆やマス・デモクラシーに関する論考が収録されていた。(1)

以上のような知的コンテクストの中で展開された「大衆社会論争」であるが、一九五六〜五七年の大衆社会(論)をめぐる日本の思想状況を、歴史的に検討することが本章の目的ではない。むしろ本章は、これまで言及されることのみ多くして決して十分に理解されてこなかった、松下圭一の大衆社会論の構想を、彼の理論に即して明らかにすることを課題とする。まず第一節では、松下の大衆社会論そのものの再検討を行なう。その場合、「一九世紀・産業資本主義段階における市民社会・市民国家」から「二〇世紀・独占資本主義段階における大衆社会・大衆国家」へという彼の歴史観、マルクス主義の経済決定論に対する社会形態論の展開(労働者階級の〈大衆〉化)、「大衆デモクラシー」「大衆ナショナリズム」「国民統一戦線型人民デモクラシー」といった独自の概念、等々をできる限り詳細に検討してみたい。第二節では、本来は大衆社会論に先立って展開された、松下の「市民政治理論」理解に光を当てる。ここでは、マルクスの社会主義思想も「市民政治理論」の後継者であるという「ロック的マルクス」(柴田[1962])とも言うべき松下の思想史解釈と、そうした近代の「市民政治理論」の現代的転回としての二〇世紀の多元的政治理論（集団理論）理解を考察する。この二つの節の検討を通じて、「市民政治理論から大衆社会論へ」という松下の巨視的な近・現代政治理論史理解を明らかにしたい。さらに第三節では、「資本主義的疎外」と「大衆社会的疎外」という二重の疎外に陥っている現代政治に対して、松下がどのような対抗構想を抱いていたかについて言及したい。後に触れるように、このような松下の構想の中には、デモクラシーと社会主義をめぐる現代的な論点を先取りするものが見出せるからである。

第一節　松下の大衆社会論の構想

一　「大衆社会論争」概観

一九五六～五七年にかけて、日本の論壇でいわゆる「大衆社会論争」が起こった時、松下圭一は法政大学助教授であった。松下はすでに一九五二～五四年の間に、彼の専攻したヨーロッパ政治思想史、特にジョン・ロックに関する論文を発表しており、それらは後に『市民政治理論の形成』（一九五九年）として一冊の本にまとめられた。

同時に松下は、すでに丸山眞男や清水幾太郎らが日本に紹介し展開していた大衆社会およびマス・

デモクラシーの理論を通じて、二〇世紀初頭における近代政治理論の変容に関心を抱くようになった。後に検討するように、松下は近代の政治理論を「市民政治理論」と呼んだ。彼は「市民政治理論」を、古典的にはロックによって確立され、「市民社会」の観念を伴って、一九世紀までの資本主義社会において支配的だった理論であると理解したのである。松下はその上、一九世紀末から二〇世紀初頭にかけて、「大衆社会」と呼ばれる社会が出現した時代に、欧米の政治理論が近代の「市民政治理論」とは性質の異なった理論構造を持つようになったことに気づいた。彼は、この理論的変容を追究しようとし、『市民政治理論の形成』の続編として『市民政治理論の転回』という書物（未刊行）を構想した。そして一九五六年には、この書物を構成すべく、いくつかの論文が松下によって著された。その代表格は、同年の『思想』一一月号に掲載された「大衆国家の成立とその問題性」であり、この論文は本来、『市民政治理論の転回』第二章の序論として用意されたものであった（松下［1959b = 1969c: 280］）。

松下の大衆社会論への関心は、同時にまた、別の意図によっても支えられていた。すなわち、大衆社会の時代である二〇世紀においては、マルクス主義もまた、革命の条件を適切に理論化するために自己変革せざるを得ない、ということを示すことであった。松下自身、二〇世紀中葉の日本の知識人たちの間で圧倒的な力を持っていたマルクス主義から強く影響を受けており、またある程度、資本主義から社会主義へという歴史的発展（資本主義の矛盾の克服）を考えていたと思われる。しかしながら、彼にとって、当時のスターリン主義的マルクス主義は教条主義的な経済決定論であり、それゆえに日本のマルクス主義は、政治・社会の実際のダイナミズムを適切に理論化できずにいるのであった。丸山眞男と同様に、松下も政治を「可能性の技術」と理解しており(2)、たとえいわゆる「上部構造」が経済的「下部構造」によって決定される面があるとしても、政治は経済とは区別される領域としてそれ自体として理論化されなければならないものであった。なぜなら、単に政治を資本主義的な階級構造に結びつけるだけでは、実際の政治の動態を把握できないからである。したがって、近代の「市民政治理論」の二〇世紀的な変容に対する松下の関心は、同じ時代におけるマルクス主義の転換という別の関心をも伴っていたのである。こうした関心によって、松下の大衆社会論の理論構造は、本章で検討するように、世界的にも非常にユニークなものとなった。

しかしながら、松下が「大衆国家の成立とその問題性」論文を発表した一九五六年が、彼の意図を理解させるのによい時期であったかどうかは、容易には判断できない。なぜなら、まず第一に、一九五六年はスターリン批判やハンガリー事件が起きた年だからである。日本の多くのいわゆる「正統派」マルクス主義者たちは、松下の大衆社会論に強く反発したが、その理由は単に彼らが松下の意図や発想を理解しなかっただけでなく、松下の理論が、スターリン批判などの一連の事件に乗じてマルクス主義を批判するものと、あるいは修正主義であると見なされたからであった。ここから、大衆社会論とマルクス主義の対立という図式で理解された「大衆社会論争」が、翌五七年にかけて起きるのである。後に見るように、このような対立図式は、松下自身の意図とは全く異なるものであった。

第二に、一九五五年頃から、日本における高度経済成長が始まったことである。国民一般の生活は依然として貧しかったものの、しかしこの時代は、特に都市部における「豊かな社会」の予兆の時期であったと言える。このような雰囲気の中で、「大衆」あるいは「大衆社会」に関する議論は時として、人々が豊かな生活を享受する「モダン・リヴィング」論として受け止められることもあった。こうしたことを通じて、「大衆社会」という言葉が人口に膾炙するようになり、松下も有名な論者となったが、これらもまた松下の意図からはかけ離れたものであった。

一九五七年には、大衆社会に関する松下の論考が多く出されたが、それらは日本のマルクス主義者との予期せぬ「論争」を背景にしていた。これら一連の論考は、前述の『市民政治理論の形成』の出版年と同じ一九五九年に、『現代政治の条件』としてまとめられた（増補版は一九六九年）。未刊行である『市民政治理論の転回』での松下の構想は、この『現代政治の条件』に収められている大衆社会に関する諸論考の中に、探ることができよう。本章では、「戦後民主主義」および戦後日本政治学における「大衆社会論争」それ自体の思想史的意味についてよりも(3)、むしろ、決して十分に理解されることのなかった松下の大衆社会の理論そのものを、可能な限り内在的に考察してみたい。

二　松下の大衆社会論

表2―1は、「大衆社会論争」期およびその直後における、松下の大衆社会に関する諸論考をリストアップしたものである。これらの諸論考は、それぞれが長文である上に、内容的にも相互に重複している箇所が多い。ここでは、松下のテクストを発表順に逐一取り上げるのではなく、彼の議論の主た

表２―１　1956～58年の松下による大衆社会に関する論考

1956a	「集団観念の形成と市民政治理論の構造転換（一）」、『法学志林』第53巻３・４合併号
1956b	「大衆国家の成立とその問題性」、『思想』1956年11月号
1957a	「『巨大社会』における集団理論」、『年報政治学1957年』岩波書店
1957b	「マルクス主義理論の二〇世紀的転換」、『中央公論』1957年３月号
1957c	「現代政治における自由の条件」、日本政治学会報告、1957年４月（『理想』1957年12月号）
1957d	「史的唯物論と大衆社会」、『思想』1957年５月号
1957e	「日本における大衆社会論の意義」、『中央公論』1957年８月号
1957f	「集団観念の形成と市民政治理論の構造転換（二）」、『法学志林』第55巻２号
1958a	「社会民主主義の危機」、『中央公論』1958年２月号
1958b	「忘れられた抵抗権」、『中央公論』1958年11月号

るポイントを抽出して検討し、彼の大衆社会論の構造とその意図を明らかにすることを試みたい。

松下の歴史観と理論的枠組み

松下によれば、そもそも彼の大衆社会論の目的は、二〇世紀初頭の欧米の政治理論の構造転換を理論的に把握するという点にあった。「日本における大衆社会論の意義」において、松下は以下のように述べる。

私がここで問題としたいのは、二〇世紀の独占段階において、……［マンハイム、レーデラー、ウォーラス、リップマン、デューイ等といった］欧米の人々の理論構造が、一九世紀の理論構造と違ったものとなったのはなぜか、ということだ。ファシストから社会主義にいたるまでの「広範囲」の社会理論が、なぜ一九世紀の理論とは段階的に異なる肌合いをもってきたのかということである。そしてこの社会理論の転換は、またレーニンがいうように、社会主義の「分裂」とも時期的に対応している。……コミンテルンによってサンジカリズム、スパルタクス主義をも統一しえたレーニン主義が、どうしてマルクス主義の段階的「発展」といわれるのか。（松下［1957e = 1969: 232］）

松下は、なぜ大衆社会が形成されたのか、またその時になぜマルクス主義も発展したのか、という理論の変化の歴史的基礎を問うことが問題なのだという。彼からすれば、「もし存在が理論に反映するとするならば、理論内容がかわったということは、逆に存在自体がかわったということを意味するのではないか」（松下［1957e = 1969c: 233］）。そして、存在の何が変わったのかという問いに対する彼自身の解答が、「独占資本主義段階への移行にともなう大衆社会、それに対応する大衆国家の成立」であった。

松下の理論の骨格をなすものとしてよく知られているのは、大衆社会状況をもたらしたとされる独占資本段階の特徴の説明、およびその把握のための分析枠組みであろう。前者の、独占段階の特徴は、それが最初に定式化された「大衆国家の成立とその問題性」から引用すれば（松下［1956b = 1969c: 11］）、

Ⅰ　労働者階級を中核とする人口量のプロレタリア化
Ⅱ　テクノロジーの社会化にともなう大量生産・大量伝達の飛躍的な発達
Ⅲ　Ⅰ・Ⅱを基礎とした伝統的社会層別の平準化 levelling による政治的平等化

という説明である。この図式は、若干の表現の違いはあれ、後の松下の諸論文にも繰り返し登場する。大衆社会論に対してはしばしば、それら諸理論が欧米の理論の翻訳紹介に過ぎないという批判が日本ではなされたが、松下はそうした批判に対して、「大衆社会の問題は、『大衆社会』という言葉をもちいると否とを問わず、独占段階における普遍的な問題」であると応じている（松下［1957e = 1969c: 235］［1959b = 1969c: 290］）。

また、後者の分析枠組みについては、松下は「経済構造＝社会形態＝政治体制」という三重構造の分析を提唱した。この分析枠組みは、「マルクス主義理論の二〇世紀的転換」や「史的唯物論と大衆社会」で提示された。この枠組みから、

近代（一九世紀）：産業資本主義＝市民社会＝市民国家
現代（二〇世紀）：独占資本主義＝大衆社会＝大衆国家

という、松下の理論を貫く一つの歴史観が導き出される。後に述べるように、松下は、いわゆる第二

次産業革命における生産の社会化（Vergesellschaftung）とテクノロジーの高度な発達が、一九世紀の産業資本主義段階とは異なった社会形態、すなわち「大衆社会」を二〇世紀にもたらしたと考えた。ゆえに松下は「現代」を、「近代」から区別し得る時代と見なし、「現代」を理論化しようとしたのである。

松下が「経済構造＝社会形態＝政治体制」という三重構造分析の必要性を主張したのは、単に経済構造が資本主義であるというのみでは、一九世紀と二〇世紀の社会の具体的あり方の相違を把握できず、それゆえ社会主義へ向けての理論化にも失敗するという見解からであった。マルクス主義者からすれば、「社会形態」や「政治体制」は「上部構造」にすぎず、そこを云々するのは表面的な現象を撫で回すだけということになろう。しかし、ドイツにおいてコミンテルン型共産主義がナチズムに敗北した、という歴史的事実を重視する松下にとっては、事実から出発するはずの史的唯物論をかかげた「正統派」マルクス主義が、現実の社会形態の変化を適切に理論化しないことの方が問題であった（松下［1957d＝1969c: 98-99］）。

このような松下の議論は、「経済の論理」に対する「政治の論理」の相対的独自性を前提にするものであった。つまり、たとえ政治・社会を究極的に規定するのが資本主義経済であるにせよ、政治過程自体はその時々の状況によって左右される「状況の論理」であり、まさに政治は「可能性の技術」である。「階級関係の対立を暴露するのみでは、政治過程における有効な戦術論・組織論は提起できない」（松下［1957b＝1969c: 287］）。ゆえに、経済の下部構造決定論的な「必然性」とは異なった次元において、政治過程(4)を理論化する必要がある、というのである（松下［1957d＝1969c: 98-99］）。

しかし松下にとって、教条主義的な経済決定論を退けるということは、マルクスの階級理論を単純に放棄することではなかった。むしろ松下の大衆社会論は、マルクス的なアプローチを色濃く残していた。つまり、三重構造分析において、社会形態や政治体制の説明を経済構造からある程度切り離すということは、逆に言えば資本主義的な階級関係を否定することなしに大衆社会論を展開できることをも意味した。欧米の大衆社会論に無階級社会論が多く見られたのに対して、松下の大衆社会論のユニークさはここにある。

実際、松下は次のように、マルクス的な視角の有効性を述べている。

たしかに「大衆社会」の観念はマルクス主義者が提起したものではない。ある場合には「反動」思想家が大衆社会の観念の形成に大きな役割をはたしてさえいる。……しかし、大衆社会状況を新しい現実として承認するかぎり、理論はこれに対応しなければならないのであり、また近代産業の運命を予見しえたマルクスの理論的視角は、この大衆社会状況への理論的対応を可能としている。マルクスの理論的視角においてこそ、大衆社会の実証主義的記述あるいは病理学的分析とは異なった、より構造的な理論化が可能となるであろう。（松下［1957d＝1969c: 56］）

ここには、欧米の社会心理学的な大衆社会論が、大衆の非合理性を強調しがちなことに対する、松下の批判的な態度が見出せる。松下は一方で、経済決定論的なマルクス主義に対して「社会形態」「政治体制」の自律的な理論化を志向すると同時に、もう一方では、マルクス的な階級社会論を自身の大衆社会論に「経済構造」という形でビルトインし、無階級社会論的な欧米の大衆社会論と一線を画したのだった。

次に、二〇世紀には大衆社会へと社会のあり方が変容したという松下の議論を、より詳細に検討してみよう。

市民社会の崩壊――社会形態の変容

「大衆国家の成立とその問題性」論文の前半部分で松下は、彼の考える二〇世紀「現代」の社会形態の変化を、概要次のように説明している。――生産力の上昇にともなう生産の社会化は、人口量の圧倒的なプロレタリア化とともに、労働者階級の量的増大と新中間階級の登場をもたらした。このような独占段階においては、かつては産業資本主義段階において自由な〈市民〉階級に対立し、政治的には「無」であった労働者階級が、社会過程の前面に進出するとともに、労働者階級は新中間階級とともに体制内在化する。その場合、圧倒的な人口量は〈大衆〉という存在形態を付与される。かくして、二〇世紀の独占段階においては社会形態が「市民社会」から「大衆社会」へと変化し、かつて労働者階級に対立していた「市民国家」も「大衆国家」へと転化する、というのである（松下［1956b = 1969c: 10-11］）。

右のパラグラフの中に、松下の大衆社会論におけるいくつかの重要な用語が含まれている。一見して分かるように、確かにこれらの用語による議論の仕方は、極めてマルクス主義的ではある。しかしながら、松下のターミノロジーのすべてが単純にマルクス主義的なのではなく、彼独特のものもある。ゆえに、いくつかの用語法についてここで検討しておいた方がよいであろう。

まず、「労働者階級」「新中間階級」「プロレタリア化」といった概念である。「大衆国家の成立とその問題性」における松下の説明からすれば、プロレタリア化とは「伝統的な生産手段からの乖離と労働力の商品化」のことである（松下［1956b = 1969c: 10］）。そして、（A）労働者階級をこの「プロレタリア化」に求めるならば、新中間階級も労働者階級に含められるが、（B）それを前提にしつつも生産過程における位置の相違から捉える場合には、労働者階級と新中間階級は対立せしめられる、という（松下［1956b = 1969c: 12］）。松下は、論理的には労働者階級と新中間階級とを区別しているようであるが、「独占段階における人口量のプロレタリア化」という場合には、この両者を含めて考えている。彼が「プロレタリアート」で意味したものは、社会化した生産の過程において自らの労働力を売って生計を立てざるを得ない人々一般のことであった[5]。

次に、まさに大衆社会論の中心的概念といえる〈大衆〉である。松下は、mass および the masses が一義性を欠いた論争的概念であり、人民一般 people、多数者 multitude、群集 crowd、暴徒 mob といった意味で用いられると指摘した上で、彼自身の考える山カッコ付きの〈大衆〉はそれらとは異なる概念であることを断っている。つまり〈大衆〉とは、二〇世紀的な独占段階において体制内在化した労働者階級の社会形態を意味するものである（松下［1956b = 1969c: 9-10］）。

表2－2　社会変化の過程の四つの次元

社会形態	A．**機構化**：労働力の商品化と、官僚機構への労働力の組織化。独占段階はこの過程を全社会領域にわたって拡大再生産する。 B．**集団化**：原子化された人口量の、集団への組織化。独占段階は「集団の噴出」の時代である。
社会過程	a．**技術化**：社会過程の「形式的合理化」。同時に、コミュニケーション技術の発達による、伝統的な時間と空間の観念の崩壊。孤立化し断片化した個人は、自らの力によってではなく新聞・ラジオ等のニュースで自己を律しなければならない。 b．**情緒化**：メディア技術の発達と伝統的な生活様式の崩壊による、人々のフラストレーションの増大。そうした情緒は合理化されず、「非合理的」エネルギーとして社会の内部に蓄積される。

（松下［1956b = 1969c: 14-15］より再構成）

それでは、労働者階級が〈大衆〉という社会形態を持つに至る大衆社会は、どのようにして出現したのであろうか。松下は、ヴェーバーの官僚制研究、マンハイムの大衆社会論、ラスキの多元的政治理論を参照しつつ、社会変化の過程を「組織化」と「原子化」に求めた。ここで「組織化」とは、運輸機構を含む生産過程の機械化であり、また「原子化」とは、伝統的な共同体の崩壊とプロレタリア化（＝生産手段からの乖離と労働力の商品化）を通じての、多数の未熟練労働者の登場であった（松下［1956b = 1969c: 13-14］）。松下によれば、これら二つの過程は、独占段階におけるフォード・システム——大量生産を可能にするシステム——において決定的なものであり、しかもその二つの過程はさらに四つの次元で展開して行く。それを整理したのが表2―2である。

さらに松下は続けて、「この『技術化』と『情緒化』の過程は、現段階の『全体戦争』においてもっとも明確にとらえることができる。国家は戦争機械として完全に技術化されていくとともに、〝いけにえ〟をともなった原始宗教にも似たナショナリズムが爆発する」と述べている（松下［1956b＝1969c: 15］）。彼にとっては、以上のような過程が、合理的な個人という観念に支えられた近代の市民社会を崩壊させ、〈大衆〉を形成する条件となったのである。

さて、前述の通り松下の〈大衆〉とは、資本主義国家から疎外された労働者ではなく、資本主義国家に体制内在化した労働者である。松下には、「階級」が〈大衆〉化したということで、大衆社会において資本主義的階級関係が解消したことを意味する意図は、全くなかった。むしろ、その階級関係の形態（具体的なあり方）が、一九世紀の産業資本主義段階と二〇世紀の独占段階とでは変化した、というのが彼の議論であった。この点を明確にするため、松下は以下のように繰り返し述べている。

独占段階における労働者階級の問題は、マルクスの段階におけるように即自的階級から対自的階級への転化ではなくして、むしろ即自的階級が一八七〇・八〇年代以降労働組合あるいは労働者政党によって対自的階級たらんとしたとき、体制の論理の貫徹によって〈大衆〉へと転化してしまった点にある。（松下［1956b＝1969c: 32］）

私の大衆社会論が提起しているのは、階級社会一般ではなく、一九世紀的階級社会と二〇世紀的階級社会とにおける受動化の条件の相違なのである。なぜ大衆が現在特殊に〈大衆〉としてあらわれ、デモクラシーが大衆デモクラシーとなって骨抜きにされるのか、その現代的条件は何か、そうして〈大衆〉化を克服するためにいかなる現代的処方箋をつくらなければならい《（ママ）》か、これらのことが現在の日本の大衆社会論の課題である。（松下［1957e = 1969c: 236］）

大衆社会論によって私が提起している論点は、労働者階級の無自覚の形態が一九世紀と二〇世紀とでは変ったということである。かつては物質的貧困による精神的無知として無自覚であったが、現在は大衆向け消費文化を享受しうるというかたちで無自覚なのである。（松下［1957e = 1969c: 238］）

しかも松下の大衆社会論は、基本的に欧米独占資本主義をモデルにしているものの、表2—2の四つの過程は、資本主義体制・社会主義体制の相違に関わらず、工業化した社会において一般的に見出せるものであり、不可避的に上述の

Ⅰ　労働者階級を中核とする人口量のプロレタリア化

Ⅱ　テクノロジーの社会化にともなう大量生産・大量伝達の飛躍的な発達

Ⅲ Ⅰ・Ⅱを基礎とした伝統的社会層別の平準化 levelling による政治的平等化

という三つの結果をもたらす、と強調した。松下の見解では、「ソヴェト権力プラス電化」というスローガンのもとに工業化を遂行したソ連もまた、同じ大衆社会という社会形態に直面していたのである（松下［1956b＝1969c: 16］）。

松下がマルクス的な階級社会論をビルトインさせた大衆社会論を展開したといっても、それはイデオロギー的に資本主義体制を批判するためではなかった。むしろ松下は、マルクスの理論を、工業社会に普遍的な理論として捉えていたと考えられる。社会形態と労働者階級のあり方の変化において、松下は生産力が果たす役割を重視した。ここでの松下の意図は、むしろマルクス的思考法の大衆社会状況への適用と考えることができる。そして、事実の問題として大衆社会という社会形態が存在する以上、マルクス主義者もこれを認めないわけにはいかない。社会形態を論じる大衆社会論と、経済構造を問題とするマルクス主義とでは、議論の次元が異なるのであり、大衆社会論対マルクス主義という対立図式はありえない。あるとすれば、「マルクス主義からする大衆社会状況の理論化と、その他の立場からする大衆社会状況の理論化」との対置だ――というのである（松下［1957e＝1969c: 235］）(6)。

「大衆デモクラシー」と「大衆ナショナリズム」

二〇世紀の独占段階において体制内在化した労働者が〈大衆〉である、という場合、労働者階級はいかなるプロセスを経て体制に内在化させられるのか。それに関する松下の説明は、二つの柱から成り立っている。一つは「大衆デモクラシー」であり、今一つは「大衆ナショナリズム」である。前者はそのままマス・デモクラシーであるが、後者は松下に独自の用語法と考えられる。

「大衆デモクラシー」は、独占段階における政治的平等化（選挙権拡大や労働運動）によって労働者階級が主体的に進出すると同時に、新しく変化した社会の諸条件のもとで受動化してしまうのはなぜか、という問題提起であり、比較的理解しやすい。しかしながら、社会形態論を展開する松下の議論は独特である。彼が重視するのはテクノロジーの発達であるが、彼はこれを第二次産業革命として、一九世紀的産業資本主義と二〇世紀的独占資本主義とを区別するのである。テクノロジーの発達は、一方で大量生産・大量消費を可能にすることで、労働者階級を経済的・精神的貧困から救済するかのように見える。しかし他方では、それはまた官僚統制と大衆操作をも可能にする。政治的主体となったはずの労働者階級が、同時に政治的客体にされてしまう状況を、松下は「大衆社会的疎外」と呼び、大衆社会状況においては

まさに資本主義的疎外（商品化）と大衆社会的疎外（官僚機構と大衆操作）の二重の非人間化が貫徹されていることに注目せねばならない。すなわち労働者階級の〈大衆〉化は階級自体を止揚したのではなく、その存在形態を変化せしめたのみであるから（松下［1957d = 1969c: 57］）

というのである。

松下は、このような二重の疎外という問題を提起した理由として、「特殊現代的疎外としての大衆社会的疎外を、資本主義的疎外一般に還元してしまう安易性」と、「現代の官僚統制・大衆操作の可能性のみに眼をうばわれて、資本主義体制における基底的な資本主義的疎外をみうしなってしまう危険性」との両方を批判するためであったと述べている（松下［1959b＝1969c: 297］）。当然ここには、工業社会を理論化したマルクスも、テクノロジーの高度化による二〇世紀的な社会形態の変化を予測できなかった、という理解があろう。また松下は、欧米の大衆社会論に見られた病理学的な分析に対しては、政治的無関心や非合理性といった問題を〈大衆〉に固有の属性として実体化することを拒否している。彼にとっては、〈大衆〉化状況は体制側によって階級を操作・訓化すること——すなわち「体制の論理の貫徹」——によってもたらされたのであり、〈大衆〉の問題性把握は、大衆に対してではなく、体制の論理に対する批判へと結びつかなければならないとされた（松下［1956b＝1969c: 29］）。

次に、「大衆ナショナリズム」の問題である。松下の意味で「プロレタリア化」した〈大衆〉は、普通選挙権によって国民国家の政治主体となるが、一方でテクノロジーの発達に伴う大衆文化の成立によって「国民意識」が培養されてくる。また、義務教育や国歌・国旗などの国民的シンボルにより、国民意識は労働者階級に深化・拡大されていく（松下［1957b＝1969c: 86］）。しかし、「大衆デモクラシー」は労働者階級の主体化の条件としてよりも、むしろ受動化の条件として作用し、その意味では普通選挙権は労働者階級の「下からの自己訓化」となる。しかも同時に、福祉国家化の進展によって、

「国家に対立していた社会主義は、国家によって実現されうる社会主義に転化」する（松下［1956b＝1969c: 22］）。かくして労働者階級は、「祖国」を持たない「完全な人間性の喪失態」ではなく、むしろ「国家の内部に普通選挙権によって政治的主体として解放され、国民的大衆文化を享受し、国家的に生活を保障されんとする、国民的忠誠心をもった〈大衆〉となる」（松下［1957b＝1969c: 87］、傍点は原文）というのである。この、祖国を持った「国民」としての労働者階級の形態変化こそ、松下のいう「大衆ナショナリズム」である。

さらに松下は、「大衆ナショナリズム」による「大衆国家」は、独占段階における帝国主義戦争によって完成したという。つまり、物的・人的資源を総動員する「全体戦争」は、〈大衆〉が「階級意識」ではなく「国民的忠誠心」を持っていることによって可能となった。戦争の危機に対応して国民を動員するために用いられるナショナリズムこそが、体制の側による大衆操作であり、労働者階級に対する「体制の論理の貫徹」である（松下［1956b＝1969c: 23］）。松下によれば、福祉国家が労働者階級の「祖国」であるというのは「幻想」であった。なぜなら、福祉国家と社会民主主義の背後には独占資本が君臨しており、労働者階級は〈大衆〉的な擬似自発性とは裏腹に、政治的支配を勝ち取っていないからである（松下［1956b＝1969c: 22-24］）。この段階において、社会主義は分裂した。つまり、「国家によって実現されうる社会主義、議会主義化・愛国主義化した社会主義」としての社会民主主義の成立によって、社会主義は国民化し、祖国擁護のために「万国の労働者の団結」は裏切られた（松下［1957b＝1969c: 87-88］）。それに対して、社会民主主義を「社会愛国主義」と規定して拒否するコミンテルン型共産主義が登場することになった、という（松下［1957b＝1969c: 85］）。

以上が、松下によって展開された大衆社会論である。彼は一貫して、マルクスの理論的枠組みを、工業社会の理論として用いた。「資本主義的疎外」と「大衆社会的疎外」という、松下の二重の疎外の概念は、無階級社会を強調する西洋の大衆社会論と、単に階級闘争にのみ力点を置く教条主義的なマルクス主義の、双方に対して彼が批判的であったことを示すものであろう。彼の大衆社会論は、「現代」の二重の疎外を包括的に理論化する試みであったということができる。

また、松下の「独占段階」とは、二〇世紀の「現代」という歴史的段階を表すための図式的な概念であった。彼は、資本主義体制であれ社会主義体制であれ、生産力の上昇、生産の社会化、人口量のプロレタリア化、等々は一般的に見出すことができると考えた。つまり、二重の疎外がある資本主義諸国と同様に、ソ連のような共産主義諸国においても、「大衆社会的疎外」（官僚統制と大衆操作）は存在すると見たのである。

第二節　松下による「市民政治理論」理解

以上のような松下の大衆社会論は、彼による一九五〇年代初頭のジョン・ロック研究に基づいていた。彼の大衆社会に関する議論の目的は、一九五六年のスターリン批判やハンガリー事件に乗じて、マルクス主義的な階級社会論がいかに時代遅れであるかを、示すことにあったわけではない。彼が問おうとしたのは、前述のとおり、「現代」である二〇世紀の政治・社会理論が、「近代」一九世紀のものと異なった性質を持つようになったのはなぜか、ということであった。

それでは次に、「近代」（産業資本主義段階）と「現代」（独占段階）とを区別する松下が、彼のいう「市民政治理論」――一九世紀までの近代政治理論――をどのように理解したのか、そしてその理論が二〇世紀にいかに変容したと考えたのか、それらについて検討することにしたい。ここで明らかにすべきポイントは二つある。一つは、松下が、マルクスの理論や社会主義思想を、市民政治理論の後継者と見なしていた点である。すなわち、マルクスの共産主義社会論は、工業社会あるいは産業資本主義段階における市民政治理論であったというのである。今一つは、二〇世紀初頭には（マルクスを含む）近代政治理論が、「生産の社会化」の進展によって変容せざるを得ず、「個人」ではなく「集団」を理論化する必要性に迫られた、と松下が考えた点である。

一　市民政治理論の理論構造

市民政治理論の形成

松下が「市民政治理論」と呼ぶものは、一七世紀のロックを古典として、一九世紀英国の産業資本主義段階の社会形態において支配的だった政治理論のことであった。松下は、この市民政治理論に典型的な理論構造を見出した。すなわち、その中心的な価値意識は「個人」の「自由」であり、理論的枠組みである嚮導構成は「権力対個人」あるいは「国家対個人」であった。松下にとっては、個人の自由という観念から出発して権力と自由の関係を理論化することは、近代を理論化することであり、それを成し遂げた思想家こそがロックなのであった。松下は、近代の西洋政治史・思想史の分析を通じて、市民政治理論の基礎を明らかにしようと試みた（松下［1956a］［1959a］）。ここでは紙幅の関係上、松下の説明をできる限り簡潔に整理してみたい(7)。

1　封建的危機――権力対自由の対立形成

近代における封建制の崩壊、および絶対主義国家の成立において、まずは権力対自由の対立が形成されるという。すなわち、社会的基層関係としての「共同体」を基礎とし、最高の普遍たる「神」を頂点とするハイアラーキカルな人的支配関係として構成される封建制は、農業生産力の上昇にともなう農奴の独立自営化によって危機に陥る。この「封建的危機」において、一方では「共同体」から「個人」(独立自営農民)が析出され、他方では「共同体」秩序の一元的再編成として絶対主義「国家」が必然的に成立する(松下［1956a: 154］［1959a: 7-9］)。

このような共同体秩序の危機を表現し、それへの対応を理念化したのは、ルネサンスおよび宗教改革《リフォーメイション》であった。しかし、イタリア・ルネサンスにおいては、中世神学と切断された――つまり、それに積極的に挑戦するものではない――人間像・国家像が構築されたに過ぎない(例えば、レオナルド・ダ・ヴィンチの全体的人間や、マキァヴェッリにおける権力と自由の古代ローマ的即自統一性)(松下［1959a: 10-14］)。むしろ、近代的問題性としての権力的自由の緊迫状況は、宗教改革によって最初に提起された。すなわち、初期プロテスタンティズムは、独立自営農民のイデオロギーとして定着し、その膨大なエネルギーの爆発は、農民戦争＝宗教戦争＝絶対主義化する君主間の戦争として展開される(それは、ウェストファリア条約によるヨーロッパ国家システムの完成で終結する)。プロテスタンティズムにおけるキリスト者の内面的「自由」は、「共同体」から析出されてくる「個人」の主体的自由への展望を含み、同時にカトリック的教会秩序の否定は客観的には絶対主義「国家」形成の「権力」の論理として機能した。こうして、権力対自由のアンチノミーが明確に提起される（松下［1956a: 156］［1959: 14-18］）。

2　絶対主義と抵抗権

しかし、初期プロテスタンティズムの内面性原理は、個人を主体化することなく、むしろ絶対主義国家――国家教会――の成立とともに、個人を必然的に国家に対して圧服させることとなる。個人は教会を媒介することなしに直接に神と対面する（万人司祭主義）一方、絶対主義「国家」の君主もまた、直接に個人を圧服する。プロテスタンティズムの職業召命観は、資本制生産関係に適合的な職業倫理を構成すると同時に、客観的には絶対主義国家に人民を再編成する観念的基礎として機能する（松下［1956a: 157］）。

権力対自由の問題性は、一六～一七世紀ヨーロッパにおいて、絶対主義国家の運動によって緊迫化した。ボーダンの「主権」理論は、宗教的対立を超えた君主主権を秩序原理として正統化した。それに対して、没落しつつある封建領主層は中世的な自然法＝慣習法にもとづいて、悪君への《抵抗権》理論を復活させた（モナルコマキなど）。この「主権」理論と《抵抗権》理論は、しかしながら権力と自由の「対立」のみ先鋭化したにとどまり、権力と自由を統一的に内包する近代的「国家」像にまでは形象されなかった。「自由は権力に媒介されることなく、権力に対立したにすぎ」ず、「君主権は、秩序原理ではありえても、それ自体として正統性原理にまで転化しえな」かったのである（松下［1956a: 159］、傍点は原文）。

3　社会契約説――権力と自由の連関

権力と自由のアンチノミーを統一的に把握するための正統性原理は、グロティウス、ホッブズらによって与えられ、ロックによって最終的に解決されるに至る。まずグロティウスは、市民法原理＝契約を近代正統性原理の基礎とし、国家もまた契約的結合体であるとの観念を成熟させた（統治機構としての国家観念から、団体としての国家観念への転回）。さらにホッブズにいたっては、キリスト者の内面的自由でも抵抗権における貴族団体の伝統的自由でもない、「個人」の「自己保存」という主体化された自由（すなわち自然権）という視角の形成によって、権力と自由のアンチノミー解決を決定的にした。ホッブズにおいては、国家はマキァヴェッリの stato のような権力機構ではなく「むしろ契約による人民の結合体一般」（commonwealth）であり、「この結合体としての国家が主権的存在となるのである。君主の主権ではなく、個人を単位とし個人理性を媒介として構築された人工的理性としての国家が主権的存在となるのである」（松下［1956a: 160］）。

しかしながらホッブズにあっては、「自由」な「個人」が出発点でありながら、その帰結は「主権」的な「国家」であり、個人自由の圧殺であった。権力と自由は、同一の論理過程に包括されたとはいえ、その対立は解決していない。その対立には、ロックにおける「自由を基体とする権力の機構化」

という連関において、最終的解決がもたらされる。そこに見られるのは、社会契約的な「市民社会」観念の成熟である。「個人自由＝自然権の体系としての市民社会」において、権力は「自由の手続的保障機構」へと転化する。「国家は市民社会であると同時に、市民社会の公的機構となるのである。ここに権力対自由のアンチノミーは市民的正統性原理を基礎に古典的に解決される」（松下［1956a: 161］、傍点は原文）。ここでは市民的自由は、初期資本主義段階における所有と交換の形態を原型としており、それが自然権・自然法の観念にまで聖化されていく。以上を結論づければ、

> 市民的価値観念としての自由は、封建的《共同体》の崩壊にともなう個人の析出にその前提をもち、絶対主義《権力》との闘争過程の内部において、資本主義的所有の確立を基礎として、まず《自然権》として定着してゆき、古典的市民政治理論は自然権を基点とする自然的理性の体系として完成する。（松下［1956a: 162］）

4　市民革命——国民としての自由な市民

ここから、封建的「共同体」を崩壊せしめつつ形成された絶対主義「国家」をいかに市民的「個人」の秩序に転換せしめるかという、市民革命の課題が現れる。「権力対自由という市民革命的問題状況において、市民的自由は、資本主義的私的所有を基礎とする主体的個人自由であるとともに、また資本主義的再生産過程の統一的合理性を原型とする自然的理性の体系でなければならなかった」（松下

［1956a: 162-63］）。すなわち、市民的自由の「理性的普遍性」（客観的合理性としての「理性」）は、絶対主義権力の「恣意性」（主体的人格としての「君主」）と対置させられる。市民革命の勃発により、普遍的抽象的な自然的理性は、一般的実証的な国家的法秩序として実現する。「絶対主義国家の権力は市民国家の法に転化」し、市民的自由を客観的体制化したものが「市民国家」であった。啓蒙的理性を前提とする権力対自由の革命的対立は、市民国家の理性＝市民法＝「自由権を基礎とする『憲法』」によって解決され、市民的自由は憲法秩序として、国家内部に機構化され定着する。権力の正統性（Legitimität）は合法性（Legalität）に解消する（松下［1956a: 163］、傍点は原文）。

しかも、市民的自由の基体としての資本主義生産関係は、絶対主義国家を歴史的前提とする「国民経済」として成熟する。したがって、市民革命の主体である市民階級が、国民経済としての資本主義経済の成熟によって成立する以上、「自由の意識」は「国民の意識」へと具体化される。「市民的《自由》は《国民》国家に体制化され、市民国家は国民的自由の意識を前提として、個人の意識の内部に定着する。……かくして自由な市民 citizen は国家における国民 nation となる。……市民は国家の主体としての国民へと転化し、国民は主権的存在となるのである」（松下［1956a: 164］、傍点は原文）。言いかえれば、市民革命は「市民的国民国家」を実現し、「国民」意識は「自由」意識を機軸としてはじめて形成されたのである。

以上が、松下による「市民政治理論の形成」理解であると言ってよいであろう。それは、個人の自由という価値観念を軸に、初期資本主義の発達による封建制崩壊～絶対主義国家の成立～市民革命という近代の政治史・思想史をとらえたものである。そしてその結論は、――市民政治理論の価値観念は「自由」であり、その自由の主体たる「個人」が市民政治理論の全体系的展開を規制する嚮導概念として機能している。しかもその個人は、絶対主義的「国家」に対立しつつも市民「国家」の主体として定位されるという必然性から、市民政治理論では「国家対個人」が嚮導構成として作用している、というものである（松下［1956a: 173］）。

市民社会としての社会主義社会

松下によれば、英国においては、ロック以降の市民政治理論はスコットランド啓蒙やベンサムに至るまで展開されることとなった。その後、市民政治理論は、「労働者階級の擡頭に対処しなければならなく」なったというのである（松下［1959a: 417］）。松下の次の問題は、市民社会理論における社会主義の位置づけである。

松下は、社会主義の登場を次のように捉える。

……普遍的《個人》の《自由》は、実質上ブルジョア《階級》の《自由》を意味するにすぎないことが明確になり、ここで《個人》の階級性が露呈されるとともに、この《自由》から疎外されたプロレタリア《階級》をいかにふたたび普遍的《個人》の《自由》へと転化せしめるかが日程

> にのぼる。これが「社会主義」運動となる。（松下［1959a: 418］、傍点は原文）

空想的社会主義に始まる社会主義思想は、J・S・ミル、P－J・プルードン、L・シュタインらに継承された後、一八四八年のマルクス『共産党宣言』において究極的に完成する——という位置づけが、ここではなされている。

そして松下は、注目すべきこととして、社会主義思想は「革命的市民政治理論の問題性たる《国家》対《個人》という対立——範疇機構自体を継承している」というのである（松下［1959a: 418］、傍点は原文）。これこそが、一九五〇年代後半の大衆社会論およびその後の市民参加論にまで一貫する、松下の社会主義理解・マルクス理解である。ここは重要な点であると思われるので、松下のテクストから引用してみたい。

> すなわち《国家》対《個人》の中間に《階級》という媒介項を挿入することによって、かつては絶対主義《国家》対市民《個人》であったが、ここではブルジョア《国家》対プロレタリア《個人》という対立となってくる。……社会主義運動は一般に市民政治理論自体から《国家》に対立する《個人》——したがってまた《個人》の自由な結合体としての「市民社会」という観念を継承していた。ロックにおいて定式化された《国家》に対立する《個人》（市民社会）という市民政治理論自体の革命的問題設定が、社会主義理論にも生き残ってくる。（松下［1959a: 418］、傍点は原文）

そして、自由な個人の結合体としての「市民社会」観念が、市民政治理論から社会主義思想へと受け継がれていることを、松下は「社会・主義」として表現する。

> マルクスは、ヘーゲル的《国家》をブルジョア《国家》一般へと置換しつつ、このブルジョア《国家》にふたたびプロレタリア「市民社会」観念を対置する。こうしてマルクスはブルジョア《国家》のプロレタリア《階級》による止揚によって、そこに《自由》な《個人》の自由な結合としての「市民社会」を共産主義社会として描き出していた。
>
> 「階級と階級対立とをもった旧ブルジョア社会にかわって各人の自由な発展がすべての人の自由な発展となるような人間関係《アソシエーション》があらわれる。」（『共産党宣言』）
>
> ここにみられるものは《自由》な《個人》とその個人による自由な結合体としての「市民社会」の予定調和ではないか。これはまさに「市民社会」観念自体ではないか。「社会主義」**Socialism**は、まさに「社会・主義」**society-ism**の正統の後継者であった。（松下［1959a: 418-19］、傍点は原文）

松下によれば、ブルジョア市民社会理論から社会主義理論への移行期をなす空想的社会主義は、ソーシャリズムであるよりはソサエティズム――さしずめ、自由な個人の結合体《アソシエーション》としての「市民社会」主義、となろうか――であった。そこでは、ブルジョア的「市民社会」観念の主体を、資本家階級から労働者階級へと量的に下降・拡大させようと意図されていたに過ぎなかったという。しかしマルクスの場合は、「近代工業生産を基軸として、資本主義生産内部に発生するプロレタリア《階級》による、ブルジョア「市民社会」すなわちブルジョア《国家》の爆破を提起する。こうして社会主義はブルジョア市民社会からプロレタリア市民社会への質的転換をその課題としたのである。この過程をマルクスは《自由》を価値観念とし、《階級》を嚮導観念として史的唯物論へと展開していく」（松下［1959a: 419］、傍点は原文）。ここで、古典的な「市民政治理論」の史的唯物論（「プロレタリア市民社会」論）的な展開を、図式的に整理するならば、以下のようになろう。

	価値観念	嚮導概念	嚮導構成
市民政治理論	自由	個人	国家対個人
史的唯物論	自由	階級	ブルジョア国家対プロレタリア個人

このような議論の展開は、「大衆社会論争」期の松下の諸論文――例えば「マルクス主義理論の二〇世紀的転換」、「史的唯物論と大衆社会」、「社会民主主義の危機」など――や、一九六六年の「『市民』的人間型の現代的可能性」に繰り返し登場するか、またはその前提となっているものである。松下大衆社会論を批判した当時の日本のマルクス主義者たちは、こうした松下理論の持つ思想史的背景についてはほとんど理解を共有しなかった、と言っても過言ではあるまい。松下にあってはマルクスも

またロック以来の市民政治理論の後継者であり、工業社会（あるいは「産業資本主義段階」）においておびただしく出現するプロレタリアートが主体となる市民社会を構想した「社会・主義《ソサエティズム》」の思想家なのであった。「各人の自由な発展がすべての人の自由な発展となるような」共産主義社会を構想したマルクスの『共産党宣言』が、松下によって社会主義思想の頂点として位置づけられているのは、以上のような意味において理解されなければなるまい。

二　市民政治理論の転回

しかしながら、前述のとおり、松下にとって問題となったのは、「近代」と「現代」の相違、言い換えれば「一九世紀の産業資本主義段階」と「二〇世紀の独占資本主義段階」との相違である。社会形態が市民社会から大衆社会へと変貌した時代には、新しい問題が登場した。すなわち、自由で独立した個人が〈大衆〉と化してしまうという問題である。ロックの市民政治理論においては、個人のイメージは、工業化以前の農村社会における独立自営農民であった。マルクスは工業社会についての理論化を行なったものの、しかし彼もまた自由な個人というロック以来の価値観念を保持していた。ゆえにマルクスは、革命後に実現されるべきプロレタリア市民社会を考える際、農村社会をイメージしていたというのである。このように考える松下にとっては、個人が（人口量のプロレタリア化を通じて）原子化され、テクノロジーないしマス・コミュニケーションの発達、および農村から都市へという社会の変貌を通じて、それら個人が再組織化される二〇世紀にあっては、「現代」を理論化するために（マルクスを含む）市民政治理論もまた変化しなければならないのであった。これが松下の考えた、大衆社会論へという「市民政治理論の転回」である。

ところで、上述のような市民政治理論の後継者としての「社会・主義《ソサエティズム》」理解、および工業社会の理論としてのマルクス理解に関連して、ここで触れておきたいのは、松下の大衆社会論におけるトクヴィルやJ・S・ミルの位置づけである。言うまでもなく、この両者の理論・思想は、大衆社会論の先駆であり古典である。今日においてマス・デモクラシーの問題について触れる場合、最も引き合いに出されるのも、この両者であることは論を待たない。しかし、松下大衆社会論では、この両者についての言及は当然あるものの、そこでマルクス（およびレーニン）が持つ圧倒的な比重の前にはものの数ではない。これは、大衆社会の問題を「独占資本主義段階における生産の社会化」を軸に「階級の〈大衆〉化」として議論する松下理論ならではのものであろう。つまり、トクヴィルやミルは、高度な工業社会以前の理論とされるのである。

松下は、トクヴィルやミルの論じる「大衆」の問題と、彼自身が議論の対象とする二〇世紀の「大衆」「大衆社会」の問題とが、異なるものであることを指摘する。松下は、トクヴィルの影響を受けたミルの「多数者の専制」の議論を引き、「ミルにとっては、大衆の支配は、ヨーロッパの第二のシナ化として沈痛なコンテクストをもって意識された」（松下［1956a: 137］）と述べながら、しかし二〇世紀の〈大衆〉の決定的登場はそれとは異なる意味をもったとするのである（松下［1956a: 139］）。すなわち、

筆者なりの整理を試みれば、

A　独占資本主義段階における「デモクラシーの勝利」は、労働者階級を〈大衆〉として体制内在的に受動化しつつ体制の主体として定着させる。「ここに政治状況は、停滞的な第二のシナ的構造を持つのではなくして、むしろ《階級》という革命の論理と《大衆》という体制の論理との対決となってゆく」（松下［1956a: 140］）。

B　テクノロジーの高度な発達は、官僚統制・大衆操作をも可能にし、デモクラシーは〈大衆デモクラシー〉として空洞化する。それは、第二のシナとミルが考えるような停滞的な「大衆の愚昧性」によるのではなく、人民を上から〈大衆〉化させる体制それ自体の運動によって惹起されている（松下［1956a: 140-41］）。

続いて松下は、独占資本主義段階の特徴として、大衆社会論で前提とした図式——表現は若干異なるが、内容的にはほぼ同じと言ってよい——を提示する。つまり、

Ⅰ　労働者階級を中心とする被支配階級の、《大衆》としての体制内在的定着

Ⅱ　テクノロジーの発達による社会的生活様式の平準化

Ⅲ　政治的デモクラシー

である（松下［1956a: 141］）。そして、このⅠの中に先のAとBの問題が露呈しているというのが、松下の大衆社会論の基本視角なのである。彼自身に語らせるならば、

トックヴィルはⅡの平準化の問題を条件の平等化 nivellement des conditions という視角から提起しながらも、Ⅲ・Ⅱの問題層を混同し、ミルは「デモクラシー」と「シヴィリゼイション」を区別することによってⅢ・Ⅱの問題層を区別することができたが、二〇世紀の問題性は、Ⅲ・Ⅱの問題層が、独占段階における労働者階級を中核とする被支配階級の社会的政治的登場というⅠの問題層の基礎の上に構成されているという点にあるのである。したがって、Ⅱの条件の平条化ないし同化 equalization or assimilation の進行に伴う伝統的アリストクラシーの崩壊という技術的必然性――マンハイムの「基本的民主化」das Prinzip der fundamentalen Demokratisierung ――は、トックヴィル、ミルの想定したコンテクストとは全く異ったコンテクストの内部において現実化したのであるが、かかる二〇世紀のコンテクストは、まさに独占段階における労働者階級を中核とする被支配階級の社会的政治的登場に設定されなければならない。（松下［1956a: 141-42］）

さらに、今引用した文章に付された注（18）においては、注目すべきこととして、「トックヴィルが『多数者』として規定したアメリカの多数者とは、アメリカ産業革命終結以前の層であって、プロレタ

リアートではなかった」と明記している（松下［1956a: 143］）。

ここまで議論してくるならば、松下の大衆社会論が持つマルクス的な理論的枠組の意味も改めて確認できよう。簡潔に整理するならば――、松下にとってはマルクスの理論は、工業社会においてプロレタリアートによる自由な結合体《アソシエーション》＝市民社会を構想するもの（「社会・主義」）であり、その意味で「市民政治理論の正統的な後継者」なのであった。しかも、二〇世紀的な大衆社会の問題は、こうしたプロレタリアートの大量の出現、および彼らの政治的社会的進出を基盤とするものであり、この点についてはトクヴィルやミルの議論とはコンテクストを異にする。したがって、一九世紀の産業資本主義段階におけるマルクスの理論は、「工業社会の市民社会理論」という形で大衆社会論が踏まえるべきものであると同時に、以下に述べるように、二〇世紀の独占段階においてはそれ自体の理論的転回――まさに「マルクス主義理論の二〇世紀的転換」！――が図られなければならないとされたのである。

「巨大社会」と多元的政治理論

市民政治理論の転回として松下が着目したのは、英国の多元的政治理論やアメリカの集団理論といった、二〇世紀における政治理論の新しい潮流であった。特に彼は、グレアム・ウォーラスに力点を置いた。松下のテクストに即して考えると、ウォーラスに関する直接的な言及は、松下の理論にとっての重要な位置にもかかわらず、決して多くはない。だが、彼にとってウォーラスは、「巨大社会《グレイト・ソサエティ》」の観念を提起することによって、二〇世紀における社会形態の変化を理論化し、独占資本主義段階における政治的問題状況の包括的究明への基本的視座を構築した理論家であった（松下［1956a: 144-45］）。

松下は『現代政治の条件』後記において、後にハロルド・J・ラスキもしばしば用いるこの「巨大社会」という言葉について、それが「大社会」と翻訳されたために、もともとウォーラスが展開した市民政治理論批判の意義が日本では読み過ごされていたと述べる（松下［1969b: 305-06］）。そして松下は、ウォーラスの心理学的方法は後のアメリカ政治科学に決定的影響を与えたとする通俗的な理解に言及しながら、「しかしながらアメリカにおいては『巨大社会』の問題性はコミュニケイション＝テクノロジーに限定され、ウォラスが、その副題において『一つの心理的分析』と題しながらも、労働者階級・社会主義の問題と対決（中略）せんとした視角は見うしなわれている」ことに注目すべきであるという（松下［1959b＝1969c: 306］）。むしろ松下にとって、ウォーラスの「巨大社会」観念の理論的後継者は、大衆社会（Massengesellschaft）概念を提起したカール・マンハイムである。松下は、マンハイム自らが巨大社会（Grossgesellschaft）という言葉を用い、英国亡命後に書かれた『現代の診断』（*Diagnosis of Our Time*）にあっては great society という言葉がそのまま使われていることを指摘している（松下［1969b: 307］）。つまり、松下にとってウォーラスは、アメリカ政治科学への道を開いた心理学的アプローチの祖というよりも、二〇世紀の独占段階における「社会形態」の変化を最初に理論化し、古典的な市民政治理論では巨大社会・大衆社会の政治状況を説明できないとして批判した理論家なのである。

松下はまた、ラスキの多元的政治理論が市民政治理論の転回に果たした役割をも重視した。松下にとって、ラスキの主権国家批判は、巨大社会・大衆社会との対決として必然的に帰結されるものであった。松下によれば、ラスキは「個人の市民的自由」という古典的自由主義の価値観念を持ちつつも、市民社会的な個人が巨大社会において無力化し崩壊するという事態に対応しようとした。ラスキは、個人を国家によって救済しようとするT・H・グリーン的な新自由主義に対立すると同時に、巨大社会とも対決し、個人の自由を〈集団〉の内部で再生しようとする。すなわち松下には、ラスキの集団理論《グループ・セオリー》は、大衆的「主権国家」と大衆的「巨大社会」の双方に対決するという二重の連関において、個人の自由の原基形態として集団《アソシエーション》を理論化しようとする試みと理解されているのである（松下［1957a = 1969c: 156］）。しかもラスキは、集団の多元性を前提とする。つまり、個人は単一集団に吸収され尽くされるものではなく、複数集団が自由実現のための多元的なコースを可能にする。松下からの引用によって以上を整理すれば、

> 集団において組織化され、集団の多元性に対応して多元化された主体的自由――これがラスキの自由である。個人は集団において、自己実現の可能性と多様性を発見する。〈国家〉ではなくして〈集団〉が個人の自由の基礎となる。（松下［1957a = 1969c: 157］、傍点は原文）

古典的自由主義が反デモクラシー的性格を持っていたのに対して、巨大社会では個人の自由は労働者階級においてこそ実現されなければならない。このように考えるラスキは、経済次元で社会主義を追求すると同時に、政治においては、古典的な自己完結的個人に代わって、人民はエリートに対して

自主的〈集団〉へと自発的に組織されるべきであるとする。このようなラスキの立論を松下は、大衆の無力化と権力の官僚制への集中を必然化する大衆社会状況を「小単位の集団における直接デモクラシー」によって克服する構想と捉えたのである（松下［1957a = 1969c: 160-63］）。

集団を通じての自由――アソシエーションの理念

以上で明らかなように、松下は、主に英国の論者たちの「集団を通じての自由」という構想に、古典的な「市民政治理論」の二〇世紀的転換を見出そうとした。すでに述べたように、彼の考える市民政治理論の構造は、自由を価値観念とし、個人を嚮導概念として、「国家対個人」という嚮導構成を取るものであった。それに対して、大衆社会に直面した二〇世紀の政治理論は、自由という価値観念や個人という嚮導概念を市民政治理論から引き継いでいるにせよ、単純な「国家対個人」という図式が崩壊した政治社会状況を説明するために、国家と個人の間に「集団」という媒介項を設定した。松下は、「集団の噴出」の問題状況の理論として、ラスキら英国の政治理論を丹念に検討しているが、これは英国政治理論史という彼の専門性という以上に、「大衆国家にたいする爆発的な労働組合の挑戦」（松下［1957a = 1969c: 150］）としてマス・デモクラシーの原型を考えていたからに他なるまい。独占段階の社会形態として大衆社会を捉え、社会主義が分裂した時代における政治理論の変化を問おうとする松下にとっては、大衆社会の理論化においてサンディカリズムやギルド社会主義を位置づける作業は必須のものであったろう。

しかしながら松下は、この「集団」観念が、労働組合を原型としつつも、現実の労働組合の反映・模写なのではないと述べている。彼によれば、アーネスト・バーカーやラスキの集団観念は、O・ギールケ、F・W・メートランド、J・N・フィギスの中世的共同体観念の系譜と、プルードンらによる生産自治体観念の系譜を、英国的に再編成した「目的団体《アソシエーション》」の観念なのである（松下［1957a＝1969c: 164-65］）。しかも松下が注目するのは、こうした「目的団体《アソシエーション》」観念が、英国の多元的政治理論においては、「市民社会」的構造を持っていることである。つまり、

このような「目的団体」の観念において注目すべきことは、集団が自由な個人の自発的結合体という社会契約＝ソキエタス的構造をもち、かつての「市民社会」の観念に対応していることである。「市民社会」の理論は、労働者階級の擡頭を基礎とする大衆的主権国家・大衆的巨大社会という現実によって破産したのであるが、ふたたび「目的団体」の観念において再登場してきているのである。（松下［1957a＝1969c: 166］、傍点は原文）

そして松下は、市民社会の観念と、右の「目的団体《アソシエーション》」および「共同社会《コミュニティ》」観念との連関について説明を続けている。筆者なりに整理すれば、以下のようになろう（松下［1957a＝1969c: 166-67］）。

・市民社会は、等質的な「個人の自発的結合体」であり、「全体社会」である。市民社会の主体は、

「自由平等独立な理性的個人」としての市民階級である。

・目的団体 association は、特殊な目的＝機能を持った団体であり、共同社会 community は目的団体が機能的に連立したものである。

・目的団体・共同社会は、市民社会にとっては非存在であった労働者階級を主体として設定する。しかし、「市民社会から排除されていた労働者階級が、目的団体を組織条件として共同社会内部において主体性を確保するという連関において、ふたたび自由平等独立な理性的個人という市民社会的人間像が復活する」。

こうして、巨大社会における集団理論では、集団を媒介として、市民社会原理を底辺にまで拡大することが意図されているというのである。多元的政治理論に関する松下の議論を、これ以上検討することはしないが、ここで「市民政治理論の転回」を以下のように図式化することができよう。

	価値観念	嚮導概念	嚮導構成
市民政治理論	自由	個人	国家対個人
多元的政治理論	市民的自由	目的団体《アソシエーション》	国家対集団

以上の考察で、「市民政治理論から大衆社会論へ」という松下の構想は明らかとなったであろう。彼は、ウォーラスの『巨大社会』以来の二〇世紀の政治・社会理論が示しているのは「近代」の政治理論から「現代」のそれへの変容である、と考えたのである。近代の古典的な、「自由平等独立な理性的個人」による自発的結合《アソシエーション》としての「市民社会」観念は、実際に社会形態が大衆社会へと変貌することを通じて崩壊した。そのような「現代」二〇世紀における自由の条件を探求することが、松下の「市民政治理論の転回」の意味するところであったと言ってよかろう。しかしながら松下は、ラスキの多元的政治理論が一九三〇年代にはファシズムに対抗できなくなり、マルクス主義へと大きく傾斜して行った、という事実を深刻に受けとめた。松下にしてみれば、ラスキの集団理論は、「市民政治理論の転回」を十分に果たすことができなかった。ゆえに松下は、「資本主義的疎外」および「大衆社会的疎外」の二重の疎外という、独自の概念を用いて、彼自身の大衆社会理論を構築しようとしたのであった。

三　要約

それでは、市民政治理論から大衆社会論へいたる松下の思考を、ここで要約してみよう。

（1）ロックによって完成された「市民政治理論」は、自由・平等・独立の理性的個人による自発的結合《アソシエーション》としての「市民社会」の理論であった。そして、産業資本主義段階において、実質的にはブルジョア社会であった「市民社会」を打破してプロレタリア市民社会を実現させようと試みたのが、マルクスであった。つまり、マルクスの社会主義《ソーシャリズム》は「社会・主義《ソサエティズム》」であり、工業社会における「市民社会」の理論であった。マルクスを含む「市民政治理論」は、「個人自由」という価値観念に基づき、「国家対個人」という嚮導構成を持っていた。

（2）しかしながら、近代の「市民政治理論」は、第二次産業革命を経た独占資本主義段階においては、破産してしまった。第二次産業革命は、テクノロジーの高度化、生産力の飛躍的な増大、生産の社会化、そして人口量の圧倒的なプロレタリア化をもたらした。ゆえに、二〇世紀の政治理論は、「市民社会から大衆社会へ」という変化、一九世紀「近代」から二〇世紀「現代」へという変化を、理論化しなければならないのであった。

（3）こうした要請に応えようとしたのが、ラスキなどに見られる集団理論・多元的政治理論であった。ラスキの集団理論は、「個人自由」の代わりに「集団を通じての自由」という価値観念を、また「国家対個人」の代わりに「国家対集団」という嚮導構成を、それぞれ提起した。しかしながら、集団理論は、資本主義の矛盾に関する十分な議論を欠落させていた。多元的政治理論が行き詰まった時、ラスキ自身、マルクス主義的国家理論に傾斜せざるを得なかった。ゆえに、「資本主義的疎外」と「大衆社会的疎外」の両方を理論化しなければならない。

（4）そのような理論化のためには、経済決定論に陥った教条主義的マルクス主義もまた、二〇世紀の大衆社会を把握するために、自ら転換を図るべきであった。事実、社会民主主義と共産主義へという「社会主義の分裂」は、「大衆デモクラシー」と「大衆ナショナリズム」を通じて、労働者階級が自らを国民国家と同一化する〈大衆〉へと形態を変容させる現実によってもたらされた。したがって、大衆社会という現実を認識することなしに、マルクス主義は革命にむけての実効的な戦略を立てることに失敗する。

政治理論家として松下は、経済からの政治の相対的自律性を強調し、「経済構造＝社会形態＝政治体制」という三重構造分析を提唱した。これは、資本主義経済における階級関係と、市民社会から大衆社会へという社会形態の変化とを、両方とも理論化するためであった。この三重構造分析という理論的枠組みと、彼の「近代」と「現代」という概念を組み合わせることで、松下は

近代（一九世紀）：産業資本主義＝市民社会＝市民国家
現代（二〇世紀）：独占資本主義＝大衆社会＝大衆国家

という歴史観を示した。さらに彼は、二〇世紀「現代」に一般的に見られる社会的・政治的変容を、

Ⅰ　労働者階級を中核とする人口量のプロレタリア化
Ⅱ　テクノロジーの社会化にともなう大量生産・大量伝達の飛躍的な発達
Ⅲ　Ⅰ・Ⅱを基礎とした伝統的社会層別の平準化 levelling による政治的平等化

と定式化した。彼によれば、Ⅰ〜Ⅲは、独占段階の「現代」にあっては共産主義諸国にも見られるものであった。なぜなら、生産力の上昇と生産の社会化——市民社会から大衆社会へという社会形態の変化をもたらす基本的要因——は、資本主義体制と社会主義体制とを問わず普遍的であったからである。

松下が自身の大衆社会論で試みたのは、工業社会における政治と社会形態とを包括的に理論化できるような政治理論の構築であったと言える。彼が「階級の〈大衆〉化」という場合、それは社会「形態」——社会における労働者の具体的なあり方——に関する議論であった。つまり、政治とは「可能性の技術」なのであって、〈大衆〉という形態を持つ人々が本質的・不可避的に非合理的で無知で政治的に無力であるなどと、規定することはできないのである。むしろ松下が強調したのは、二〇世紀において社会のあり方が変容したということを前提にして、実際的な政治状況を理論化することの必要性であったと言える。

第三節　日本の「近代主義」および社会主義に対する松下の立場

松下の大衆社会論の当初の意図は、極めてアカデミックなものであった。つまり、一九世紀から二〇世紀にかけての西洋の政治理論の変容を、追究しようとするものだった。しかし同時に、松下の研究を支える問題関心が、第二次世界大戦後の日本のデモクラシーをいかに確たるものにするかというところにあったことも、また事実であろう。後の章で触れるように、一九六〇年代に入ると松下は、自身の大衆社会論のパラダイムに基づいて、日本の同時代の政治社会の分析および当時の革新政党の研究に着手した。その意味では、彼の大衆社会論は、現実の日本の政治・社会を研究するための準備段階であった、とも言えるかもしれない。

戦後日本のデモクラシーをめぐる松下の議論には、二つの論点があったように思われる。一つには、大塚久雄や川島武宜らに代表される、日本のいわゆる「近代主義」「戦後啓蒙」に対する批判であり、今一つには、教条主義的なマルクス主義を批判することを通じて、革新政党の有効な政治的リーダーシップを実現させることであった。ここでは、「近代主義」および日本のマルクス主義に対して、松下がどのように批判したかを検討してみよう。

一　「近代」「現代」の二段階論

日本の「近代主義」に対する批判

前述のとおり、松下は「近代」と「現代」を区別し、前者によって一九世紀の「産業資本主義段階」を、また後者によって二〇世紀の「独占資本主義段階」を表した。彼が「近代」「現代」という二段階を設定して、近代という時代をこのように分節化するのは、講座派マルクス主義や「近代主義」などに見られる封建対近代という「近代一段階論」を批判するためであった。特に、松下にとって、日本の伝統的な封建主義的人間関係や、自律した個人が形成する市民社会の日本における欠如に対する、大塚や川島の厳しい批判は、たとえ彼らの議論がいかに真摯なものであろうとも、「共同体から近代市民社会へ」という単純な図式の上に成り立っているものであった。しかしながら、日本の「近代主義者」たちにとって近代市民社会のモデルとされる西洋社会自体が、すでに「現代」の大衆社会へと変容を遂げてしまっていた。大衆社会へという趨勢が、工業社会に普遍的に見られるものである以上、戦後日本の社会科学は、「封建から近代へ」という単純な一段階論ではなく、さらに「市民社会から大衆社会へ」という近代・現代二段階論へと発展しなければならない——というのが松下の主張であった（松下［1956b = 1969c: 34］［1959b = 1969c: 283］）。

松下は決して、日本における「封建から近代へ」という発展の重要性を否定したわけではない。当時の日本の知識人たちが問題にしたのが、「近代的自我」や「市民社会」を欠落させ封建的人間関係に支配されてきた日本社会においていかに「近代化」を達成させるか、という点であったことは明らかであろう。例えば大塚は主に、近代的な人間類型におけるエートスの問題に関心を持ち、ヴェーバーの議論に依拠しながら、日本の前近代的・封建的な人間と西洋において実現された近代的個人とを比較したのであった。松下自身、ロックの「市民政治理論」を考察したのは、自由な個人の自発的結合としての「市民社会」が日本でも実現されなければならない、という同様の問題意識を共有していたからであろう。

しかしながら、松下にとってより重要な問題は、日本人のエートスの問題よりも、工業化が進展する社会の実際の形態変化の方であった。松下は、「現代」を「近代」から区別するバロメーターを、生産力の飛躍的な増大と生産の社会化に求め、「現代」の大衆社会は、工業化した諸国に一般的に見られる社会形態であると論じた。しかし日本において大衆社会は、市民社会が成立した後に出現したのではなく、むしろ伝統的共同体の崩壊——いかに、封建的なメンタリティと人間関係が深く根を下ろしていようとも——を通じて現れるのである。したがって松下は、「日本の現代史を把握しようとする場合、封建→近代→現代という欧米では数百年かかった発展段階を機械的に適用できない」とする。

封建対近代という問題設定は、封建日本対近代欧米と対応していたのであって、それは日本の内在的エネルギーを見うしなった欧米アコガレ主義にほかならなかった。そうして日本の「近代」化をアコガレていたそのとき、日本の内部にもすでに「現代」が成熟しつつあったのである。（松下［1959b＝1969c: 283］）

ゆえに松下は、社会形態がすでに「現代」（＝大衆社会）になりつつある日本におけるデモクラシーの条件を追究したのであった。

大衆社会のポジティヴな面

大衆社会論が、しばしばエリート主義・貴族主義と親和性を持つのは、非合理的な大衆が官僚に支配されマス・メディアに操作される、というマス・デモクラシーの説明のされ方にあると言ってよい。しかしながら、松下に関しては、彼は繰り返し、そのような非合理性が大衆の本質的な属性であると見なすことを拒否している。松下の議論は、二〇世紀の独占段階における人々の形態が〈大衆〉となったということであり、大衆が愚かか賢いかといった価値判断はそこには入っていない。彼にとってはむしろ、人々が〈大衆〉にされるのは、国家権力の側から「体制の論理」が——高度に発達したテクノロジーの使用を通じて――上から貫徹されるからであった。ゆえに、民主的な改革へむけて「体制の論理」と対決する方法は、大衆社会の成立に対応した形で練り上げられなければならないとされたのである。この意味で、松下は「下からの改革」を考えていたと言ってよく、彼の大衆社会論はいわゆる愚民論ではない。

松下の論文「大衆国家の成立とその問題性」の末尾には、次のようにある。

> 最後に、〈大衆〉状況の克服が問題となるであろう。この克服はまさに〈大衆〉状況をもたらした社会形態の変化自体に条件づけられており、そしてむしろ、これは積極的条件として機能しうるのである。（松下［1956b = 1969c: 34］）

彼は、下からの改革・下からの民主化の条件として二つの要素を指摘した。まず第一に、大衆社会における市民的自由を実質的に確保することである。市民的自由は、大衆社会の内部から空洞化されるのみならず、常に上から（官僚統制と大衆操作を通じて）危険にさらされているのであるから、「市民的自由は、形式的自由として排斥されることなくむしろ変革という階級の論理の内部に結合しさらに再構成されなければならない」。この点は、後に述べる、国民統一戦線型人民デモクラシーという松下の構想へとつながっていた。そして第二に市民的自由の初等学校としての自主的集団《ヴォランタリー・アソシエーション》を形成することである。「この自主的集団は個人を政治的に訓練していくとともに、体制の論理への抵抗殻として機能する」のである（松下［1956b = 1969c: 34］）。

おそらく松下には、敗戦から約十年を経過した日本のデモクラシーが、以下のように見えていたのだろう──「前近代的な封建社会」から「近代市民社会」の成立というには程遠く、デモクラシーはマス・デモクラシーへと転化してしまい、「豊かな社会」の時代への入り口にあって、人々は私的なレジャーや消費には関心を示しても、政治社会への関心は弱い。戦後、「滅私奉公」から「滅公奉私」へと転換した日本人が手にしたものは、私化としての個人の自由であった。その意味で、工業化とマス・デモクラシーは、西洋諸国のみならず戦後日本にも見出せる普遍的な現実である。と同時に、国家権力や封建社会からの自由ということが、全国的な反体制運動と同様に、日本国憲法で保障された言論の自由・集会結社の自由や、交通・通信手段の発達によって可能になったというのも、また事実である。言わば、大衆社会状況こそが、人々の運動を可能にしたものでもあった。ゆえに、「大衆社会の中でいかに市民的自由を確保するか」という松下の問題提起は、マス・デモクラシーによって市民的自由が失われる危険性に対抗するのみならず、当時のマルクス主義者のようにデモクラシーを「ブルジョア的」「形式的」「社会主義によって乗り越えられるべきもの」等々と見なすことへも反対するものであった。

したがって松下は、当時の保守政権の上からの大衆操作によって日本のデモクラシーがマス・デモクラシー化されるのを防ぐために、革新勢力による政治的リーダーシップが不可欠であると考えた。しかしながら、日本社会党も日本共産党も、保守政治を乗り越えるための統一戦線を組むことができなかった。松下は大衆社会論の中で、保守勢力に対抗する革新側の統一戦線をいかに作り上げるかを構想することとなった。それが、次に述べる国民統一戦線型人民デモクラシーである。

二　国民統一戦線型人民デモクラシー

「大衆ナショナリズム」と国民統一戦線

松下の大衆社会論のキーワードの一つは、「大衆ナショナリズム」であった。彼はこの概念によって、二〇世紀における社会主義の条件を理解することとなった。松下の説明では、二〇世紀の独占段階においては、「これまで国家に対立していた社会主義は、国家によって実現されうる社会主義に転化する」（松下［1956b = 1969c: 22］、傍点は原文）。たとえ、資本主義的な福祉国家における労働者階級の解放が幻想であるにしても、労働者階級はもはや祖国なき「完全な人間性の喪失態」ではなく、「国家の内部に普通選挙権によって政治的主体として解放され、国民的大衆文化を享受し、国家的に生活を保障されんとする、国民的忠誠心をもった〈大衆〉となる」（松下［1957b = 1969c: 87］、傍点は原文）。市民社会から大衆社会へという社会形態の変化は、労働者階級の存在のみならず意識のあり方の変化をも伴っていた。つまり、労働者は「国民」となったのである。「大衆ナショナリズム」を通じて社会主義は、社会民主主義とコミンテルン型共産主義とに分裂した。前者は、国家によって実現されうる社会主義であり、社会主義が大衆社会状況に適応したものである。後者は、こうした前者を、資本主義に「買収」

され革命を忘れた「労働貴族」の「裏切り」であるとして、断固拒否した（松下［1957b = 1969c: 87-88］）。

松下は、大衆社会状況を克服できない社会民主主義と、労働者の持つ国民意識を認めないコミンテルン型共産主義との、いずれをも批判した。確かに、大衆ナショナリズムは第一次世界大戦において、プロレタリア・インターナショナルを圧倒してしまった。ゆえに一九一九年にコミンテルンが、ボルシェヴィキ的な階級意識をプロレタリア・インターナショナリズムと等置し、各国共産党を支部とする単一世界共産党として成立した。コミンテルンの国際主義は、社会民主主義のナショナリスティックな「祖国擁護」に反対し、大衆の国民意識を戦略的に用いることを拒否した。その結果、一九三〇年代ドイツでは、大衆社会状況を徹底的に利用したナチスのナショナリズムに共産党は敗北した。ソ連は「大祖国戦争」の名においてナチス・ドイツと戦い、東欧を解放したが、しかしそこでは、スターリン型のソヴェト・ナショナリズムが沸騰しており、ついにはパワー・ポリティクス的なソヴェト大国主義という性質を露わにした（松下［1957b = 1969c: 88-90, 94］）。松下にとっては、社会民主主義も共産主義も、ともに大衆デモクラシー・大衆ナショナリズムの性質を十分に理解していないのであった。

ここで松下が着目したのは、一九三〇年代フランスにおける反ファシズム「人民戦線」であった。一九三五年、コミンテルンはその第七回大会において、国民シンボルを伴ったフランス人民戦線の成功を受けて、国民意識の再評価を行なうに至った。松下にとって、コミンテルンのこの国民意識の再評価は、単にファシズム化の危機に対応した緊急の戦術転換にとどまらず、二〇世紀に登場した大衆社会に対する、コミンテルンの不可避的な転換なのであった。「このあたらしい統一戦線戦術の画期的意義は、大衆ナショナリズムにたいしてボリシェヴィキ的階級意識を、あるいは大衆デモクラシーにたいしてプロレタリア独裁を、たんに対立せしめるのではなく、むしろ二〇世紀的な大衆化状況自体を内部から再構成せんとしたことである」。これは、第二次大戦後の「国民統一戦線型人民デモクラシー」という新たな革命戦略へむけた、決定的な一歩であったというのである（松下［1957b = 1969c: 93］）。

松下は、日本の大衆社会における革新勢力の闘争として、「国民統一戦線型人民デモクラシー」を提起した。ここで彼は、一つの国民を二つの階級に分断して階級闘争を支えるマルクス主義的な「階級」アイデンティティよりも、上位に「国民」アイデンティティを位置づけた。なぜなら、

……「大衆的一般性」の醸成は、労働者階級を中核とし、新中間階級、さらには農民、旧中産階級をもふくめた諸階級の国民統一戦線型人民デモクラシーを、画期的段階性をもって形成する条件へと転化させうるからである。こうして、「国民的全体性」の意識としての国民意識はここでは統一戦線形成の意識形態上の前提となってくる。上からの体制によって操作される大衆的国民意識の下からの再構成が、上から操作される大衆《マス》デモクラシーの下からの人民《ピープル》デモクラシーへの転化の過程と結合されて、いわば人民ナショナリズムへと再構成されることになる。

国民的全体性を主張するこのような統一戦線は、また、各国に特殊的な国民的伝統をうけつぎながら国民的伝統の正統な後継者として登場することになる。たとえば「イギリス議会」の、「フランス革命」の、「ドイツ古典文化」の、さらに「アメリカ独立革命」の継承がこれである。大衆への国民的神話の定着という大衆ナショナリズム状況が逆転されて、これが国民の解放の思想的テコとなる。しかも、ここで思想的にも労働者階級は、統一戦線の中核として、全体的な「国民」たらんとしているのである。さらに、ここで、大衆ナショナリズムの排外的封鎖性は、プロレタリア・インターナショナリズムによって克服されるであろう。現実政策としては種々の困難な曲折をへるとしても。――こうして一九世紀における疎外された階級という意識ではなくして、全体としての国民という意識が抵抗の条件となる……。虐げられしものの黙示録的意識ではなく、国民の正統性の意識が支配的となる。……

経済的階級分立をふくみながらも、大衆的一般性の成立という社会形態の変化は、ここに政治的には国民統一戦線を提起するのである。（松下［1957b = 1969c: 97-98］、傍点は原文）

ここでもまた、経済構造＝社会形態＝政治体制という松下の三重構造分析の枠組みを見ることができる。

「ブルジョア的」でなく「一般的」デモクラシー

松下による「国民統一戦線型人民デモクラシー」の提唱は、ヨーロッパでもっとも強い共産党であったはずのドイツ共産党がナチスに敗北した、という歴史的事実に強く動機づけられていた。かつて社会主義者たちは、市民的自由を、私有財産擁護のためのブルジョア的な形式的自由に過ぎないと批判し、形式的自由から実質的自由としての社会主義へ、という直線的進歩を想定していた。しかし、その形式的自由そのものが、大衆社会から出現したファシズムによって瞬く間に破壊されてしまった。松下にとっては、形式的自由・形式的デモクラシーへの社会主義者による無責任な批判こそ、ドイツにおいてファシズムへの道を開いてしまったのであった（松下［1957c = 1969c: 177］）。第二次大戦前のファシズムは赤裸々に自由を圧殺した。それに対して、戦後のファシズムは自由の名のもとに進行し、大衆操作を通じて個人の自由を実質的に骨抜きにしかねない。そのような可能性を考える松下は、かつての啓蒙哲学による市民的自由を「ブルジョア的」として否定するのでなく、むしろその「ブルジョア的」遺産を、大衆社会状況の中で確保することこそ、戦後の社会主義の課題であると考えた（松下［1957b = 1969c: 100］）。

松下にとってデモクラシーは、社会主義革命で乗り越えられるべきブルジョア・デモクラシーとしてではなく、人類が勝ち取ってきた「遺産」であった。言い換えれば、デモクラシーは「ブルジョア的」なのではなく「一般的」（普遍的）なものなのであった。彼はまた、いわゆる形式的自由を、「ブルジョア的」自由としてでなく、資本主義・社会主義という体制の相違に関わりなく、基本的人権の保障手続きとしての自由と捉えた（松下［1957c = 1969c: 176-77］）。彼は、形式的自由の内容として、三つの要素を指摘する。つまり、

Ⅰ　政治的空間を一定のルールによって外的抑圧から個人に保障する「法治主義の原理」

Ⅱ　この空間における個人の自主性を許容する「個人自由の要求」

Ⅲ　この空間が侵されたときには抵抗しうる権利を個人に留保せしめる「抵抗権の理念」

である。この三つの中で、松下は特にⅠとⅢを、権力「からの自由」、すなわち権力との緊張関係として重視した。自由をまず権力「からの自由」として理解することなしには、権力「への自由」は「今日では擬似自発性の操作によって、操作された大衆の意思の支配としての擬似デモクラシー」と化してしまうからである（松下［1957c = 1969c: 182-83］、傍点は原文）。彼のこのような「権力対自由」「国家対個人」という議論は、先述の、市民政治理論としてのロック研究に由来している。松下にとって、個人の自由は、その形式性ゆえに、資本主義であると社会主義であるとを問わず一般的な問題となるのであり、デモクラシーもまた、その形式性ゆえに保障されなければならない「一般的」なデモクラシーなのであった。

特に抵抗権について、松下は一九五八年に論文「忘れられた抵抗権」を発表している。この論文で彼は、「国民統一戦線型人民デモクラシー」の思想は、自由とデモクラシーに基づいた「抵抗権」の再

評価によって基礎づけられなければならないとした。抵抗権思想は、マス・デモクラシー化に対する防壁となる。つまり、現代においては、人民の意思の内容を政府が大衆操作によって決定することが容易であり、ナチズムやマッカーシズムも人民の名において「デモクラシー」を主張した。そうした時代にあっては、ルソー的な一般意思やマルクス的な階級意識よりも、政治権力への抵抗権の保障のための「権力対個人」というロック的な観念の方が、人々の自由のエッセンスである――というのである（松下［1958b = 1969c: 193］）。

ゆえに、大衆社会が到来した時代にあっては、「抵抗の思想は直接社会主義革命へと結合されるよりも、自由・民主主義擁護へと結合されて、はじめて政治的現実をもつものとなっている」（松下［1958b = 1969c: 192］、傍点は原文）。「労働者階級を中核とする反体制運動が、ファシズム化としてあらわれる反革命と対決するとき、それは大衆的スケールでの自由・民主主義擁護という、抵抗思想によってささえられた統一戦線として展開されなければならない……」（松下［1958b = 1969c: 193］）。社会民主主義は、資本主義体制における自由をそのまま受け容れてしまい、革命の論理を失ってしまっている。他方、コミンテルン型共産主義は反対に、議会制民主主義をすべて「ブルジョア的仮象」として否定し去っている。ここで再び松下は、一九三五年のコミンテルンによる戦術転換を念頭に、形式的自由および抵抗権の再評価こそ、社会民主主義とコミンテルン型共産主義の対立を乗り越えた統一戦線を実現させる基盤となるであろう、というのであった（松下［1958b = 1969c: 195］）。

日本のマルクス主義者に対する批判

松下による「一般民主主義」の擁護と「国民統一戦線型人民デモクラシー」の提唱には、日本のマルクス主義者および日本社会党・日本共産党といった革新政党に対する批判が含まれていた。第一に、彼が批判したのは、デモクラシーをもっぱら形式的な「ブルジョア・デモクラシー」と見なし、社会主義にいたるまでの通過駅としか考えない、教条主義的なマルクス主義的見解であった。松下が強調したのは、デモクラシーの一般的・普遍的重要性であった。

第二に松下は、科学的社会主義と称するマルクス主義者の「歴史の必然性」という観念――つまり、「資本主義から社会主義へ」というコースは抗いがたい歴史発展法則であり、マルクス主義はその必然性を科学的・客観的に把握している、という楽観主義――を批判した。第二次大戦後の日本の個々の反体制運動がそれぞれいかに重要な結果をもたらしたにせよ、それらは常に、エリートの前衛による個別動員主義という以上のものではないという傾向性にあり、抵抗を持続させるための統一された思想的遺産が残されなかった。悪政反対闘争が、「歴史の必然性の認識」によってなされる限り、それらの運動は不可避的に、その必然性を自覚している前衛と、自覚していない民衆、という二分法をもたらし、思想上の少数精鋭主義しか提起されない。松下は、悪政に対する抵抗の思想を民衆の中に確立し、その思想を情勢の客観的な分析と結びつけ、単に「資本主義対社会主義」といった抽象的な対置に寄りかからないようにすることが、革新勢力の責任であると考えていた（松下［1958b = 1969c: 189-90］）。

マルクス主義者の間で、そのような抵抗の思想が欠落している、というところから、松下の第三の批判、すなわちマルクス主義的政党への批判が導き出された。革新勢力の組織は非常に脆弱であり、日本社会党も日本共産党も、地域社会に強力な支持組織を構築することができず、もっぱら都市部の労働組合に頼っていた。松下が指摘したのは、抵抗の思想なくしては、労働組合運動が常に革命の論理と結びつくとは限らないという点であった。

> もちろん労働組合は労働者の利益を、婦人団体は婦人の利益を擁護するために組織される。宗教団体、文化団体についても同じである。しかし、このような集団の政治過程における役割は、ここでみたような抵抗権の組織化として、はじめて意味をもつのではなかろうか。そうでなければ、これらの集団は抵抗団体としてよりも、むしろ国家予算から利益をひきだす圧力団体として機能し、体制内在化するかもしれない。労働組合ですら福祉国家という国家機能に対応して、現在では圧力団体化する有様である。だからこそ抵抗権思想の確立が、政党のリーダーシップとの連関において重要性をもってくるのである。（松下［1958b＝1969c: 195-96］、傍点は原文）

さらに、松下は第四の批判として、日本の革新政党が、日本国民のエネルギーを革命の論理へと水路づける積極的な国民シンボルを欠如している、という点を問題にする。敗戦によって大衆ナショナリズムと天皇制イデオロギーが崩壊した後、日本にはなんらの積極的な国民的シンボルが存在しない。革新側も、「反米」という消極的なイデオロギーしか持てず、保守側も同様に「反ソ」「反共」でしかない。こうした状況の中で、〈大衆〉化しつつある日本国民は、もっぱら消費的大衆娯楽へと吸収されてしまう。ゆえに松下は、革新政党が、「国民統一戦線型人民デモクラシー」という形で「下からの民主化」闘争を実現するためには、排他的なナショナリズムとは異なる積極的な国民的シンボルを掲げなければならない、と主張したのである（松下［1957b = 1969c: 102-03］）。

三　構造改革論との接点

以上のような松下の大衆社会論は、マルクス主義者たちとの間で論争を引き起こした。いわゆる「大衆社会論争」である。しかしながら、ここではその「論争」を詳細に検討する必要はない。あまり生産的とは言えなかったこの論争については、すでに少なくない言及がなされているし（Cf. 青木［1982］、後藤［1986］、林秀甫［1977］、加茂［1975］、桜井［1981］、田口［2001］、都築［1995］、米原［1993］）、そもそも論争それ自体が松下の意図とは別次元のところで起こったからである。「大衆社会論争」当時、およびその後の松下に対する反応としては、以下のように整理すればさしあたり十分であろう。

1　マルクス主義者からの反応・批判

（1）大衆社会論を、マルクス主義的な階級理論を否定するものである、とするもの（Cf. 芝田［1957a］［1957b］）

（2）大衆社会論を、民衆（大衆）を受動的・非合理的であると蔑視するエリート理論であるとするもの（Cf. 芝田［1957a］）[8]、および戦後日本における労働者の階級意識への目覚め（階級闘争の激化）を無視しているとするもの（Cf. 上田［1958］［1960］）[9]

（3）マルクス主義は万能であり、「マルクス主義理論の二〇世紀的転換」など不要である、と主張するもの

①大衆社会論が指摘する社会の病理現象は、資本主義自体の帰結であり、大衆社会なる新しい社会が出現したわけではない（したがって、「資本主義的疎外」とは別に「大衆社会的疎外」なるものが存在するわけではない）、とする立場（Cf. 竹内［1957］）

②社会形態が一九世紀と二〇世紀とで異なることは事実であるものの、すでにマルクス主義が二〇世紀の社会現象を説明している、とする立場（Cf. 芝田［1957a］［1957b］）

（4）大衆社会論が強調するような新中間階級やホワイト・カラー労働者は、一九五〇年代日本には大量に現れておらず、ゆえに大衆社会論は現実に合わない輸入理論である、とするもの（Cf. 黒川［1957］、田沼［1957］）

2　非マルクス主義者からの反応・批判

（1）松下の大衆社会論は、「大衆デモクラシー」「大衆ナショナリズム」という、マルクス主義者が指摘しなかった重要な論点をせっかく提示しているにもかかわらず、「独占段階」「体制対反体制」

といった用語を用いることで、マルクス主義の影響を受けすぎている、というもの（Cf. 林健太郎［1957a］［1957b］）

（2）そもそも、階級社会論で説明がつくなら大衆社会論など持ち出す必要はないにもかかわらず、松下はその両者を無理に折衷しようとし、論理的一貫性を欠いている、というもの（Cf. 辻村［1967］）

残念ながら、それらの批判の多くは、市民政治理論から大衆社会論へと至る松下の政治理論の全体像を把握した上でなされたものとは言いがたい。また、特にマルクス主義者からの批判の中には、「大衆社会など存在しない」という主張と「すでにマルクス主義が大衆社会現象を説明している」という主張の矛盾に無自覚のものや、さらには松下の理論を丹念に解読することをせず、もっぱらマルクスやレーニンらの古典的テキストから引用することで、松下への反論として事足れりとしているようなもの（Cf. 小松［1957］、岡［1957］、嶋崎［1957］）も見られた。

それでは、「大衆社会論争」は社会科学に何らの知的貢献も残さなかったのかと言えば、必ずしもそうではなかった。特に、一九五八年頃から一九六〇年代前半に至る時期に、松下の大衆社会論に刺戟され、また松下の構想と軌を一にするような知見が、日本の社会主義者の中から現れたことも事実である。そうした社会主義者たちの中には、大月書店が一九五八年に出版した『現代マルクス主義』（全三巻）に寄稿したことから「現マル派」と呼ばれたグループがあり、さらには、当時のイタリア共産党の構造改革路線から多くを学ぼうとしたいわゆる「構造改革論」グループも存在した。彼らの議論が一様であったわけではないものの、松下の提起した大衆社会論を正面から受け止め、「国民統一戦線型人民デモクラシー」構想を支える「一般民主主義」と同じデモクラシー理解を示す論者が登場していた。

「現マル派」にせよ構造改革論者にせよ、一九六〇年代以降の日本の左翼あるいは革新勢力の中で一大勢力となったとは言えないが、松下の政治理論と接点を持つそれらの諸議論は、「大衆社会論争」がもたらした一つの知的遺産であったと言うことも不可能ではない。ゆえに、本章の最後に、日本のマルクス主義における構造改革論について、若干の検討をしてみよう。

佐藤昇

日本の構造改革論の代表的な論者は、佐藤昇である。佐藤が、構造改革論をベースにしたデモクラシー論を最初に発表した論文は、「大衆社会論争」の渦中である一九五七年の『思想』八月号に掲載の「現段階における民主主義」であった。この論文で彼は、マス・デモクラシーが成立している先進社会においては、デモクラシーそれ自体がブルジョアジーの権力を制限する役割を果たし得る、という議論を展開したのである。

佐藤によれば、現代デモクラシーには二つの側面があった。一つは、ブルジョアジーがプロレタリアートを支配するための道具としてのデモクラシーという側面であり、今一つは、階級を超越した公権力としてのデモクラシーである。後者の観点からすれば、ブルジョアジーもプロレタリアートもともに形式的にはさまざまな政治的自由を手に入れており、国家権力は人民の自己統治であるということになる。伝統的なマルクス主義は、近代デモクラシーが実質的にはブルジョア・デモクラシーに過ぎないとして、近代デモクラシーの形式性と欺瞞性を正しく指摘してきた。しかしながら、マルクス主義者は往々にしてデモクラシーの負の側面のみを見て、デモクラシーが労働者階級に役立ち得るという側面を無視ないし過小評価してきた――というのである（佐藤［1957: 1-3］）。

佐藤が繰り返し強調したのは、例えデモクラシーがいかに形式的に過ぎないものであろうと、それは労働者階級の長期にわたる闘争によって勝ち取られてきた、全人民への政治的自由の拡大であった、という点である。佐藤にとって、レーニンがなぜ近代デモクラシーを「ブルジョア・デモクラシー」と批判したかといえば、それは彼が、第二インターナショナルによって忘れられたプロレタリア独裁の理論を復活・発展させるためであった。レーニン自身は、ブルジョア・デモクラシーの実現が世界的発展の巨大な進歩であると認めており、議会制デモクラシーを機械的に否定する極左戦術を「左翼小児病」と批判していた。しかし、従来からのマルクス・レーニン主義者たちはしばしば、あらゆる種類の改革を拒否し、「資本主義の下では労働者の状態の根本的な改善はあり得ない」という一般的テーゼをただ繰り返して、窮乏化した労働者階級による暴力革命の理論に固執した。ゆえに彼らは、レーニンが直面した歴史的文脈と課題を考慮することなく、単に彼によるブルジョア・デモクラシー批判のみを受け入れ、極左的な教条主義へと陥らざるを得なかった（佐藤［1957: 4-5］）。したがって佐藤は、労働者階級の闘争には、資本主義を打倒する革命への展望と、形式に過ぎない労働者の政治的自由の実質化、という二つの側面があると主張したのである（佐藤［1957: 4, 7, 9］）。

そして佐藤は、松下と非常に似た形で、自身のデモクラシー観を説明している。すなわち、「一般民主主義」の重要性の承認である。事実、彼はこの論文の中で、松下の大衆社会論を要約し、以下のように評価した。

［松下の］大衆社会論ではブルジョア民主主義の矛盾が労働者の政治的、社会的進出にもかかわらず、むしろそれを前提にしてブルジョア支配が貫徹される側面から、すなわち「体制の論理」の貫徹によって労働者が「大衆化」される側面からとらえられており、労資の対立の相互浸透の一面が強調されている。これは従来マルクス主義によって十分解明されていなかった重要な側面であり、マルクス主義としては、これを基本的な「階級の論理」の貫徹の側面と統一的に把握する必要があるだろう。（佐藤［1957: 9］）

このように佐藤は、人々が上から「大衆化」させられる側面と、逆に下から革命を達成する側面とを、両方とも統一的に把握する必要性を認めた。このような視点は、例えば上田耕一郎のように、大衆社会論はマルクス主義的な「階級の論理」「革命の論理」とは相容れないとする見解とは、異なっている（Cf. 上田［1958］［1960］）。そして、佐藤が提唱したのは、第二次大戦後の資本主義諸国における、「一般民主主義」のための闘争、すなわち、ブルジョア・デモクラシーが原理的には認めている基本的人権を擁護する闘争であった。この闘争は、直接的に社会主義を追求するものではなく、資本主義の中でデモクラシーを前進させるものである。しかしながら、「一般民主主義」を脅かしているのが他ならぬ独占ブルジョアジーである以上、「一般民主主義」のための闘争は客観的に、ブルジョアジーの権力を弱体化させ制限する闘争となっていくというのである（佐藤［1957: 9-10］）。

と同時に、やはり佐藤はマルクス主義者として、最終的には資本主義の克服と社会主義体制の確立を目標とした。そして彼は、松下の場合と同様に、一九三〇年代ヨーロッパにおける人民戦線を、現代社会における社会主義の可能性の一つのモデルであると指摘した。佐藤によれば、三〇年代の人民戦線は、ファシズムによる攻撃から自由とデモクラシーを擁護する防御的なものであったが、第二次大戦後の統一戦線はより積極的に、独占資本を包囲して孤立させ、そのヘゲモニーを弱体化させるものでなければならない。このような統一戦線はまた、議会において人民の代表が多数を占めることを通じて、反独占統一戦線政府の樹立をも可能にし、その場合には深刻な政治危機を不可避とする暴力革命は必ずしも必要ではなくなる。つまり、反独占統一戦線は、単なる戦術の問題ではなく、社会主義革命の第一歩に向けての戦略的課題だというのである（佐藤［1957: 10-11］）。佐藤と松下はともに、一九三五年のコミンテルンの人民戦線戦術への転換を、画期的な重要性を持つものとして認識していたと言えよう。

長洲一二

次に取り上げる構造改革論者は、長洲一二である。長洲は「現マル派」のメンバーと目され、佐藤昇らとともに、構造改革論を議論する場を提供した月刊雑誌『現代の理論』の出版に従事した。長洲は、その長文の論文「マルクス主義理論と現代」(一九五八年)において、平和と社会主義、テクノロジーの発達と労働、ナショナリズムとマルクス主義、デモクラシーとマルクス主義、等々といった多くの論点について議論している。ここでは、彼の構造改革論の中心に位置していると思われる、デモクラシーとマルクス主義との関係性について、簡潔に検討してみたい。主要な論点は二つであり、一つは、西洋思想史におけるマルクス主義の「民主主義的伝統」、もう一つは、プロレタリア・デモクラシーを参加デモクラシーであるとする長洲の理解である。

まず第一に、マルクス主義が、近代デモクラシーが(そのブルジョア的限界にもかかわらず)社会の進歩に多大な役割を果たしたことを前提にしているということは、長洲にとっては明らかなことであった。彼はアブラム・ランディの『マルクス主義と民主主義的伝統』(*Marxism and the Democratic Tradition*)を参照しつつ、マルクス主義は人類史的遺産としてのデモクラシーの伝統の正統な後継者であると強調した。つまりデモクラシーは、「理性と人間性への信念という意味でヒューマニスティックな、そしてたえざる前進への意欲という点でダイナミックな、コモン・マンの哲学」なのであった(長洲[1958: 85-87])。長洲はまた、レーニンが階級闘争ということで強調したのは、労働者の闘争が「民主主義的伝統」を継承し発展させるという点であったとし、もしマルクス主義者がデモクラシーの原理と制度――議会、普通選挙、基本的人権、人民主権など――を単なる階級闘争の手段としか見ないならば、マルクス主義がもつ人類解放の使命が見失われてしまう、と主張した。

> 社会主義的民主主義は、ブルジョア民主主義の内容のすべてを廃棄したあとに、全然あらたに創出されるのではない。ブルジョア民主主義という特殊形態で達成されている人類史の民主主義的進歩の遺産を継承し、拡充するために、「民主主義のブルジョア的歪曲と絶縁」（レーニン『ソヴェト権力の当面の任務』）しようとするのが、社会主義的民主主義にほかならない。そのためにこそ、体制の転換が必要なのである。（長洲［1958: 88］）

したがって、デモクラシーはその抽象的・形式的な性格のゆえにこそ、一般性と普遍性をもつのであり、ブルジョアジーがプロレタリアートのデモクラシー要求を拒否することはできない（長洲［1958: 92-93］）。こうした長洲のデモクラシーに関する議論は、松下や佐藤による「一般民主主義」論とほぼ同様の内容であると言ってよい。

第二に、長洲は、デモクラシーを単に資本主義経済を土台とする上部構造に過ぎないと理解することを拒否した。デモクラシーの精髄は、「歴史普遍的な民衆の闘争の根本的継続性を反映する、自由と進歩への創造的努力」であり、また「人間の主体的能動性によってたえず発展し変化する未完の創造物」がデモクラシーである（長洲［1958: 100］）。そして長洲は、もし形式的・制度的デモクラシーをブルジョア・デモクラシーと呼ぶのであれば、プロレタリア・デモクラシーは「人間の主体的参加の民主主義」と名づけることができると主張した。つまり、今日的に言えば参加デモクラシーである（長洲[1958: 101-02]）。

長洲は、マルクスやレーニンによる人間性の回復の議論を、プロレタリアートによる直接デモクラシーの構想であると見なしていた。松下と同様に彼も、「各人の自由な発展がそのまま万人の自由な発展の条件になる社会」という『共産党宣言』の一節を引用しつつ、次のように述べた。

……マルクスにとっては、すべての現実的個人がその生活においてつねに類的・共同体的・社会的生活に参加し、私人と公人との分裂がないこと、個人が日常的に公共の生活に参加することによって、共同的・集団的存在としての人間の力能を無限に発展させていくことが、人間のもっとも人間的な在り方であった。（長洲[1958: 104]）

真実の民主主義、自由とは、人間が孤立したアトムになることではない。孤立人はむしろブルジョア的観念の産物にすぎない。社会的・集団的・共同的人間にしてはじめて、人間の偉大な力能を発揮し発展させることができる。……しかし真に民主的、自由であるには、こうした共同的人間が現実的個人から分裂していてはならない。疎外されていてはならない。（長洲[1958: 104-05]）

このように考える長洲は、マルクス主義が直面しているのは大衆社会の問題であると捉えた。つまり、民衆が主体的な「参加の民主主義」を失って、消極的・受動的なアトムに分解され、ブルジョア社会的な人間本質が疎外された状態が、大衆社会状況であるというのである（長洲［1958: 106］）。

長洲は、松下のように「二重の疎外」を考えるのでなく、むしろ資本主義的な疎外の問題として大衆社会の問題を理解しているようである。しかしながら、プロレタリアートが公共空間に参加する社会として社会主義を構想し、プロレタリア・デモクラシーを参加デモクラシーとして理解する長洲の発想は、松下のプロレタリア市民社会としての「社会・主義《ソサエティズム》」と実質的に同じ指向性を持っていたと言える。

以上のように、構造改革論者の佐藤と長洲は、社会主義とデモクラシーとの関係性について、松下と共通の認識を抱いていたと言えるだろう。構造改革論そのものは、日本社会党の江田三郎による「江田ビジョン」という形で具体化されるかに見えたものの（江田［1962］、cf. 塩田［1994］）、結局は一九六〇年代前半に、社会党、共産党の双方の革新政党から拒否されてしまった。しかしながら、彼らの知見は、一九八〇年代に登場するヨーロッパ左派デモクラシー論と非常に親和的であり、その意味では日本の当時のデモクラシー論は社会主義とデモクラシーをめぐる現代的議論の先取りであったと言うこともできよう。この点については、第四章で改めて述べることとしたい。

（1）『思想』一九五六年一一月号には、本章で検討する松下圭一「大衆国家の成立とその問題性」のほか、当時の日本で数少ないグレアム・ウォーラス研究の一つであった田口富久治「『大社会』の形成と政治理論」（田口［1956］）が掲載された。また、岩波講座・現代思想の第六巻『民衆と自由』には、以下のような論文が収められていた。松下圭一「民主主義の歴史的形成」、小松春雄「危機の民主主義」、升味準之輔「マスおよびマス・デモクラシー」、岡義達「マス・デモクラシーと政治集団」、尾形典男「マス・デモクラシーと議会政治」、永井陽之助「マス・デモクラシーと政治的大衆運動」など。

（2）丸山が、戦後直後の著名な論文「科学としての政治学」において、「可能的なものについての術」（**Kunst des Möglichen**）としての政治というビスマルクの言葉を紹介し、政治的思惟は「すでに固定している形象ではなくて、何か絶えず新たに形成され行くもの、その意味で、未知を含んだ動的な可変的なものを対象としている」と述べていることは、周知の通りであろう（丸山［1964: 353］）。なお、丸山の『現代政治の思想と行動』の英語版（一九六三年）では、「可能性の技術」は **the art of the possible** と表記されている。すなわち、ここで言う「技術」とは「アート」のことである。しかしながら、日本語の「技術」という語感が、「大衆社会論争」においていささか不毛な誤解を日本のマルクス主義者に与えたと考えられる。現代社会におけるテクノロジーの高度化を問題とした大衆社会論を、マルクス主義者はしばしば「近代政治学」と呼び、あたかも大衆社会論者が「テクノロジー」を通じてのシンボル操作によって、大衆を動員しようとしている」かのように批判しがちであった。確かに大衆操作は大衆社会論の典型的な論点ではあったが、丸山や松下が大衆動員を論じたというのは、マルクス主義者による全くの誤読であった。おそらく日本のマルクス主義者は、「可能性の技術」の「技術」を「アート」ではなく「テクノロジー」と解釈し、大衆社会論は大衆を操作の対象と考えるエリート主義である、との誤解に基づいて批判したのではないだろうか。民衆を革命の主体たる労働者「階級」と見たマルクス主義者は、その民衆を「大衆」と規定する大衆社会論を、愚民論としてしか捉えることができなかったのかもしれない。

（3）戦後日本の政治学（史）・思想（史）、および「大衆社会論争」当時の知的状況については、すでに数多くの研究がなされている。例えば、大嶽［1999］、小島［1987］、田口［2001］、辻村［1967］［1972］、都築［1995］、松本［2003］、藪野［1987］、米原［1993］［1995］などを参照。

（4）松下は、経済＝政治＝社会という彼の三重構造分析を最初に提起した「マルクス主義理論の二〇世紀的転換」において、三重構造の政治的側面を「政治体制」としているが、『現代政治の条件』の長文の「後記」においては「政治過程」と表現している。当時のテクストに即して考える限り、松下が「政治体制」と「政治過程」を厳密に区別しているとは考えられないし、表記法の変更に対する説明も特に見当たらない。経済決定論に対する政治の相対的自律性を主張することにより、政治のダイナミズム分析を可能にしようとした松下の意図からすれば、「政治過程」の表記の方に妥当性があるのかもしれない。また、丸山眞男やH・D・ラスウェルらのアプローチがしばしば「近代政治学」と呼ばれ、大衆社会論もそうした政治社会の動態分析という意味で理解された当時の知的コンテクストを考えても、松下が説明抜きに「政治過程」と表記したことは理解できないことではない。

しかし同時に、当時の言説空間における「体制」には、「体制対反体制」のように、独特の意味合いがあった。後に説明する松下の「階級の〈大衆〉化」という問題にしても、それは上からの「体制の論理の貫徹」なのであった。一九世紀の「市民国家」から二〇世紀の「大衆国家」へ、という彼の説明に即して考えれば、そこでの議論の一つは国家論である。「国家」の観念と結びついた「体制」の意味合いは、当時の知的状況を理解する上で軽視されてはなるまい。ゆえに筆者は、松下自身の表記法がどうあれ、彼の三重構造分析の政治的側面は、政治（国家）体制と政治過程とを包含したものと理解しておきたい。

（5）松下は一九八七年に、以下のように述べている。

私も都市に集住するプロレタリア化した人口の一人であります。つまり小規模であれ「生産手段」をもたず、「就職」してはじめて食えるわけです。この人口のプロレタリア化は、工場とか企業、官庁、軍隊だけにおきているのではありません。

ゲーテの『ファウスト』をお読みになりますと、万巻の書を読み飽きた、とあります。学者もかつては生産手段たる書物を自己所蔵できる独立小生産者でした。今日では、学者は大学の図書館を利用せざるをえないプロレタリアです。ロックの知人にボイルがおりますが、ボイルはオックスフォードの近くに、自分で実験室をつくりました。当時は科学者も独立小生産者です。だが科学者も、今日では大学とか企業・官庁の実験施設にかようプロレタリアです。お医者さんでも、町医者は独立小生産者ですが、大型病院の医者はプロレタリアです。

ですから、人口のプロレタリア化は、所得水準ではなく、生活様式ないし社会形態の問題なのです。（松下［1987: 252］）

以上の引用が示すことは、松下が「人口量のプロレタリア化」あるいは「生産手段からの疎外」「労働力の商品化」ということで意味していたのが、一般に「雇われること」「サラリーマンとなること」であったろうということである。

（6）一九五七年五月二二日付け『東京大学新聞』紙上で、マルクス主義者の上田耕一郎と対談した折、松下は「マルクス主義を厳密につらぬくというより、マルクスの提起した問題、レーニンの提起した問題を具体的にとらえたいと思っています」と述べた（松下／上田［1957］）。このように、イデオロギーとしてのマルクス主義（マルキシズム）と区別される形でマルクス的な問題提起を引き受けようとする松下の知的態度を、筆者はかつて大衆社会への「マルキシアン・アプローチ」と表現したことがある。しかしながら、カタカナでそのように表記する場合はともあれ、英語でいう **Marxian** はほぼ **Marxist** と同じ意味を表してしまうという事情があり、現在では筆者はそのような表現を用いることを留保している。なお、この点について、アンドリュー・M・ギャンブル教授より示唆を得た。

（7）以下、松下の市民政治理論を検討するに当たって用いる資料は、『市民政治理論の形成』および「集団観念の形成と市民政治理論の構造転換（一）」が主であるが、これらの中で松下は、キーワードにしばしば《 》（二重山カッコ）を付している。松下はこのカッコの用法について特に説明していないので、単なる強調と理解できる。しかし、すでに述べたように、『現代政治の条件』に所収の諸論文において〈大衆〉が大衆と区別された重要な概念であったことを考えれば、この二重山カッコの用法はいささか混乱を招く恐れがあろう。ゆえに本書では、松下のテクストから直接引用する場合を除いては、二重山カッコは「 」（かぎカッコ）に置き換えることをお断りしておきたい。

（8）すでに述べたように、松下による、労働者階級の二〇世紀的形態としての〈大衆〉規定はかなり独特のものであったが、主たる論争の相手であったマルクス主義者・芝田進午はこれをほとんど理解しなかったように思われる。むしろ芝田は「大衆」という言葉を、人民《ピープル》一般に限りなく近い意味で理解していたようである。それは、彼の次のような文章からもうかがえる。「大切なことは、大衆は労働しており、苦しい生活を営んでいること、そして、この生活のなかから驚くべき知恵を学んでいることである」（芝田［1957a: 184］）。「大衆社会論の立場からは、大衆、こういう『賤民』からさえも学ぶという態度は決してでてこないであろう」（芝田［1957b］）。そして、民衆の側に立つのかエリート（あるいは「体制」）側に立つのかといった問題図式から、大衆＝民衆＝労働者《プロレタリアート》の側に立ってエリート主義と戦うのがマルクス主義であると主張したのが、芝田の立場であったように読める。これは、松下の大衆社会論とは次元の異なる主張であり（また実際、松下は繰り返し、非合理性や受動性を大衆の本質的な属性であるとする考えには異を唱えていた）、「大衆社会論争」の議論がかみ合わなかった一つの要因がここにあるように思われる。

（9）日本共産党員の上田耕一郎にとっては、一九五〇年代後半という時代は、日本国内においても国際的にも、「体制の論理」（資本家および支配者側の論理）と「階級の論理」（労働者階級の側の論理）との対決が激化した時代なのであった。そして、大衆がマスコミ操作の対象となるといった大衆社会論は、現実に合わないものと考えられたのであった。それに対して松下が主張したのは、いわゆる「体制の論理」と「階級の論理」との対立そのものが、大衆社会的な条件によって規定されているということであった（松下／上田［1957］）。上田は、大衆社会論には傾聴すべきものが多くあるという態度ではあった。しかしそのスタンスはほとんど、五〇年代前半の日本共産党の武力闘争路線に対する反省という観点によるものであり、大衆社会論そのものを承服したのでもなければ、松下の大衆社会論を十分に理解した上でのことでもなかったと言えよう（Cf. 上田［1958］）。そして、第三章で触れるように、一九六〇年の安保闘争は、上田にとってはまさに労働者階級の階級闘争であり、大衆を受動的だとする大衆社会論の破産を証明するものであった。

第三章

「大衆社会論争」後の現代社会論

第二次大戦の敗北によって、日本の旧体制が崩壊したとき、デモクラシーは新鮮な響きをもっていた。それから三十年近くを経た今日、デモクラシーはもはや何の感動も呼び起こさない陳腐なものになっている。

――阿部斉（一九七三年）

「大衆社会論争」の直後、日本で起こったのは警職法反対運動であった。一九五八～五九年という時期には、革新運動をいかに効果的に組織化するかといった問題が多く議論された（Cf. 日高［1959］、永井［1958］、高根［1958a］［1958b］）。そして、革新運動の最大のピークとなるのが、一九六〇年のいわゆる安保闘争と、三井三池炭鉱での労働争議であったことは、よく知られている。

当時、革新運動をどのように理解するかについて、少なくとも二つの観点があったように思われる。一つはマルクス主義的な観点であり、階級闘争、労働者の階級意識の高揚、人民による革命への前進、等として運動を理解する立場である。マルクス主義者の観点からすれば、彼らが理解したところの大衆社会論――階級関係を否定して、民衆を無力であると見なす理論――は現実の中で破綻したことになる。もう一つの観点は、非マルクス主義的なリベラルたちのものであり、この立場の論者たちは革新運動を、人々の政治参加および悪政への抵抗であると説明した。この立場からすれば、日本で初めて

「市民」が登場したということになり、運動の隆盛はその表れであった。この二つの立場は、何らかの形で、「大衆社会論は行き詰まりを見せた」という認識を共有していたと言ってよい。

六〇年代は、人々が高度経済成長の中で保守的な受益者と化し、その多くが左翼的な関心を失っていった時代である。またその時代は、深刻な環境破壊・都市問題に対する公害反対運動が活発化した時代、さらにそれと連動した革新自治体の登場の時代としても知られている。特に一九六八〜六九年は、全国規模での大学紛争、学生たちの既成左翼への不信、ベトナム反戦運動、などによって彩られていた。こうした背景の中で、「市民」論という形で、日本版の参加デモクラシー論やラディカル・デモクラシー論が展開された。だが、その時代に現代社会論として語られ始めたのは、テクノロジーの急激な発展を背景にした、脱工業社会論や情報社会論といった楽観的な議論と、むしろ官僚制の肥大化と情報・技術の中央集権化をネガティヴに捉える管理社会論であった。

本章の目的は、「大衆社会論争」以降の、大衆社会論・現代社会論に関する言説を検討することにある。まず第一節において、一九六〇年代の社会運動を支持した知識人たちによる「市民」論と、七〇年代以降における管理社会論とを検討する。第二節では、前章で検討した松下圭一の政治理論が六〇年代以降にどのように展開したか、その軌跡をたどってみたい。さらに第三節では、従来の大衆社会論とはいささか異なる文脈から、八〇年代前半に再燃することとなった大衆(社会)論について検討することにする。

第一節　参加デモクラシーと管理社会

一　大衆社会論の破産？——階級・大衆・市民

『思想』一九六〇年一〇月号は、大衆社会論の再検討を特集し、「大衆社会論争」の当事者であった松下圭一や上田耕一郎らの論文を掲載した。マルクス主義者である上田の「大衆社会論と危機の問題」では、階級の論理の勝利が強調され、大衆社会論の破産が宣告された。

上田によれば、一九世紀のブルジョア・デモクラシーから二〇世紀のマス・デモクラシーへと変容した欧米諸国と異なり、戦後日本のデモクラシーは、世界における社会主義体制の成立（上田のいう資本主義の全般的危機）と日本における天皇制絶対主義の崩壊の過程で連合国によって与えられ、その後「アメリカ帝国主義と日本独自の民主主義破壊政策に抗して日本の民衆が下から主体的に消化し擁護してきた」ものであった（上田［1960: 20］）。特に、安保闘争のクライマックスである六〇年五月下旬から六月にかけて、「平和と独立をめざすエネルギーが民主主義擁護のエネルギーと合流した時以後、労働者階級は好況のさなかに、画期的な大政治闘争を遂行し、新中間層の政治的無関心も急速に強烈な政治的関心に転化し、日本の民主主義は、民主主義にたいする直接的攻撃とたたかうことによって、内部からの空洞化という間接的攻撃をも克服するという歴史的課題をなしとげた。大衆自身が闘争によって、『砂のような大衆』という大衆社会論の否定的大衆像を打ち砕いたことが、多くの人々に大衆社会論の失格を直感させた最大の理由であった」というのである（上田［1960: 20］）。上田は安保闘争と三井三池争議を、労働者の高揚した階級意識に支えられた革命的危機であると見たのである。

しかし、実際の安保闘争は、階級闘争というのみで説明できるものではなかった。闘争自体は全国的なものであったが、それらがもっとも先鋭化したのは都市部においてであり、自民党の強固な地盤であった農村地域は、（講座派マルクス主義や「近代主義」が批判したように）旧中間層の「封建的」人間関係にいまだ支配されていた。日本社会党と日本共産党は、大都市における労働組合を通じて闘争を組織したが、地域社会に根ざした組織・運動を欠落させていた。しかも、日本の労働組合は基本的に企業別組合であり、「労働者階級イコール労働組合」「組合闘争イコール職場闘争」と見なす社会党も共産党も、労働組合の外で人々を組織化することができなかった。安保闘争で重要な役割を果たしたのは、狭義の労働者階級や労働組合のみではなかった。学生、婦人団体、知識人といった、マルクス主義的な意味での労働者階級に厳密には含まれない主体が、多様な仕方で反体制運動を支えていた。非マルクス主義的な視点からすれば、そのような主体は「階級」ではなく、マルクス主義的革命理論に基づいていない「市民」なのであった。

ここでは、『思想の科学』一九六〇年七月号に掲載の、いくつかの「市民」論について検討してみよう。

久野収

まずは久野収の「市民主義の成立」である。久野は冒頭から、安保闘争においておびただしい数の市民が街頭をうずめたことを示し、「われわれの教えられた〝大衆社会論〟の〝大衆〟と、この市民大衆とはずいぶんかけはなれている」としている（久野［1960: 9］）。ここで久野のいう「われわれの教えられた〝大衆社会論〟」とは、大衆を非合理的・受動的で政治的に無能とする通俗化した大衆社会論のことであろう（これは、彼が大衆社会論を通俗的に理解していた、ということを意味するものではない）。

久野は、「市民」という言葉が急にもてはやされ始めた事実に対して、それが単に、労働者階級中心の統一戦線という表現では都合が悪いので「市民」なるあいまいな言葉でごまかす、というようなことであってはならないという見解を示した（久野［1960: 10］）。久野によれば、まず第一に、市民的人間が現れるには、職業と生活との分離が必要であり、そして第二に、職業組織は本来国家権力とは無関係である。市民的人間としてヨーロッパのギルドの例が考えられるが、「ギルドは自分たちの職業を国家権力とは無関係にやれる権利を金をだして国家権力から買いとって、自主と自治と自由の母体になった」。ギルドのメンバーは、市民意識の第一歩となる「職業人」としての自覚を持っていた。仕事が職業として生活から分離することで、仕事は習慣や伝統の支配から逃れることができる――というのである（久野［1960: 11］）。

それに対して、日本（特に農村地域）では伝統的に、職業と生活が分離されてこなかった。その分離は、戦後改革によってようやく始まったのであり、農民を「市民」と呼ぶのは容易ではない。教師の場合も同じで、彼らは二四時間教師であれと暗に要求されることによって、職業人としての教師のモラルが真に確立しがたいゆえに、「市民」とはなりにくい（久野［1960: 10-11］）。また、職業組織や同業組合は、戦前から国家権力への翼賛組織の域をあまり出なかった。ゆえに、職業的連帯を基盤として各企業の壁を越え、政府に対して批判・抵抗し、政策の訂正を迫るような、そうした市民運動は日本では伝統的に困難であったという（久野［1960: 12］）。

要するに久野は、市民運動を、職業人としての自覚のある人々による運動と見なしていたようである。彼が言うには、「こうした動き［＝市民運動］は、労働者としての動きとは別に考えられてよいし、協力する場合もあるし、平行する場合もあるだろう」。例えば、安保闘争の期間中、〝民主主義をまもる学者、研究者の会〟は大きな組織力と影響力を持ったが、それはイデオロギーや専門の違いを越えて、学問にたずさわる職業人としての共通の立場を自覚したからである。地方都市での商店連合の意思表示や集団閉店も、商人が商人としての立場から意思表示し具体的行動を示したということで、日本では新しい運動であった。高揚した学生デモの場合でも、学生は職業的革命家にひきいられる前衛としてではなく、学生としての職分的市民意識からの発想と決断で行動したのであった（久野［1960: 12］）。

ジャーナリズムは彼ら［＝学生のデモ参加者］を名づけようがないので、主流派、反主流派などとよんでいるが、彼らは実は無流派の市民学生だ。彼らは目のまえの状況をかえるためでてきたのであって、マルクス主義や革命運動とはほとんど何の関係もない。むしろ職業政治家たちや職業革命家たちのあいかわらずの指導者意識や指導者行動を苦笑しながら見あげていた。（久野［1960: 13］）

しかしながら、久野は以下のように続ける。市民運動の高揚にもかかわらず、それらは街頭で見られるに過ぎず、自民党は人々の居住地域で強固な地盤を固めており、市民運動によって保守政権を倒すことはできない。一方で、市民は生活地域で有効に組織化されておらず、他方で、革新政党や労働組合の活動家たちは、すぐにそれぞれの原理や主張を市民運動に持ち込もうとしてしまう（久野［1960: 14-16］）。久野の「市民」論は、安保闘争を背景として単に市民を礼賛するものではなかった。むしろ彼は、日本における市民の脆弱性をも指摘しており、革新勢力が市民を強化できずにいることをシビアに批判したと言ってよい。

加藤秀俊

次に検討したいのは、加藤秀俊の論文「日常生活と国民運動」である。リースマン『孤独な群集』の訳者である加藤は、「大衆社会論争」期に中間文化論を議論したことで知られている（加藤秀俊[1957a][1957b]）。彼は、安保闘争期の六月に政府が「抗議運動はごく一部の急進主義者によって行なわれているだけで、（映画館も後楽園球場も満員なのだから）大部分の国民は現在の問題を重大とは感じていない」等と表明したことを取り上げ、日本の人口を「革命人口・政治的人口」と「娯楽人口・非政治的人口」とに二分する政府の発想を批判した。つまり、映画や野球観戦に夢中になっている人々が、同時に反政府運動に参加しているからである（加藤秀俊[1960: 28-29]）。

加藤によれば、日本における「大衆社会」「大衆社会的状況」の典型的な理解の仕方は、「野球を見たり、ゴルフをやったり、家庭電化熱のトリコになったり、あるいはテレビにうつつを抜かしたり、要するに『私生活』のさまざまなたのしみが拡充すればするほど、ひとは政治的関心から遠ざかり、だんだんアホウになっていく」というものであった。彼は、こうした通俗化した大衆社会理解に疑問を呈し、六〇年五月・六月という安保闘争のピーク時に反政府運動を担った人々の少なくない部分は、「一見アホウふうの人間として見られてきたひとびと」であると指摘した。

私は、これまで大衆社会論が指摘してきたさまざまの社会病理的傾向にもかかわらずこのあたらしい事態が生れた、という見方には賛成できない。逆に私は、それらの傾向のゆえに、必然的にいま抵抗の政治活動がはじまったのだ、という立場をとる。つまり、日に日に増加するデモの参加者のうち、「一般市民」としてしめくくられる無数のひとびとは、たとえば「私生活への傾斜」は間ちがっていました、そんなちっぽけなことよりもっと大事なことがあるのにやっと気づきました、生活なんかどうなってもカマいません、といったような殊勝なる革命的転向をとげつつあるわけではないのである。むしろ逆に「生活」を守るためには、いまや政治的行動が必要なのだという感覚こそがあの無数のひとびとをうごかしているエネルギー源だ、と私は思うのだ。（加藤秀俊［1960: 29-30］、傍点は原文）

加藤の観点からすれば、人々は、すでに享受している私生活を失いたくないからこそ――例えば、野球ファンが野球ファンでありつづけたいからこそ――政治活動に参加しているのだった。

そして加藤は、単に生活に埋没して、自らの政治的無関心それ自体を自覚しない「即自的アホウ」と、自らの無関心を自覚した「向自的アホウ」とを、質的に区別し、後者を「市民」に値すると述べた。前者は、市民という観念以前のエゴイズムに過ぎないのに対して、後者は、「少なくとも自らの政治的無関心に関心を持った人間」であり、「平凡で平和な日常生活を確保するためには政治的行動に出る人間」すなわち市民である。そして、そのようなデモクラシーの諸権利を守る主体としての市民が、

日本近代史上はじめて姿を現したのが安保闘争であった、というのである（加藤秀俊［1960: 31］）

加藤のいう「市民」は、私生活の擁護という保守的な観念に基づいていたように見える。そして彼は、熱しやすく冷めやすい人々の反政府運動が、個人の良心に基づかず、メディアによる風向きに左右されるのみであれば、その人々は「市民」ではなく無定形な「大衆」であると述べた。彼にとって市民主義とは、狭義の政治思想ではなく、よりよい生活と社会を自主的に求めるひとつの態度のことであった。なぜなら「市民にとっては、政治があるから生活があるのではない。生活があるから政治がある」のだからである。ゆえに加藤は市民運動を、政治が生活に対して優先をはかろうとするのに対抗するものとして考えたのであり、市民が過剰に政治好きになることは不健康であると見なしたのである。また彼は、当時の革新勢力に見られがちなモラリズム――「天下の一大事を目前に野球を見ているとは何ごとか」といった、超越的な道徳律を生活に優先させる発想――に対しては、非常に批判的であった。

鶴見俊輔

久野や加藤と並んで、鶴見俊輔もまた、「根もとからの民主主義」という――まさに「ラディカル・デモクラシー」に相当する――タイトルの論文を『思想の科学』同号に寄稿した。鶴見はこの論文で、戦後日本史を振り返りつつ、日本のデモクラシーにとって必要なのは、権力のもっとも根源的な根である人々の「私」の上に立脚されることである、と主張した。

一九四二年までアメリカで教育を受けた鶴見の観点からすれば、日本に欠落しているのは自発性であった。例えば、日本の軍国主義政府の敗北は、日本人のレジスタンスによって実現したものではなかったし、「戦後」は日本人によって自発的に作られた時代ではなかった。にもかかわらず、日本の民主主義者も自由主義者も、あたかも戦後日本が、彼らが敗戦以前から「終始一貫して努力し求めてきた民主主義、自由主義の確立」する時期であると見なしてしまった。日本の知識人たちは、アメリカ占領軍の政治思想を、自分たちの従来からの政治思想によって批判することをせず、むしろそれを一挙に受け容れて自己の思想の正当化をはかったという（鶴見［1960: 20-21］）。鶴見は同時に、日本の共産主義者をも批判した。反戦を貫いた日本共産党員は、戦争責任を日本国民の手によって明らかにする自発的な政治運動を実現できる立場にあり、またその責任があったにもかかわらず、それをしなかった。のみならず、彼らは、共産党の敵か味方かといった観点に固執したため、戦争責任、資本主義への賛否、反共か容共か、という本来異なった争点を抱き合わせにしてしまった。それゆえ、共産党は敗戦直後の短時日のうちに急激に発展したが、また急速に衰退してしまった、というのである（鶴見［1960: 21］）。

「自分の中にあるより高い理想像をかかげて、目前の社会にはたらきかけてゆくことが、革命的な行為だと思う」と述べる鶴見は、科学的認識の積み重ねがそのまま革命的行動に向かうように想定した戦前・戦後の進歩派・革命派の思想を批判した（鶴見［1960: 22-23］）。むしろ鶴見が重視したのは、科学的認識の前提にある、日常生活に根ざした民衆自らの思想である。彼にとっては、そのような思想を持つのは「私」であった。「私」こそは、思想の最も根源的な根であり、「政府批判の運動は、無党無派の市民革命としての性格を帯びる。どんな公的組織にぞくしている人も、その私の根にさかのぼれば、私としてはつねに無党無派だから」である（鶴見［1960: 25］）。鶴見は、民衆の肉声、民衆の「私」に基づいたデモクラシーを、「根もとからの民主主義」すなわちラディカル（ラジカル）・デモクラシーと呼んだ。

ここで鶴見が用いる「私」は、**private** というよりも **self** の意味であると考えられる。彼の意図は、単に民衆が私的生活を享受すること——それのみでは市民運動を支えることはできない——を擁護することではなかったと言ってよい（鶴見［1960: 25, 27］）。彼が構想した「市民」とは、既成の政党や利益集団から自律的で「無党無派」の個人であった。

日本版「参加デモクラシー」論

以上、安保闘争の渦中に『思想の科学』に寄稿した三人の論者について、簡潔に検討してきた。彼らは、単に私的な娯楽に興ずるだけの政治的無関心な「大衆」という、ネガティヴな民衆イメージを克服すべく、自発的・活動的な「市民」へと議論を転換させようとしたと言うことができる。彼らは、自らの日常生活を維持したいがために政府に抵抗する民衆を、市民としてポジティヴに評価した。まさに、「大衆から市民へ」という議論の転換であった。しかも彼らの議論は、日本の伝統的な左翼的革新勢力の発想——「前衛に指導される労働者階級」という観念と、「日常生活を捨てて革命に従事する者こそ、意識が高い」という前提ゆえに、エリート主義的になりがちであった発想——とも異なっていた。むしろ「市民」論者が強調したのは、戦後日本の社会運動において、人々が既成の組織に指導されるのを拒否したという点であった。

戦後日本の平和運動に深く関わった久野は、社会主義勢力イコール平和勢力という発想を拒否し、左翼的な運動から自律的な市民運動を構想した。彼の観点からすれば、戦後日本の実際の左翼的労働組合運動は、労働者の解放というマルクス自身の理想にもかかわらず、賃金・収入の問題に矮小化される傾向にあった。それに対して久野は、市民主義の基盤として「生活人」という理念を示した。彼は、「生活人」の理念は民衆の公的な事柄への関心の根源的な根であり、人々の日常生活の質を追求することがすべての市民運動の出発点である、と考えていた（Cf. 高畠［2001: 12-13］）。これはまた、鶴見の「根もとからの民主主義《ラディカル・デモクラシー》」と同じ志向性であった。久野も鶴見も「市民社会」という言葉を使うことはなかったものの、彼らが構想したのは、個人からなる公共圏としての市民社会であったと言えよう。

日本における「市民」論は、市民参加という言葉を伴って、一九六〇年代から七〇年代にかけて、日本での「参加デモクラシー」論をもたらした。その市民参加の実態としては、急激な都市化に伴う住環境の悪化と公害に反対する住民運動、およびそれらの運動を背景にした革新自治体の登場、さらには日本の市民運動のユニークな代表例として語られるべ平連（「ベトナムに平和を！　市民連合」）の存在などがあった。それらの詳細についてはここでは触れないが、これら住民運動や市民運動における

「市民」の観念は、国家に対する「私《セルフ》」の優位性を反映していたと言ってよい。(1) 私的生活の擁護という観点から、人々が政治参加や抵抗運動を通じて「公共性」を構成していく、ということは、伝統的に「お上」に従属しがちとされてきた日本社会においては重要な意味をもち、また左翼的な革新勢力が達成できなかったことでもあった。

高畠通敏のように、自らも市民運動を手がけた政治理論家も、「私《セルフ》」という根源からデモクラシーを理解する議論を展開した。高畠は、久野のいう「生活人」の観念を共有していたと言ってよく、普通の人々という意味での生活人（市民）は、戦闘的な「労働者階級」とも無知で受動的な「大衆」とも異なるものとされた。高畠によれば、そうした市民や生活人という観点から見た政治は、マス・デモクラシーを内側から克服した「根もとからの民主主義（ラジカル・デモクラシー）」であった。

> ラジカルということばの意味は、ここでは二重である。それは一つには、社会の草の根（グラスルーツ）をなす大衆が、真に自分の生活を決定する力をもつという意味でのラジカル性であり、一つには、その決定が、大衆個々人の人間性の内側に根ざしているという意味でのラジカル性である。（高畠［1997: 122］）

一九六〇年代の日本版参加デモクラシー論は、「階級から市民へ」（既成左翼の階級闘争の拒否）という転回と、「大衆から市民へ」（通俗的な大衆社会論とは異なる民衆像の構想）という転回を含んでいたと言えよう。

二　管理社会と画一化

しかしながら、六〇年代日本社会を「活動的な市民の登場」という側面でのみ理解することはできない。むしろ六〇年代は、日本が敗戦国から世界の経済大国へと変貌するにつれて、経済的なナショナリズムが現れた時代であった。工業化と都市化という意味での「近代化」の達成による日本の繁栄は、戦後二〇年の奇跡と見なされ、自信を取り戻したかに見える日本人のナショナリズムを刺激した。保守勢力も革新勢力も、日本の経済発展と物質的な生活水準の向上を支持したと言えるし、マルクス主義者でさえ経済成長それ自体を批判することは困難であった。日本は平和で豊かな国である、という意識が定着するにつれ、「体制か反体制か」といった選択は必ずしも現実に妥当しなくなっていった。

一九六〇年代の日本の社会学的な現代社会論を見てみると、「大衆から市民へ」というのとは異なる議論の方向転換を示していた。そしてその方向性には、以下の二つがあったと言えるだろう。第一は、脱工業社会に関する議論であり、コミュニケーション技術の高度化とコンピュータの普及を背景に、「情報社会」や「知識社会」の到来ということが、比較的オプティミスティックに取り上げられた（Cf. 庄司［1977］）。第二は、画一化という議論であり、産業の高度化による中央集権的な組織化——ジョン・ガルブレイスがいうところの「テクノストラクチャー」――を通じて人々の日常生活がすべてコントロールされている、あるいは、豊かな社会においては従順であることが富と快適さを伴うために人々は社会に同調的となった、というネガティヴな視点からのものであった。

ここで、日本の社会科学者たちが、欧米の工業社会論およびポスト工業社会論をいかに紹介し議論したか、について詳細な検討を行なうことはしない。むしろここでは、工業社会論やポスト工業社会論という形で日本に紹介された欧米の議論には、大衆社会論が提起した諸問題――特に、合理的に組織化された社会における、多数者への自発的な同調・画一化の問題――が含まれていたことに注目したい。一九五〇年代に重要視されたのが、マス・デモクラシーのファシズムへの転化という問題であったとすれば、六〇年代に問われたのは、ファシズムに直面した不安定な社会におけるグライヒシャルトゥングではなく、安定した「豊かな社会」における画一化の問題であった。

このような状況において、大衆社会論の後を引き継いだのは管理社会論であった。「管理社会」という言葉が登場したのは、一九六〇年代後半であると言えようが、それは日本的な用語であり、ここで言う「管理」は、英語の **management**（操作）、**control**（支配）、**administration**（経営、行政）、**rule**（統治）、**bureaucracy**（官僚制）のいずれとも一つに重ならないという（栗原［1982: vii］）。ここでは、栗原彬の指摘した、七〇年代以降の日本型管理社会の特徴を列挙してみよう（栗原［1982: x-xi］）。

（1）管理センターによる社会支配の成立。「行政優位の統治機構を機軸に、官・財・政の三位一体、および社会の諸領域の管理中枢が、『中央』に集結して一種の管理センターを構成し、重要な意思決定を掌握している。」

（2）社会の中間領域への管理の移譲。「私たちの日常生活の多様な活動が分割され、各専門制度に委ねられるようになると、管理はそれらの専門集団に移譲される。こうして、受験管理体制、医療管理体制、原子力管理体制、労務管理体制、資源管理体制、交通管理体制、市場管理体制等々の網の目のなかに私たちは日常的に囲い込まれていく。これらの専門化された協同性の再生産装置によって管理―被管理の関係は持続的に日常生活のなかに繰り込まれる。」

（3）産業の技術規則つまり合理化の原則。「資本と労働の効率的使用、有効需要創出に働きかけるための管理が社会化かつ内面化されて、洗練された実社会型の自主規制のメカニズムすなわち『自発的服従』が私生活にまでゆきわたる。」

「脱工業社会」や「豊かな社会」が、よりポジティヴな意味を含んでいるのに対して、「管理社会」は現代社会をネガティヴに描き出すものと言ってよいであろう。日本の社会科学者にとって典型的な「管理社会」イメージの一つは、ジョージ・オーウェルの『一九八四年』であった。一九七〇年代後半から八〇年代前半にかけて、少なくない日本の論者は、オーウェルの「テレ・スクリーン」や「ニュー・スピークス」などを引用しつつ、豊かで安定した社会において情報技術やコンピュータによって支配されコントロールされる人類の問題について議論していた（Cf. 日高［1980: 93-124］、栗原［1982: i-xiv］、庄司［1984: 122］）。

また、フロム『自由からの逃走』の訳者である日高六郎は、日本における管理社会を、「経済主義」

という観点から説明した。日高は日本現代史を振り返りながら、そこに二つの転換点があることを指摘した。一つは、一九四五年の敗戦という目に見える劇的変化であり、もう一つは、一九六〇年前後に生じた、一見すると気づきにくい質的変化である（日高［1980: 75-78］）。後者について、彼は「経済主義」というキーワードで説明する。「産業構造が変化し、高度経済成長が進行していくだけでは、経済主義の時代という必要はない。国民のひとりびとりの意識のなかで、また日常のくらしかたそのもののなかで、経済優先の価値観が根をおろしたとき、私はそれを経済主義と名づける」（日高［1980: 84］）。日本の「滅私奉公」から「滅公奉私」へという変化を論じる中で、彼は以下のように述べた。

戦後「前近代から近代へ」が標語となった。急進的自由主義者は、〈個の確立〉を説いた。革新政党や労働組合の指導者たち（それはほとんどマルクス主義者であった）は、〈労働者の権利〉を叫んだ。〈個の確立〉派も〈労働者の権利〉派も、当然、強い政治的関心を持っていた。平和、民主主義、生活の向上、（そして占領政策が冷戦の論理に従属するようになってからは）独立。それらのシンボルは人びとを動かす力を持ち、それらはつねに政治的文脈の中で理解された。

〈個〉や〈権利〉のなかには、新しく解釈しなおされた〈私〉と〈公〉とが統一されていたはずである。それは、現代の政治的無関心と結びついた〈私生活優先〉とは、かなりちがっていた。では〈個の確立〉や〈労働者の権利〉から出発して、現在の〈私生活優先〉にいたらしめた力あるいは原因は、なんであったのだろうか。

私は、高度経済成長とそれにともなう生活様式の変化こそが、もっとも大きな要因だと考えている。（日高［1980: 81-82］）

> 高度経済成長がつくりだした現在の生活様式を維持拡大したいということが、ほとんどの日本人の願望となった。多くの人びとが価値観の多様化を言うけれども、それは、ボーナスを自家用車の頭金に使うか、海外旅行に使うか、貯金にまわすか、といった程度の選択の可能性でしかない。生活水準と生活様式の維持拡大への執着という点では、価値観の画一化こそが、意識の深部で進行している。（日高［1980: 83］、傍点は原文）

やはりオーウェルの『一九八四年』を参考にしつつ「管理」を論じる中で、日高は、現代社会にあって大衆支配は、硬い仕方ではなく柔軟な仕方でなされると指摘した。彼は、日本を含む資本主義体制における管理社会の特徴として、以下のように五つを挙げている（日高［1980: 107-09］）。

（1）利益誘導。「いまでは損得が暗黙のうちに時代の物差しとなった。それを権力も積極的に抑圧しない。むしろ莫大な、あるいはささやかな利益の提供によって、大衆を権力の構造のなかへ吸収することを考える。大衆自身が『買収』されることを期待している。」

（2）おしきせ。「『おしきせ生活』『おしきせ文化』『おしきせ教育』のなかに大衆ははめこまれている。その『おしきせ』性は快適さと無縁ではない。そこには強制感がない。流行を追いかける女性は、

『おしきせ』流行におしきられることに大きな幸福を感じる。」

（3）差別と格差の温存。「たとえば学校格差（学歴社会）。あるいは男女差別。あるいは部落差別や民族差別や障害者差別など。支配や搾取や管理のかくれた技術は、差別・格差の利用であることは、あらためて指摘する必要もない。その利用のしかたはますます洗練されてくる。」

（4）疎外と排除。「社会の、あるいは職場の管理体制に異議を唱えるものは、公然と、あるいは隠微のうちに、利益享受のレールからはじきだされる。それらはつねに少数者である。少数者の手きびしい排除は、見せしめである。多数派を目ざし、権力を目ざす労働組合や政党は、この少数者を救う力と意思をしだいに放棄している。そのため少数派はますます少数派となる。」

（5）ナショナリズム

日高はさらに続ける。「政治的支配、経済的搾取、文化的差別だけが日本の現代社会の骨格を支えているのではない。生活の管理化、教育の統制化、文化の画一化、思想の受動性、要するにすべての局面におけるおしきせ性がその骨格を支えている。そのおしきせ性に異を唱えることは、めぐりめぐって自分の生活設計に不利になるという構造がしつらえられている」（日高［1980: 122］、傍点は原文）。

日高が描いた画一的な大衆は、「戦後啓蒙」が考えたような「自律した個人」でもなければ、安保闘争期に論じられた「市民」でもなく、「私的な消費者」であると言ってよい。これは、「私《セルフ》」がデモクラシーの根として重要であると強調した日本のラディカル・デモクラシーの負の側面であるように思われる。確かに一方で、私的生活を楽しみたいという欲求ゆえに、それを脅かすものに対抗する市民運動が起こる、というのは真実かもしれない。しかし他方、人びとの「私化《プライヴァタイゼーション》」は、豊かな社会において公的関心を失わせ、多様な個人主義をではなく画一化をもたらすこともまた、事実ではなかろうか。大衆社会は「管理社会」であると同時に「大衆消費社会」でもあり、大衆は自律的な「市民」にもなるが、豊かな社会の受益者としての私化した「消費者」にもなり得る。一九六〇年代以降、大衆社会論が脱工業社会論や管理社会論に取って代わられたにせよ、受動的で画一的な「大衆」というイメージが日本に根をおろしたことは否定できないであろう。そして、後に述べるように、一九八〇年代に再び大衆（社会）論が問題となった時、どのように「大衆」を理解するかをめぐって多様な見解が登場することになるのである。

第二節　都市型社会とシビル・ミニマム――松下理論の展開

次に検討してみたいのは、大衆社会論を展開した松下圭一が、一九六〇年代およびそれ以降に自らの理論をいかに発展させたか、についてである。先に見たように、松下は「アパシー」とか「受動性」を、〈大衆〉に本質的な属性であるとは見ていなかった。むしろ、大衆社会状況を利用した上からの「体制の論理」の貫徹により、人々が大衆化してしまう、というのが彼の論旨であった。松下の大衆社会論は、大衆を受動的で無力で遅れていると批判するものではなく、そのような大衆を生み出してしまう政治体制の側を批判するための、基本的な認識となるものであった。彼の議論は巨視的であり、その意味では時事問題の動向に左右されるものではなかったと言ってよい。

一　「大衆社会論の今日的位置」

日本の社会科学の諸問題

一九六〇年一〇月号の『思想』に掲載された、松下の「大衆社会論の今日的位置」は、六〇安保闘争直後に彼が、何を社会科学の課題であると考えていたかを知る上で、重要なものである。この論考で彼は、安保闘争のあいだ多くの日本の社会科学者が時務的発言をしたことに触れ、確かに、危機的な政治状況においてそうした時評が重要であることを認めている。しかし同時に彼は、社会科学者が時評に埋没することにより、戦後日本の体制像の理論化という課題を十分に果たしていないと批判するのである。

日本の社会科学は、現在、外見的にみれば、天皇制による思想統制から解放されるとともに一〇年余にわたる外国理論の輸入・消化によって、いまだかつてないほどの隆盛をみているようにみえる。けれども、マルクス主義の公式主義への硬化が数年前に批判されてのち、今日の社会科学にみられるものは、断片化した発想による状況への埋没、それもジャーナリズムにとりあげられるトピックスへの追従である。（松下［1960 = 1969c: 248］）

政治行動への情熱と別の次元で、社会科学者の課題が設定されるのは、全体制構造におけるこのような国民運動の戦略配置の理論的分析とそれにともなう運動の指向性の理論的展望にある。もちろん政治参加という国民的権利と理論的分析という社会科学者の義務とは同一人格のなかに緊張をはらむが、この緊張へのかかわり方にこそ、社会科学者個人としての主体性があるはずである。緊張の喪失——状況への埋没は政治的俗物性と理論的不毛性の証明以外の何ものでもない。（松下［1960 = 1969c: 249-50］）

そうした状況への埋没に対する松下の批判の矛先は、大衆社会論が安保闘争によって破産したとか、それには修正が必要であるというような議論に向けられる。彼にとって、そのような論調は大衆社会論についてのステレオタイプ的な偏見であり、状況への埋没の典型的な例なのであった。

私の大衆社会論は、おおくの大衆社会論が指摘するような欧米における二〇世紀的問題状況の露呈ないし支配形態の変化を、独占段階における社会形態の変化によってうまれたものと位置づけることによって、逆に変革運動の現代的条件を理論化せんとするものであった……。このような段階論的問題提起によって、日本独占資本主義の戦後的変化を背景とするマス状況の露呈を理論化する準備作業をおこない、そこで日本の社会科学における今日的課題としての体制像の再構成という要請に答えんとしたものであった。（松下［1960 = 1969c: 250］）

このように述べることによって、松下は、「大衆社会論争」期における批判（例えば、「大衆社会論は、単に輸入された理論に過ぎず、日本の現状を分析していない」、「日本においては、いまだ新中間層は多数となっていない」、あるいは「大衆社会論は、一般民衆を蔑視するエリート理論である」等々というもの）と、安保闘争直後になされた議論（「もはや大衆ではなく市民である」というようなもの）の両方を批判したと言ってよい。彼は自らの大衆社会論を、個々の政治的事象を分析するものでなく、戦後日本社会の変容を理論化するための準備作業であったと位置づけるのである。

この意味からすれば、大衆社会論は破綻したどころか、それ以降の現代社会論の前提となるものであった。事実、一九六〇年代のあいだに、日本社会は急速に大衆社会化していった。池田内閣による所得倍増政策、および高度経済成長は、日本社会の急激な都市化をもたらし、また生活水準の向上による人々の保守化・私化をもたらした。そのような状況の下では、マルクス主義的な「階級闘争」はもはやリアリティを失った。むしろ、広義の都市問題――住環境の急速な悪化、自然破壊、道路・電気・上下水道といったインフラ整備の遅れ――が六〇年代には新たな政治的争点となっていった。このような都市問題は、当時の保守勢力も革新勢力も十分にイメージできないものであった。後に触れるように、松下は六〇年代後半およびそれ以降、こうした都市問題および「都市」そのものについて、議論するようになっていった。

松下は「大衆社会論の今日的位置」において、日本の急速な大衆社会化を、

Ⅰ　プロレタリア化の進行
Ⅱ　テクノロジーの発達
Ⅲ　形式民主主義の成立

という三つの社会形態の変化で説明した。と同時に彼は、そのような社会変化が日本全体で均等に起こっているのではなく、日本資本主義社会は「マス状況」と「ムラ状況」という矛盾した二重構造を持っていると指摘した。一方では、新中間層が増大し日本国憲法の民主的感覚が定着しつつある都市部において、マス状況が昂進した。このことは、安保闘争のような市民的抵抗を可能にすると同時に、そうした抵抗のエネルギーを適切に組織する政治的リーダーシップを欠く場合には、マス・デモクラシーへと退行するものであった。他方、農村においては、戦後の農地改革、農業の機械化、娯楽の浸透などによってその社会形態は急速に変貌しつつあるにもかかわらず、前近代的な行動様式や思考形式は根深く、封建的な人間関係に基づく伝統的政治は消滅していなかった。これが松下のいうムラ状況であり、それは保守政権に強固な地盤を提供しているのであった（松下［1960 = 1969c: 257-59］）。

松下にとってこの二重構造は、単に都市部が進んでいて農村が遅れている、ということを意味するものではなかった。なぜなら、マス状況にあるはずの都市部でも、ムラ状況は町内会を中心に強力に残存していたからである。都市にあっても、居住地域は体制権力のサブシステムとして組み込まれ、革新勢力は孤立したままであり、マス状況は街頭で展開されているにすぎない。さらにこうしたムラ状況は、労働者が未組織で低賃金である零細企業をも支配している（松下［1960 = 1969c: 259］）。

この二重構造は、明治維新も八・一五も上からの革命であったことから不可避であった。近代工業の確立が下からの農業革命をへることなく明治絶対主義国家官僚によって上から指導され、戦後改革も上からの革命ないし啓蒙によって準備されたことから、この二重構造が歴史的にもたらされている。今日のマス状況とムラ状況の二重構造は、日本近代史の歴史的特殊性の今日的帰結である。（松下［1960 = 1969c: 260］）

ゆえに松下は、体制改革の戦略はこのマス状況とムラ状況の両方を考慮するものでなければならない、と主張したのだった。

革新勢力の転換点

しかしながら、当時の革新勢力は、こうした二重構造に対処したとは言いがたい。労働運動の激化や安保闘争の盛り上がりにもかかわらず、日本社会党は岸退陣の後、自民党から政権を奪うことはできず、憲法改正を阻む国会の三分の一の議席を確保するのが精一杯であった。日本共産党もまた、個々の小さな闘争をリードすることはできたものの、安定した組織基盤を持っていなかった。それは、共産党を支持するかしないか、敵か味方か、という政治的態度によるところが大きかった。当時のいずれの革新政党も、「労働者階級イコール労働組合」、「職場闘争イコール組合闘争」という根深い思考回路のゆえに、労働組合以外の場所で人々を組織することができずにいた。結果として、一方では、各々の職場における組合闘争は孤立する傾向にあり、他方では、革新勢力は労働者の居住地域での組織化をムラ状況に阻まれ、自民党の支持基盤を崩すことはできなかった。

一九六〇年代前半、松下は多くの論考で繰り返し、以上のような革新政党の問題を分析していた（Cf. 松下［1962］［1965］）。ここでは、彼の「革新政治指導の課題」（一九六一年）を取り上げ、構造改革論に関する点、および革新政党の居住地域に根ざした活動を可能にする「地域民主主義」に関する点について、簡潔に検討してみたい。

まず第一に、松下は構造改革論の登場を、単に当時のイタリア共産党の議論の輸入ではなく、日本の革新勢力の政治指導の変容に関わる問題であると見ていた。社会主義運動の緊急の課題は、デモクラシーを「ブルジョア・デモクラシー」として拒否するのでなく「一般民主主義」としてその普遍的重要性を認めることであり、体制に対する「一般民主主義」を指導することによって社会主義への道を準備することである。そしてこの「一般民主主義」は、単にマス・デモクラシーに順応するに過ぎなかった従来の社会民主主義と同じであってはならない。ゆえに松下にとっては、「構造改革」という言葉を用いると否とに関わらず、また社会党や共産党の内部における構造改革論争の帰結に関わらず、そうした構造改革に関する議論が起こるような状況に日本はあるのであった（松下［1961: 157-60］）。

同時に、デモクラシーのエネルギーを社会主義の方向へと導くため、革新勢力は「マス状況」と

「ムラ状況」という二重構造に取り組む必要があった。ここで、第二の論点である松下の「地域民主主義」が登場する。社会党も共産党も、階級闘争と組合闘争を同一視し、階級政党を組合政党と見なす硬直した傾向性にあった。そのような革新政党は、労働者の居住地域における見るべき日常活動なしには、組合幹部によるプランに基づいて人々を動員することは不可能である。ゆえに、

……大企業組合がより「量」的に強くなればよりよい階級政党ができあがるという組合政党的な考え方を質的に転換しないかぎり、革新指導の新しい展望はでてこない。こうした左翼企業組合主義からの脱却の起点として、地域活動の重要性がうかびあがってくる。

ここで、一般民主主義のエネルギーの組織化をふまえるという革新指導の課題は、組合依存からの脱却という課題と交叉してくる。このことは、もちろん基幹産業を中心とする労働組合の意義を過小評価することではない。だが、そこには労働者階級イコール労働組合というこれまでの惰性的発想を克服して、労働者階級は「職場」組織としての労働組合と同時に「地域」組織としての居住組織をもつべきだという視点が、組織論的重要性をもって鋭くでてくるのである。（松下[1961: 164]、傍点は原文）

松下による「地域民主主義」の構想は、革新勢力の地域活動と同時に、地方自治体の改革へという展望を持っていた。一九六〇年代には、保守的な地方自治体と結んだ大企業が、地域総合開発や工場

誘致という形で急速に地方進出を進めていた。保守勢力は、独占資本と結びつくのみならず、旧中間層および地元有力者との根深い人間関係を通じて、町内会（と当時の部落会）を支配している。ゆえに自治体改革は、地域における保守陣営の影響力、および独占資本の、両方との対決を意味した。同時に、大企業の地方進出は、伝統的な地域社会の中にプロレタリアートを産み出し蓄積することとなり、ムラ状況を崩壊させる可能性を持つ。もしも革新勢力が、こうしたムラ状況の崩壊過程によって生み出される人々のエネルギーを有効に組織できなければ、そのエネルギーは地域有力者によって圧殺されるか、または都市部におけるようなマス状況に陥ってしまう。したがって革新運動は、職場闘争を越え、居住地域での組織確立を通じて、保守的な自治体の改革へと方向づけられなければならない、というのであった（松下［1961: 164-66］）。

一九六〇年代後半およびそれ以降、松下が一九六〇年代に造語した「地域民主主義」と「自治体改革」は、彼の政治学の主要な論点となっていく。松下は、六〇年代前半には、まだ何らかの形での社会主義革命（それも、大衆社会状況においてデモクラシーを「一般民主主義」と認めた上での）を描いていたようであるが、彼は徐々に、既成の革新勢力および狭義の社会主義からは距離を置くようになる。松下にとっては、いかに彼が繰り返し社会形態と労働者階級の意識の変化を指摘し、革新政治指導のあり方を批判しようと、日本社会党も日本共産党も、階級闘争を通じての革命に教条的に執着し続ける「オールド・レフト」だったのである。また、構造改革論も結局は両政党によって葬り去られた。六〇年代後半に至っては、松下は既成の「オールド・レフト」に見切りをつけたと言ってよいであろう。

二　「市民」的人間型と参加デモクラシー

松下による「市民」の構想

松下が、『思想』誌上に「『市民』的人間型の現代的可能性」（以下、「『市民』的人間型」論文、と表記）を発表したのは、一九六六年であった。後にこの論考は、安保闘争以降の「大衆から市民へ」というコンテクストにおける、松下の議論の転換点であるとしばしば見なされた。また実際、松下はこの論文の中で、公害反対運動やベトナム反戦運動といったさまざまな市民運動について言及している。しかし、この論文を一読してすぐに分ることは、彼が明らかに一九五〇年代の自身の大衆社会論の延長上で議論していることである。

まず松下は、「市民」という言葉が日本では広くなじんだ言葉になっていないことを指摘し、その理由として、ある時はそれが「町民」「村民」と同様に行政区画的な住民概念であり、またある時はそれが一九世紀的なプチ・ブルジョアジーないし小市民層を意味したことを挙げている（松下［1966＝1969c: 212-13］）。そして彼は、西欧における「市民」および「市民社会」という用語の歴史を振り返りつつ、市民を特殊ヨーロッパ的な歴史的実体としてでなく、一般的に「私的・公的自治活動をなしうる自発的人間型」と位置づけ、デモクラシーの前提をなす個人の政治的資質――「市民性」というエートス――として理解すべきであると主張した。そして、現代の問題は、マス・デモクラシーという前提の下でいかに市民的人間型を形成するかにあるというのである。「国民的政治参加における市民的自発性ないし階級運動における市民的自発性をいかに構築していくか、がまさに『市民』というかたちで問われているのである」（松下［1966 = 1969c: 213］）。

ここで松下が改めて強調したのは、「資本主義的疎外」と「大衆社会的疎外」という二重の疎外であった。前者は、工業化によって拡大する労働者階級によるデモクラシーの問題であり、後者は、資本主義・社会主義を問わずテクノロジーの発達による官僚統制・大衆操作、およびそれによるデモクラシーの空洞化の問題であった。この論文で松下は、二〇世紀「現代」政治の条件を明確に「工業化」と「民主化」と規定したが、しかしこうした定式化の前提にあったのが彼自身の大衆社会論であったことは言うまでもあるまい（松下［1966 = 1969c: 215-17］）。

しかも、「工業化」と「民主化」という松下の定式化と関係していたのは、「社会・主義《ソサエティズム》としての社会主義」という彼のマルクス理解であった。

かつて一九世紀において、労働者階級は、人倫の疎外態として政治的にも無であった。たしかにブルジョア革命のイデオロギーは、万人の「市民社会」を意図したが、実質的には資本家・地主すなわちブルジョアジーの支配をうちたてたにすぎなかった。社会主義理論は、あらためてプロレタリアートを主体とする、万人の「市民社会」の建設を意図して再出発した。……ついでマルクスも市民社会理論の正統の継承者として登場している。「ここ［＝共産主義社会］では、各個人の自由な発展が、すべての人々の自由な発展にとっての条件である」（『共産党宣言』――傍点は松下）。市民社会理論とおなじく「個人」と「社会」の予定調和をここにみることができるであろう。（松下［1966 = 1969c: 221］）

マルクスは、「ブルジョア国家」を粉砕しプロレタリア独裁を確立することで、プロレタリア「市民社会」を実現しようとした。だが、マルクスの社会主義は、「市民社会」の構想を基盤としていた。すなわち、（一）政治国家に対立ないし自立する経済社会、としての市民社会、および（二）自由・平等で理性的な個人の自発的結合ないし予定調和、という市民社会の構想である。こうした市民社会の実現の基盤として、マルクスは、プロレタリアートによる生産手段の民主的コントロール（あるいは、生産手段の私的所有の廃止）を強調した（松下［1966 = 1969c: 214, 221］）。――このような松下によるマルクス理解は、すでに検討した彼の「市民政治理論」に関する議論の場合と、同じものである。

「社会・主義」は「市民政治理論」の正統な後継者であるという議論、および、労働者階級の社会形態が一九世紀と二〇世紀とでは変化したという議論――これら、自身の大衆社会論を引き継いで、松下はこの「『市民』的人間型」論文で、社会主義の課題をデモクラシー擁護であると主張した。

……先進資本主義諸国において民主主義の形骸化、ファシズム化の危機を絶えず内包している今日、労働者階級の市民的自発性を制度的に保障するいわゆる形式民主主義の確保が、社会主義の主要な戦略課題となっている。ファシズムの洗礼をうけた現在、かつては「ブルジョア民主主義」として「形式的」なるがゆえに軽視されていた形式民主主義は、「形式的」なるがゆえに逆に重要視され、これが先進資本主義国社会主義運動において「一般民主主義」論の展開となったのである。いわば今日の「階級意識」は貧困をバネとすることから市民的自発性をバネとするものへと変化しつつあり、したがって政治指導ないし変革理論自体も変容しなければならない。（松下［1966 = 1969c: 220-21］）

松下はさらに続けて、日本の革新運動について言及する。

今日の日本における護憲を中心とする平和と民主主義の運動は、まさにこの意味で社会主義的革新指導の現代的形態への転換といわなければならない。逆にいえば、平和と民主主義の運動は、反帝ないし革命の手段ではないのである。むしろ反帝ないし革命は、平和と民主主義の運動の政治的帰結であり、また平和と民主主義を前提とするがゆえに広汎な階級連合の戦略展望がむすびつくのである。（松下［1966 = 1969c: 221］）

このように、「一般民主主義」のなかに社会主義を位置づけようとする松下の考えは、彼の大衆社会論における「国民統一戦線型人民デモクラシー」の構想と同一であった。

ゆえに、松下の「『市民』的人間型」論文は、一九五〇年代の大衆社会論および市民政治理論の基本的なパラダイムを再確認する内容であったと言うことができる。彼は、「もはや大衆（社会）ではなく市民（社会）」という議論を展開したのではなく、むしろ大衆社会状況が、日本において市民的自発性を実現させようとする際の所与の前提であると考えていたのである。松下の大衆社会論は、社会の形態に関する議論であり、彼は繰り返し、受動性や非合理性が大衆に本質的な属性であるとする考え方を拒否していた。彼の〈大衆〉概念は、実体的でもなければ単に記述的なのでもなく、社会形態学的な「状況概念」であるとされていたのである（松下［1959b = 1969c: 285］）。それと同様に、ここでの「市民」もまた、人間「型」であった。松下の議論は、〈大衆〉とは異なる市民についてではなかった。そうではなく、二〇世紀のマス・デモクラシーは、市民を実現させる場合の現代的条件なのであった。このような論理は、労働運動や平和運動を可能ならしめるのが大衆社会状況であり、人々は〈大衆〉という形態を持った労働者「階級」であり得る、という松下の大衆社会論における論理と同様のものであったと言ってよい。

一九五〇年代の松下大衆社会論が、〈大衆〉およびマス・デモクラシーの負の側面に力点を置いていたことは、確かに事実かもしれない。そして六〇年代に彼は、「市民的自発性」や市民の活動・参加を強調することで、その論調を変えたと言えなくもない。にもかかわらず、彼の理論が五〇～六〇年代を通じて、階級にせよ大衆にせよ市民にせよ、それらを何か本質的な属性を持った実体として見なすことのない、社会形態学であったことは、確認されなければならない。

参加・自治・分権化

松下のいう「市民的自発性」には、二つの側面があった。一つには、悪政に対する「抵抗」の側面と、もう一つには、参加を通じての「自治」の側面である。彼は、社会主義および「国民統一戦線型人民デモクラシー」を、二重の疎外に対する「抵抗」という観点から構想したと言えよう。「抵抗」は、戦後日本の左翼的雰囲気の中では一般的に、階級闘争のアナロジーで理解され、「反体制」であることが「進歩的」であると容易に同一視されたであろう。しかしながら、松下が都市問題の深刻さを認識した一九六〇年代中葉においては、彼は階級闘争にではなく、市民による参加・自治に力点を置いた。このことは、単にマス・デモクラシーにおける政治参加の問題に直結するのみならず、市民の有意味な参加が可能となる政治単位すなわち自治体の改革、および分権化の問題にも結びつくものであった。このような構想は、やはり日本版の参加デモクラシー論であったと言うことができよう。松下にとっては、参加・自治・分権化は、高度に工業化した民主諸国に共通のイシューなのであった。

松下は「『市民』的人間型」論文において、市民的自由を以下のように設定した。(2)

Ⅰ　権力からの自由

（a）個人が自由に行動しうる政治空間を一定のルールによって外的抑圧から保障し（法治原理）、

（b）この空間における個人の自治を実現し（個人自由）、

（c）この空間が侵されたときには個人が抵抗しうる権利を留保する（抵抗権）。

Ⅱ　権力への自由
　政治空間の保障の政治的制度化への参加（参政権）。

松下にとって市民的自由の中軸は、Ⅰの「権力からの自由」、ことに（c）「権力への抵抗」であった。なぜなら「市民的自由は、現代においては、専制政治よりも大衆操作的擬似民主政治への抵抗としてもっとも鋭くその現代的意義があるため」であった。ゆえに、市民的自由を保障するための現代的戦略は、市民レベルで以下のようなものでなければならなかった（松下［1966 = 1969c: 217］）。

Ⅰ　大衆組織の自発性の拡大と情報源の多元化による批判力の増大――結社・言論の自由
Ⅱ　地域・職域における自治の拡大
Ⅲ　政策・政党選択への参加

そして問題は、一九六〇年代中葉の日本の革新運動の内部において、「闘う労働者」イメージと「自発的市民」イメージというように、人間型が分裂していることであった。主導的階級としての労働者階級は、労働条件の向上のみならず、平和運動（反戦・原水禁・基地反対など）、民主主義運動（護憲・自治体改革）、国民生活擁護運動（社会保障・物価・公害）に取り組む必要があったにもかかわらず、「労働者階級イコール労働組合イコール職場闘争」という根深い発想のために、既成の革新政治指導は市民的自発性による多様な市民運動・市民組織を否定ないし無視する傾向性にあった（松下［1966＝1969c: 224-225］）。松下は、「闘う労働者」と「自発的市民」の双方に欠落しているのは自治体レベルでの政治参加であると指摘し、市民の政治参加の原型は自治体活動でなければならないと述べた（松下［1966＝1969c: 225］）。

こうして、松下の市民に関する議論は、労働運動や伝統的な革新運動から、デモクラシーのより一般的な問題へとシフトしていった。すなわち、市民の抵抗や自治を実質的なものとする「分権化」の問題である。『「市民」的人間型』論文の後、彼は参加デモクラシーに関して、「戦後民主主義の危機と転機」（一九六八年）および「直接民主主義の論理と社会分権」（一九六九年）という二つの論文を発表した。ここで松下の念頭にあったのは、世界的な学生の反乱、ベトナム反戦運動、チェコ事件などであったが、しかしこれらの論文は単なるそうした時事問題へのコメントではなく、市民による直接デモクラシーに関する理論的なものであった。彼は、戦後日本のデモクラシーの転機を示すものとして、二つの兆候を指摘した。

一つは、一九六八～六九年頃に激化した日本の学生運動である。この時期、急進的な学生たちにとっては、日本社会党も日本共産党も、革新政党などではなく既成〝保守〟政党であり、信頼するに足るものではなかった。そして、大学教授もまた、多くが親マルクス主義的であり、社会党か共産党のいずれかのシンパである傾向があったにもかかわらず、学生の目には権威主義的と映り、これまた批判の対象となった。松下にとって大学の危機は、教授会自治を中心とする伝統的な大学自治から、教授・学生・職員も参加した「複合自治」への転換過程であると捉えられた（松下［1968 = 1969c: 266］［1969b = 1969c: 202］）。学生の要求は、大学および大学生の数の急速な増加という当時のコンテクストにおける、学生の大学における直接デモクラシーの要求なのであった（松下［1968 = 1969c: 267］）。

もう一つは、革新自治体の叢生である。これは、地域保守政治の腐敗、新憲法体制の確立、社会の急激な都市化・工業化を背景に現れたものであった。こうした革新自治体の出現は、日本社会の底辺から民主化が始まった証であり、また保守対革新という図式を超えて、都市の「マス状況」において政治社会の主たるイシューが「参加」「自治」となりつつある――と松下の目に映っていたと言ってよいであろう（松下［1968 = 1969c: 267］）。

ここで指摘しておくべきは、「市民的自発性」に基づく松下の直接デモクラシーの構想が、「社会分権」への要求をともなっていたことである。

> こうして現在、政府が、議会多数決という論理を正統化原理として、国民の直接民主主義的自治に〈国家主権〉的に介入しうるという体制思想がヘゲモニーをにぎっていくか、それとも自治体、大学から労働組合、職業団体などの大衆組織、それに街頭をふくむ多様な行動委員会の活動が、直接民主主義的自治の理論を貫徹して民主主義の分節化をうみだし〈社会分権〉を確立しうるかという局面に、われわれは立たされることになったのである。（松下［1969b = 1969c: 202］）

議会への一票・選挙にのみ集約されるのではなく、底辺から分節化される民主主義という展望がうみだされつつあるといってよいだろう。（松下［1969b = 1969c: 203］）

松下は、このように社会分権をともなう直接デモクラシーを、「分節民主主義」あるいは「社会分権的直接民主主義（直接民主主義的社会分権）」と呼んだ。彼にとっては、この「分節民主主義」の思想は、当時の欧米のニュー・レフトと共通するデモクラシー思想の構造転換であった。欧米の場合、草の根民主主義やコミューンといった伝統への回帰という性格がある一方、下からの革命を経験していない日本においては「社会分権的直接民主主義」の形成は新しい思想革命を意味している、というのであった（松下［1969b = 1969c: 203］）。

三　「大衆社会」から「都市型社会」へ

松下は一九六〇年代、「大衆社会」よりも「マス状況」という言葉を多用した。そしてやがて彼は、「大衆社会」の替わりに「都市型社会」という言葉を用いるようになっていく。彼によれば、「大衆社会」という言葉にはどうしても「大衆対エリート」というイメージがつきまとうため、それを避けるために一九七〇年代後半に「都市型社会」と言い換えたというのである。確かに七〇年代には、日本における農村の人口が減少し、いわゆる「ムラ状況」が解消すると同時に「マス状況」が一般化しつつあった。ここで松下が、「大衆社会」から「都市型社会」へと議論を移したことは、彼が大衆社会論を放棄したことを意味しない。彼の「大衆社会」が社会形態の概念であったがゆえに、彼は、資本主義・社会主義を問わず二〇世紀「現代」政治の条件は「農村型社会から都市型社会へ」という変容にある、とする自身のパラダイムを変更することなく、「大衆社会」を「都市型社会」へと読み替えることができたのである（松下［1994: 493］）。一九六〇年代後半から七〇年代にかけて、松下の政治理論は主に、工業化の結果としての「都市型社会」における参加と自治に関する議論となっていった。

事実、高度経済成長の時期であった一九六〇年代、日本社会は急速に都市化した。松下が問題としたのは、日本の社会科学も政府もともに、いわゆる「都市問題」を把握する準拠枠組みを持たないことであった。ヨーロッパ思想においては伝統的に「都市」の理念があり、また西洋諸国では一九世紀から二〇世紀にかけての工業化の時代に、都市問題に関する議論の蓄積がなされた一方で、日本では都市政策の必要性が認識されだしたのはようやく一九六〇年代初頭なのであった（松下［1971b: 1-20］）。

都市と社会主義

それではここで、当時の松下が社会主義をどのように考えていたかを探るために、彼の論文「都市と現代社会主義」（一九六九年）を簡潔に検討してみたい。この論文で彼は明確に、大衆社会論以来の社会主義に関する構想を示している。すなわち、社会主義は「一般民主主義」の中に位置づけられなければならないというのである。ここで松下は、スターリン批判、イタリア共産党の構造改革論、中イ論争、チェコ事件など一連の社会主義陣営内での出来事に触れ、それらに共通する問題が「社会主義思想ないし運動における市民的自由ないし一般民主主義」であると主張した（松下［1969a＝1971a: 228］）。彼が強調したのは、現代の社会形態としての都市改革こそ、社会主義政党のもっとも先鋭的な活動分野でなければならないということだった。なぜなら、

……今日、資本主義・社会主義をとわず、工業化の進行過程において、農業社会から工業社会への急速な移行がみられる。ほぼ農民人口が、四〇％を切った段階で工業社会への「移行」とみ、一〇％をきった段階をその「成熟」とみてよいであろう。とすれば日本、ソ連、東欧はまさに中進国としてこの移行・成熟過程の真只中にあるとみてよいだろう。この工業化の成熟過程においては、人口のプロレタリア化の加速化、ならびに大量生産・大量交通を中心とするテクノロジーの発達がみられ、社会形態ないし生活様式の激変をうみだす。今日都市化といわれる問題点がこれである。しかも人口の急激な都市への集中は、都市設備のたちおくれをもたらし、ここに住宅・交通問題をはじめとし、貧困・公害をもふくむ都市問題の激化をみることになる。都市問題はこれまで資本主義社会に固有な現代的矛盾というかたちで理論的に位置づけられてきたが、都市問題は工業化の成熟過程において資本主義・社会主義を問わず激化する。ただこの都市問題の計画的解決の可能性の差異として資本主義・社会主義の体制問題がとりあげられるべきである。こうして、今日、社会主義思想ないし運動もまた、都市問題との対決——さらには都市改革への展

望をもたなければならなくなったのである。（松下［1969a = 1971a: 229-30］）

したがって、政治過程における一般民主主義、経済構造における計画経済、社会形態における都市改革という新しい課題が、社会主義の創造性の試金石となっているというのである（松下［1969a = 1971a: 230］）。

松下は以下のように続ける。都市労働者より農民の人口が多い時代には、労働者階級の運動は労働組合運動に限定され、特にそれが社会主義理論や政党に特殊な意義をもっていた。しかし今や労働者階級は、「市民的自発性」を持ち得る条件――義務教育による教養水準の上昇、余暇の増大、政治的権利としての選挙権の実質化、マスコミの発達、言論の自由、複数政党制、情報の多元的供給、等々――を獲得した。しかも労働者階級の多数は、多様な批判的情報・批判的組織が存在する自由な生活圏としての都市に密集している。都市における運動の主体は、狭義の労働者階級だけでなく主婦や学生をも含んでいる。ゆえに、社会主義理論や社会主義政党は、経済次元での労働組合運動のみならず、政治次元における自治体活動から、平和とデモクラシーのための国民運動に至るまでの、多様な方向をその視野に入れなければならなくなったのである（松下［1969a = 1971a: 234-36］）。

一方では労働組合は、企業ないし職場における直接デモクラシー、労働者階級による自主的生産管理を追求する必要がある。しかし他方、労働者階級は個人としては、労働組合の枠を離れて自由な市民として、広範な政治活動を現実に行い得る（松下［1969a = 1971a: 236-37］）。しかも、都市改革は中央政府レベルのみならず自治体レベルでも取り組まれなければならない以上、自治体改革と労働運動は対立せしめられるべきではない。したがって「都市市民としての労働者個々人は、自治体改革ないし都市改革にあたっては、自発的一市民として地域市民組織に参加していくべきであり、自治体は階級・階層分化を代表するものではなく、地域における民主的普遍性を代表しなければならない」（松下［1969a ＝ 1971a: 241］）。――このように松下は、社会主義を都市型社会における参加デモクラシーと見なしたと言ってよく、そこでは市民は、中央政府から自立的・自発的に自治体（地方政府）に参加するものと考えられていた。

「シビル・ミニマム」の構想

以上のような議論の帰結が、松下の「シビル・ミニマム」の構想であった。「シビル・ミニマム」とは、英国のベヴァリッジ報告における「ナショナル・ミニマム」からヒントを得て、松下自身を含む自治体問題の専門家たちが一九六五年頃に作り出した造語である。この言葉は、当時の美濃部東京都知事が一九六八年に「東京都中期計画」の理論的枠組みとして使用して以来、注目を浴びるようになった。松下は、「自治体を中央政府のたんなる下請機構としてとらえ、この下級権力機構にたいする闘争という観点ではなく、中央政府による体制的制約を認めながらも、なお市民の地域民主主義的活力を基礎に、自治体の政治的自立性をいかに実現するかという観点から、このシビル・ミニマムという発想がうまれた」という事実が重要であると強調した（松下［1970 ＝ 1971a: 272-73］）。

それでは、シビル・ミニマムとは何か。松下の論文「シビル・ミニマムの思想」（一九七〇年）によれば、シビル・ミニマムとは二重の意味を持つ現代の「都市生活基準」であるという。その二重の意味の第一は、工業社会ないし都市に住む市民の現代的な「生活権」である。都市生活水準の上昇のためには、都市労働者の賃金の上昇が不可欠ではあるが、しかし企業ごとの労働組合による賃上げ闘争は、日本におけるシビル・ミニマム（すべての市民対象）あるいはナショナル・ミニマム（すべての国民対象）の直接の保障にはならない。なぜなら、そうした賃金上昇は大企業の利潤分配として行なわれ、養老年金や健康保険、住宅建設なども、企業ごとの福祉政策に組み込まれてしまうためである。しかも、賃金上昇の結果、日本では都市のスプロール現象が誘発され、自動車の増加が交通問題・公害問題に拍車をかけて生活環境を悪化させている。このように、賃金上昇は生活構造の改革と直接結びつかない。「ここに従来の日本の革新理論が想定もしなかったような意味で、日本の企業労働組合が国民的責任をにないえなくなっているという問題がでているのである」（松下［1970 = 1971a: 273, 275-76］）。ゆえに、社会保障（養老年金、健康保険、失業保険など）、社会資本（住宅、交通通信、電気ガス、上下水道、公園、学校など）、社会保健（公衆衛生、食品衛生、公害規制など）が公共的に拡充されなければならない。松下にとっては、これが、シビル・ミニマムが提起されなければならない理由であった（松下［1970 = 1971a: 276-77］）。

シビル・ミニマムの二重の意味のもう一つは、自治体の「政策公準」である。松下は、基礎的自治体としての市町村の課題として、

Ⅰ　地域における直接民主主義を実現し、市民内部に統治能力を育成すること
Ⅱ　市民の生活を保障し、その基準としてシビル・ミニマムを確立すること
Ⅲ　地域生産力を拡大しながら都市改造、農村改造を実現していくこと
Ⅳ　自治権を拡大して中央政府を逆に制約し、社会分権の中核組織として自治体を再生させること
Ⅴ　自治体機構を改革し民主的能率化をおこなうこと

という五つを挙げ、シビル・ミニマムがこのうちの第二の課題に対応するものとしている（松下［1970＝1971a: 273-74］）。松下がナショナル・ミニマムからシビル・ミニマムを自立させたのは、それを自治・分権化・参加デモクラシーの中に位置づけていたからである。

……自治体が、それぞれの自治体の特殊性を反映しながら、独自に都市生活システムの公準としてシビル・ミニマムを設定し、自治体におけるそれぞれ独自のシビル・ミニマムの実現が、自治体相互に波及効果をもたらすとともに、その結果として国民生活システムの公準としてのナショナル・ミニマムを国民自体が自主的に押上げていくという政治効果がそこで追求されているのである。（松下［1970＝1971a: 275］）

以上のような二重の意味を持つ松下のシビル・ミニマムは、一方では、明治以来の官僚主導の中央

集権的政治の伝統に対する、直接デモクラシーの構想であったと言える。つまり、シビル・ミニマムが、地域の権威によって決定されてしまい、人々に対して単に上から与えられるようなものであってはならず、人々が自ら市民として、シビル・ミニマムの決定過程に参加しなければならない、という構想である。松下の「地域民主主義」の理念は、そうした市民参加のためにいかに自治体を改革するかに関するものであった。その上、彼は、生活権が充足されない場合には抵抗権が発動できるという発想が重要であると主張した。なぜなら、生活権は、工業社会および都市型社会における「自然権」と理解されるべきだからである。抵抗権は、シビル・ミニマムに基づく市民の請求権として制度化されなければならないというのである（松下［1970 = 1971a: 278］）。ここにもまた、松下の一九五〇年代のロック研究に基づく、下からのデモクラシーという構想が見て取れるのである。

また他方、シビル・ミニマムは、公害と生活環境の破壊をもたらす大企業主導の高度経済成長に対して、人々の生活を擁護する現代社会主義の構想でもあった。松下は、シビル・ミニマムをさらに説明するために、「市民政治理論」で展開したのと同様の「社会・主義《ソサエティズム》」論を示した。

社会主義思想は個人自立の思想である。マルクスの共産（コンミューン）主義もまた、実に「個人の自由が相互の自由の条件」（『共産党宣言』）でありうるような個人自立を前提として、個人と社会が予定調和する社会（ソサエティ）主義であった。しかも工業化の深化にともなって社会分業が拡大し、都市が全般的生活様式となった工業社会における社会主義は、「自由の王国」である個人自立の物質的基礎としての「必要の王国」におけるシビル・ミニマムの確立なくしてはありえない。賃金プラス社会保障・社会資本・社会保健の水準上昇なくしては、コンミューン論ないし疎外論も空転するのみである。生産力の増大がもたらす市民的自発性と、科学を前提としたシビル・ミニマムの保障あるいは基準上昇を追求することによって、はじめて哲学は政策となることを見逃してはならない。（松下［1970＝1971a: 300］）

ここで松下は、マルクス的な用語である「必要の王国」「自由の王国」を用いている。松下にとって、シビル・ミニマムは「必要の王国」の最低限の保障であり、画一的なシビル・マキシマムは不必要であった。なぜなら、シビル・ミニマムをこえる生活欲求、生活理想、文化価値については、ルールが確保されるかぎり「自由の王国」（すなわち個人自立の領域）に委ねられるべきだからである。この点を明確にしない限り、「シビル・ミニマムの保障は国家による受益意識の培養、したがって市民的自発性の融解をもたらし」、個人は大衆操作の対象となる（松下［1970＝1971a: 296-97］）。むしろシビル・ミニマムは、「自治体改革による生活条件の自主管理の思想」と理解されるべきであり、ここに現代社会主義の役割がある、というのである（松下［1970＝1971a: 300］）。

以上の議論で、一九六〇年代の松下の諸議論が、必ずしも「大衆（社会）から市民（社会）へ」という転換ではなかったということが、明らかになったであろう。むしろそれらの諸議論は、五〇年代の彼の市民政治理論および大衆社会論を基礎とした上に成り立っているものであった。松下は、その大衆社会論で展開した、二〇世紀の社会形態に関する複雑な議論を、六〇年代には「工業化」と「民主化」という二つの次元に定式化し、さらに七〇年代には「大衆社会」を「都市型社会」へと読み替えた。そこに松下の議論の転回を見るならば、それは「大衆（論）から市民（論）へ」ではなくむしろ「階級（論）から市民（論）」というべきであろう。彼は繰り返し、「一般民主主義」を前提とした社会主義（すなわち「社会・主義《ソサエティズム》」）の理念を述べ、労働組合主義から抜け出せない当時の革新政党を批判していたからである。そして、彼にとっては、都市型社会における社会主義の実現は、シビル・ミニマムの設定への市民参加を可能にするような自治体改革を通じてなされるものであった。

　工業化と民主化を基盤とする都市型社会、という松下の考えは、彼の今日の政治理論の基礎となっている。資本主義と社会主義に共通する社会形態としての都市型社会、という松下の提起は、一九六〇年代のアメリカ社会学などで提唱されたいわゆる収斂理論の一種と見ることも、不可能ではないだろう（もっとも松下自身は「イデオロギーの終焉」を主張してはいなかったが）。ここで、六〇年代後半に提起されたポスト工業社会論との関連で、松下の「工業社会」の理念を確認しておくのも有用であろう。松下は、「ポスト工業（または産業）社会」という言葉を用いてはいない。彼の『シビル・ミニマムの思想』の「あとがき」から引用してみよう。

　なお私のいう「工業社会」とは、社会システムが総体として工業原理によって組織される社会であって、文明開始以来五〇〇〇年の歴史をもつ農業社会と対比される概念である。私の工業社会論においては、情報社会論や超工業社会論で主張されるように、工業をいわゆる第二次産業としてのみ理解しているのではない。むしろ工業社会を、本来の工業としての第二次産業のみならず、第一次産業、第三次産業もようやく工業原理によって組織されはじめるという、工業の成熟段階としてとらえている。いわゆる情報産業も情報操作の工業化の進行を意味するにすぎないし、農業の工業化もまだはじまったばかりだからである。（松下［1971a: 386-87］）

そして、情報社会もポスト工業社会も、工業社会の成熟段階であると見る松下の考えは、一九九〇年代も変らなかったようである（Cf. 松下［1994］［1998］）。

また、管理社会という問題について、松下は「大衆社会と管理社会」（一九六九年）において、それが基本的に大衆社会論の射程の中で捉えられるものだと述べている。組織社会、都市社会、消費社会、豊富社会、情報社会、管理社会、等々という概念は、それぞれ大衆社会の現れ方の一つあるいは特定の局面の抽出に過ぎない。「工業化・民主化がすすんで伝統的な社会的規制、すなわち身分的共同体的な規制が崩壊し、プロレタリア化した人口が増え、社会的流動性が拡大していく現代の工業社会は、必然的に、ビューロクラティックに組織されざるをえない社会」なのであり、大衆社会論の公式の中に、官僚制の問題や組織社会という概念を含んでいるというのである（松下［1969e: 41］）。確かに、松下自身の大衆社会論においても、また本書第一章で述べた欧米の大衆社会論（例えばマンハイム）においても、官僚制や合理化の問題はその理論の射程の中に入っていた。ゆえに松下にとっては、大衆社会論と区別される新しい理論としての管理社会論は想定され得なかったのであろう。

いずれにしても、一九五〇年代の大衆社会論以来、松下の政治理論の理論構造は変わらなかった。もっとも、彼の社会主義に対するスタンスは六〇年代に変化を見せたようである。五〇年代には、松下は「資本主義的経済構造と大衆社会的社会形態という二重の《鉄鎖》を社会主義へむけて突破すべく、《自由》の現代的条件の理論化をこころみ」ていた（松下［1959b = 1969c: 6］）。その意味では、『現代政治の条件』は、大衆社会における社会主義革命の条件を考察したものと言えるかもしれない（Cf. 田口［2001: 308-12］）。保守勢力および大企業のいわゆる「独占資本」によるむき出しの「逆コース」の時期には、彼は日本のデモクラシーの危機を深刻に感じていたであろう。それに対して、高度経済成長による「豊かな社会」の時期にあっては、彼の関心は、市民参加、自治、悪政への抵抗へと移っていった。にもかかわらず、松下のいう社会主義が、マルクス主義的な狭義の階級闘争ではなく、プロレタリア「市民社会」としての「社会・主義《ソサエティズム》」であり、シビル・ミニマムもまたその追求であったことは、改めて確認しておくべき点であろう。

第三節　一九八〇年代の大衆社会論

一　経済的繁栄と保守化

日本型大衆社会

それでは、一九六〇年代から七〇年代にかけて、日本社会に「市民」と呼ばれる層が定着したと言えるのだろうか。この問いに答えるのは決して容易ではない。しかし、少なくとも指摘できるのは、一九七〇年代に定着したのは、「市民」の社会であるというよりも、日本型大衆社会――「マイホーム主義」と形容されたり、後に「生活保守主義」等と呼ばれることになる社会――であったということだろう。この日本型大衆社会は、人々が豊かな社会と高学歴を享受する安定した社会であり、群集心理に支配された非合理的な大衆による不安定な大衆社会というタイプとは異なる社会であった(3)。

経済的な繁栄の時代を迎え、人々は保守対革新といったイデオロギー対立の政治には関心を示さなくなった。むしろ、保守政党にも革新政党にも信頼を置かないいわゆる「無党派層」が増大しつつあった。しかしながら、「無党派層」と呼ばれた人々は、必ずしも活動的な「市民」であるとは限らなかった。支持政党なしということが、容易に政治そのものへのアパシーにもつながりかねなかったからである。一九六〇年代の知識人は、デモクラシーを支える「根もと」として、一般人の日常感覚が重要であると述べたが、しかしそうした一般人の私化したエゴセントリズムが、かえって市民運動や住民運動への関心を失わせ、特定の党派から自立的であるということがむしろ、政治や公的問題への無関心を強める機能を果たしすらしたことも否定できない。

一九七〇年代以降、政治的・経済的・官僚制的権力は依然として東京に一極集中している中で、人々にとっては一般的に、政治というものは政治家や官僚によってすべて決定されてしまうものであったし、いかなる選挙結果も、自民党の勝利が事前に分かってしまっているものであった。当時の野党もまた、政権を担った経験がないゆえにその政策担当能力には信頼の置けないものであった。要するに「政治は変らない」ものであった、と言ってよいであろう。こうした感覚は、ちょうど丸山眞男が「既成事実への屈服」と呼んだもの——「現実だから仕方がない」の一言で所与の状況を受け容れてしまう日本人の運命論的傾向性——そのままであるようにも見える（丸山［1964: 172-73］）。しかしながら、そのような感覚は、「豊かな社会」を背景にしたものであったため、一九八〇年代には、「日々の快適な日常生活を失いたくない」との保守的感覚が支配的になった。すなわち、現実を消極的に受容するのでなく、むしろ、経済的繁栄によるナショナリズムと結びついて、消費社会の現状を積極的に肯定する感覚も定着したと言えるかもしれない。

ゆえに、大衆社会論で議論となったマス・デモクラシーの負の側面、特に「私化による公的関心の喪失」は、一九七〇年代以降には常態化したと言える。その時代には、日本社会が、大衆消費社会という意味での大衆社会であるということは、事実の問題となっていた。自発的「市民」の存在は、大都市のような限られた社会でのみ見出せるか、または、人々の快適な日常生活を直接的に脅かすような何かが起こった時にそれに反対する、という一時的なものに過ぎないかであった。

以上のことは、戦後日本において支配的であった左翼的言説が急速に影響力を失っていったこととパラレルであろう。マルクス主義的な階級理論の凋落は、一九七〇年代を通じて明らかであった（大学などでは一九八〇年代に入ってからも、マルクス経済学が講じられてはいたものの）[4]。他方、「市民」論もまた、その影響力は限定的であり、全国的規模で自発的・活動的「市民」を実現させるに至ったとは言えなかった。例えば、松下圭一は一九八〇年代半ばに市民文化について論じているが、その理論的構成は彼による一九五〇～六〇年代のものと基本的に変っておらず、しかも彼自身、「市民」は実現したのではなく、将来への期待概念にとどまっていると指摘した。つまり、「市民」の登場に対応する都市型社会が日本では成熟したものの、しかし「市民」そのものの成熟にはさらに三〇年を要するであろうというのである（松下［1985］）。

「新中間大衆」

マルクス主義的概念である「階級」と、ネガティヴな「大衆」とに取って代わったのは、村上泰亮が一九八〇年代に「新中間大衆《ニュー・ミドル・マス》」と呼んだものであったと言える。村上はこの用語で、日本人の約九割が自らを中流階級と位置づけたこと、および一九七〇年代後半以降に人々が保守化して自民党支持率が上昇したこと（いわゆる「保守回帰」）を説明しようと試みた。村上が言うには、高度に発達した産業社会――それはまたしばしばポスト産業社会と呼ばれる――においては、伝統的な近代産業社会における社会階層が消滅する。社会の階層構造が流動化した豊かな社会にあっては、いわゆる中間階級はもはや、上層階級や下層階級から明確に区別できるものではなくなり、ホワイト・カラー労働者とブルー・カラー労働者と農民との生活スタイルが似てくるために、中間階級は独立した階級としての明確な輪郭を失ってくる。このような膨大な中間階級は、かつての明確に階層化されていた社会における中間階級とも異なれば、従来の大衆社会論が想定したような、エリートに対して劣っている者としての大衆とも異なる――というのである。ゆえに村上は、容易に把握できないこうした膨大な中間集団を表現するために、「新中間大衆」という概念を導入したのである（村上［1987: 第四章］、cf. 村上［1997］）。

このような日本の「新中間大衆」は、物質的な生活に満足しており、豊かな社会が変化しないことを望んでいたと言える。このような、一九八〇年代に見られた保守的なメンタリティは、戦後直後や一九五〇年代にしばしば指摘されたような、前近代的・封建的・従属的・権威主義的という意味での保守的メンタリティとは異なるものであった。「管理社会」における画一化の一方で、人々の私的消費における嗜好は多様化し、その次元においては、単純に「人それぞれ」ということで、言わば「価値判断の通約不可能性」を強調する傾向があった。政治的には、人々は保守化して社会の変動を嫌い、公的問題には関心を示さない。経済的には、豊かな社会が肯定され、人々は私生活を楽しみ、私的消費者として多様な趣味やレジャーを追求する――というのが、概して一九八〇年代日本社会の性格であった。

結果として、一九八〇年代には、一九四〇年代後半から五〇年代にかけての戦後日本の社会科学における主要な議論は、時代にそぐわないものと考えられ始めた。単にマルクス主義的な階級社会論がその影響力を失ったというのみならず、近代的個人が日本社会に欠落していると強調してきたいわゆる「戦後啓蒙」「近代主義」もまた、戦後直後の産物に過ぎないと見なされるようになった。その一方で、「大衆」および「大衆社会」という言葉は、ほぼ「大衆消費社会」という意味で定着しつつあったようにも見える。それらを背景として、一九八〇年代前半から半ばにかけて、「大衆」「大衆社会」に関する議論が再び現れるようになる。それらの議論には実に多くの論点が含まれてはいたが、あえて乱暴に整理するならば、そこには二つの視点があったと考えられる。ひとつは、現代日本社会は「多元社会」であるというものであり、もうひとつはむしろ「画一化社会」であるというものである。

前者の、「多元社会」であるとする立場は、その社会を肯定的に見るか否定的に見るかはともあれ、日本社会は多元的であるということを強調した。現代社会を肯定的に見る視点からすれば、経済的繁栄を誇る日本社会は、多様な個性を持った個人が私的自由を謳歌している時代を迎えている。こうした立場に立てば、中央集権的な国家権力や独占資本的大企業が一切の決定をしてしまっているというのは真実ではないということになり、そこではマルクス主義的な階級社会論やミルズのような「パワー・エリート」という視点は放棄された。逆に、現代日本社会の持つ多元性をネガティヴなものとして見る立場にとっては、自己中心的となった人々が価値観を喪失しているのが現代社会なのであった。すなわち、多元社会とは要するにバラバラな社会であり、私化した人々の間で共有できる価値観が失われた社会だというのである。

他方、「画一化社会」であるという視点からすれば、言うまでもなく現代社会はネガティヴなものであった。この視点にも、いくつかの立場が考えられる。まず、日本は、高度なテクノロジーを通じて官僚制に支配される、中央集権的な「管理社会」である、との立場である。ここでは、問われるべきは、第一には、福祉国家が人々の私的領域に介入することを通じて、社会のあらゆる領域が政治化されてしまう点であり、第二には、私化と自己中心性によって人々が画一化し、公的関心を失ってしまう点であった。また、いわゆる「戦後啓蒙」の思想家たちと同様の視点を持つ、別の立場もあった。すなわち、自律した個人の欠落、封建主義的メンタリティ、等々といった伝統的な諸問題が、今だに残っているとする立場である。もっともこのような視点は、日本はすでに「近代化」したのだとする雰囲気の中で、消えつつあったことも事実であろうが。

以上が、一九八〇年代に大衆・大衆社会に関する議論が再び復活した、知的コンテクストであったと言える。八〇年代の大衆（社会）論は、五〇年代の「大衆社会論争」に匹敵する規模の論争を引き起こしたとは言えず、むしろ各々の論者が自らの立場を表明したに過ぎなかったかもしれない。以下、この時代の代表的な議論を簡潔に検討してみたい。

二　多元社会が実現したのか

時代遅れの大衆社会論？

一九八〇年代に日本社会をポジティヴに評価していた論者の多くは、大衆社会論という議論に対してある共通の認識を示していたと言ってよいであろう。すなわち、「大衆社会論とは、大衆を受動的で画一的なものと見なす議論である」という理解である。このように理解された大衆社会論は、豊かで消費主義的な現代社会を肯定的に見る立場からすれば、アナクロニズム以外の何ものでもなかったのかもしれない。

そのような論者の代表例は、社会学者の中野収である。中野にとって大衆社会論とは、マス・メディアの発達が人々を愚かにすると主張した議論なのであった。彼は、大衆社会論がいかなる大衆イメージを持っていたかについて、以下のように列挙している。

原子性、孤独、情緒的不安定（激動性）、理性喪失、非合理性、被暗示性、匿名性、画一性（均質性）、受動性、無力感、反倫理性、被操作性、原始的心性、他人志向、疎外感、無批判性、政治的無関心、機械・技術に対する盲信、無責任、人間関係の紐帯喪失、カリスマに対する同調、思考・認識能力の喪失、美意識の喪失、倫理的頽廃、流民性、「甲羅のない蟹」、……。（中野［1981: 40］）

つまり、人間らしさに反するあらゆる形容詞を動員し、人間に対する最大限侮蔑的な罵詈雑言を並べ立てたのが大衆社会論だったというのである。そして中野の理解では（おそらく松下の議論を念頭に置いてであろうが）、大衆社会論はマス・メディアを、国家独占資本主義の体制の下であらゆる技術的手段を駆使して情報を操作するものと考えていた。つまり、「資本の論理という悪意が、真実を隠蔽し、虚構を真実につくりかえ、感傷と頽廃と低俗と感覚的刺戟を〈大衆〉に送り込む。〈大衆〉はマス・メディアを社会的権威と錯覚し、情緒的に同調し、与えられた価値に誘導され、心理的に麻酔され、精神的な文盲状態におちいる」（中野［1981: 40］）と主張したのが大衆社会論なのであった。確かに中野が述べたことは、日本において「大衆社会論」と聞けば、多くの知識人や社会科学者がイメージする内容であったのだろう。

中野は、大衆社会論が起こった時代は、テレビが普及する以前であったことを指摘し、次のように述べた。――もし大衆社会論の仮説《モデル》が正しいのであれば、テレビの普及によって破局的な事態が出現しておかしくないはずだったが、現実は大衆社会論が想定したのとは反対の方向に進んだ（中野［1981:

41])。

大衆社会論は、大衆社会化状況が極限にまで進行した時、ファシズムが到来すると予言していた。そのファシズムとは、①体制に対するさまざまな反抗的勢力・世論・要素の抑圧・抹殺、②生活水準の絶対的・相対的低下、と定義されている。しかし、客観的・現実的事態は、特に六〇年代以降完全に逆の方向に進行した。体制のみならず倫理・道徳の総体《エスタブリッシュメント》に対する異議申し立てと反抗が、歴史的・相対的にみて最大限認められているのが現在である。個別的利害・極私的エゴイズムまでが社会によって十分に配慮されている。しかも、価値は多様化し、イデオロギーも倫理も強制されない。要するに自由な社会が実現したのである。生活水準も大幅に上昇し、文化と社会的機会の質が向上しその享受も均等化した。豊かさ・便利さ・快適さは、着実に実現しつつある。これらはすべて、近代の原理と属性が生み出したものである。この文明の達成の享受を拒絶するのは、多数意見ではないはずである。（中野［1981: 50］）

このように中野は、当時の日本社会を、管理社会（あるいは日高六郎のいう「経済主義」）とは反対に、豊かで多様な価値観の社会が実現したものと、楽観的に評価したのであった。

中野は大衆社会論を、流行といった人々の社会現象を病理学的に説明した、人間を冒瀆する理論モデルだと見なした。彼は、例えばファッションやポピュラー音楽の流行が、人々の画一性を表しているとは言えないと強調する。一見して流行を追っているように見える若者は、しかし実際には多様な方法で自らの個を表出している。確かに若者の行動は、今、何が流行っているか、何が社会的に評価されるか、という意識に規制されているかもしれない。しかし、その「今、何が流行っているか」の内容自体が極めて多様であり、人々が流行を追いかけるように見えるのはあくまで相対的なことでしかない（中野［1980: 70-72］）。「場合によっては、〈暗示〉も〈模倣〉もあるかもしれない。けれど、それとは独立に、個の主体的動機・意思が確実に働いている」（中野［1980: 72］）。

さらに中野は、政治的党派、政治的価値、「左か右か」「体制か反体制か」といった二分法、等々をことごとく相対化し、それらに不信と否定を表明した、一九六〇年代後半以降の文化・意識革命を、ポジティヴなものと考えた。彼にとって、そうした政治の相対化は、大衆社会論が言うところの政治的無関心とは無縁であり、人々の価値相対化という事実の帰結に過ぎない。彼は、普遍的な価値体系が存在しない現代文化を宿命的なものと認め、むしろ楽観的に、私化しナルシスティックでさえある文化が想像力と創造力の源泉であると考えたのである（中野［1981: 44-45］）。

同様の楽観的な視点は、「大衆」に対置されるものとして考案された「分衆」という言葉にも見出せる。この言葉は、一九八五年に博報堂が用いたものだが、要するに、人々はもはや画一的な大衆ではなく、個人主義的で多様な存在である、ということの表現であったのだろう。確かに、大量生産・大量消費が、大衆社会の一側面であったことは事実である。日本においては、大量生産・大量消費が真の意味で実現したのは一九六〇年代であったと考えられようが、しかし七〇年代以降、基本的な家電製品が普及し終わった時代にあっては、使用価値よりむしろ、デザイン、スタイル、カラーリングといった付加価値の方が人々にはより重要なものとなった。生産様式が、大量生産から多品種少量生産へとシフトしたのも、消費者の多様な嗜好に対応するためであった。ゆえに、「分衆」という表現は、人々の多様な消費行動を表すには意味のあったものなのかもしれない（もっともそれは、一九九〇年代には忘れられた言葉となってしまったが）。

山崎正和の「柔らかい個人主義」

上述の「分衆」といった論調に影響を与えたと考えられるのは、劇作家・山崎正和の『柔らかい個人主義の誕生』（一九八四年）である。山崎は、日本を含む一九八〇年代現代社会が、伝統的な生産志向の社会から消費志向の社会へと変貌を遂げていることを、楽観的に描き出した。

山崎は、ダニエル・ベルの『脱工業社会の到来』から着想をえた。山崎が「脱産業化社会《ポスト・インダストリアル・ソサエティ》」(5)と考えたものは、生産の中心が製造業から知識集約型産業へと移行した社会であり、そこでは労働力や資本力よりも科学研究や組織の経営能力の方が決定的に重要となり、人々のニーズも単なる物質財から教育、保健、娯楽などの広義のサーヴィス財へとシフトするのであった（山崎［1987: 78］）。彼が理解するところによれば、一九六〇年代は脱産業化社会の萌芽の時期であり、七〇年代はそれが発達した時代であった。それら二〇年間の間に、日本社会で急増した職業は、官僚、経営者、管理職、科学者、技術者、医師、教師、デザイナー、その他各種のサーヴィス業であり、他方減少したのは、農民、肉体労働者、純粋な利子生活者などであったという（山崎［1987: 82-83］）。山崎が「脱産業化社会」という表現を用いる場合、彼は産業社会が終焉したと考えていたわけではなく、むしろ産業社会の高度化を意味していた（この点では、松下と同じ認識であった）。しかし同時に彼は、現代社会は「産業化の原理だけでは運営が難しくなってしまった」ことを強調し、それゆえベルの「脱産業化社会」概念が興味深いというのである（山崎［1987: 51］）。

『柔らかい個人主義の誕生』において、山崎は、いかに日本社会が一九六〇～七〇年代にあらゆる領域で変化してしまったかを示すため、非常に多くの事例を挙げているが、それらをここで検討することは必要ない。むしろ注目すべきは、彼の楽観的な議論の仕方である。山崎もまた、現代の脱産業化社会を多元的な社会と考え、それは画一的な大衆の社会ではなく、人々が個々人の個性を表現している社会と見たのであった。その書のタイトルが示すように、彼は脱産業化社会における個人主義を「柔らかい個人主義」と呼んだのであった。それでは、産業社会から脱産業化社会への一般的な変容についての、山崎の説明を簡潔に追ってみよう。

山崎はまず第一に、西洋の産業化の歴史を振り返り、一七世紀の産業化の開始とともに、個人の顔の見える人間関係が失われ始め、合理的な社会システムに適合的な人間として、隣人を容認し得ない孤独な個人が出現したという（山崎［1987: 108-11］）。彼はヴェーバーの議論を参照しつつ、近代の合理的な個人の自我意識を支えたのはものを生産する行動だったと説明する（山崎［1984＝1987: 53］）。相互に独立した合理的な個人は、一九世紀および二〇世紀の大衆社会においては、「誰でもよいひと《エニボディー》」であり、デュルケムのいう「アノミー」やリースマンのいう「孤独な群集」という状況が出現したという（山崎［1987: 114-25］）。

他方、山崎にとって脱産業化社会とは、前述のように生産志向から消費志向へとシフトした社会であった。人々の物質的な基本ニーズが満たされた時代になると、人々の消費行動は多様化し個別化する。生産様式は、規格化された商品を大量に生産するものから、「多品種少量生産」へと不可避的に移行する。それゆえ、人々が同一のものを追いかけるようなブーム現象は起こりにくくなった（山崎［1987: 55-56］）。こうした社会においては、消費はリースマンが指摘したような「見せびらかしの消費《コンスピキュアス・コンサンプション》」となる傾向性があるものの、それは必ずしもネガティヴなものではない。むしろそれは、人々が他者をひきつけようと試みる新たな社交をもたらすような、自己表現に向けての消費の可能性を示すものである。ゆえに、脱産業化社会においては、個人はかつての「誰でもよいひと《エニボディー》」ではなく「誰かであるひと《サムボディー》」であり、生産志向の近代合理主義における「硬い」個人主義は、他者に自分の個性を表現する多様な「柔らかい」個人主義へと道を譲りつつある——と山崎は結論するのである（山崎［1987: 65-71］）。

山崎は、そうした脱産業化社会へという潮流を、彼が「顔の見える大衆社会」と呼ぶもの、つまり「誰でもよいひと」のでなく「誰かであるひと」の大衆社会の予兆であると見なした。山崎がここで念頭に置くのは、オルテガ・イ・ガセの『大衆の反逆』であり、一九八〇年代の大衆はオルテガの考える大衆とは異なると考えたのである。山崎によれば——オルテガは大衆を、多数の他人と同一の欲望を疑いもなく共有し、それゆえ自身の欲望に傲慢なまでの確信を持ち、すでにある自己に安住してそれに「より高い課題」を課す必要を感じない人間、と描き出した。しかし、日本を含む脱産業化社会では、無数の大衆が、「ひとりひとり自分が自分を十分には知っていない」との事実に気づく可能性がある、というのである（山崎［1987: 184, 188］）。山崎の観点からは、現代日本の大衆はオルテガが言うような慢心しきった大衆とは異なっている。なぜなら人々は「多様な商品をまへにして何を買ふかに思ひ悩み、どこへ遊びに出かけるかに心をくだき自由な時間をいかに使ふかを決めかねてゐる」からである（山崎［1987: 184］）。と同時に、現代の大衆はまた、オルテガのいう「選ばれた少数者」とも異なる。というのも、「けっして自分の欲望を自分から否定し、より高い理想をめざして生きる克己的な人間でもない」からである（山崎［1987: 189］）。

……今日の新しい大衆は、自分の欲望が日々に変化するものであることを学んでをり、あへて否定するまでもなく、たえず思ひがけなく、「すでにある自己」を裏切るものであることを感じてゐる。彼らにとって、自己とは、ただ頑迷に保持するべき存在でもなく、克己的に否定するべき存在でもなく、むしろ、みづからが日々に発見していくべき柔軟な存在になったといへるだらう。（山崎［1987: 189-90］）

そして山崎は、大衆は本質的に均質的でありエリートは個別的・孤立的であるとする、伝統的な個人主義の思想が根本的に変更されなければならないと指摘した。むしろ、一九八〇年代は、大衆が均質性を失って日々変化する自己に不安を感じ、それゆえに自己のアイデンティティを回復するために自ら行動の落ち着いたスタイルを作り出す努力をしなければならない、そうした時代であるとされたのだった（山崎［1987: 190-91］）。

山崎の議論は巨視的な近代文明批評であり、単純に二〇世紀後半の日本の物質的消費主義を賛美したものとは言えない。にもかかわらず、消費を、他者に認知されたいという人間の本来的な欲求の表現と考え、それが新たな社交の空間を作り出すだろうとする山崎の議論は、高度に楽観的であり、同じ大衆消費社会を「経済主義」と見なす日高六郎の議論とは極めて対照的であった。

三 やはり画一化社会なのか

西部邁――高度大衆社会批判

一九八〇年代の日本社会を、ネガティヴな大衆社会であると悲観的に見なした論者の代表格は、西部邁であった。西部が一九八三年に出版した著書『大衆への反逆』のタイトルは、明らかにオルテガ『大衆の反逆』のもじりであるが、西部はまさに、当時の日本社会がオルテガ的な意味での「大衆」に支配されているものと考え、批判したのである。ここでは、エッセイ集という性格の強い『大衆への反逆』よりも、体系的な大衆社会批判となっている彼の『大衆の病理』（一九八七年）を、検討の対象としてみよう。この書物は、もともとＮＨＫ教育テレビ「市民大学」のテキストだったものだが、彼はその「はじめに」を、次のように書き出している。

「大衆論」はいささかならず危険な企てである。それは多数の人々の批判の矢を放つことによって論者を孤立に陥らせるばかりでなく、その矢を自分自身にも突き刺すことによって論者の立場を危うくするのである。ましてそれをテレビというもっとも大衆的な場でなそうというのだから、私の試みは蛮勇でなければ軽率であるにちがいない。しかし、耳ざわりのよい軽い言葉だけが知識もしくは情報の名においてめまぐるしく流通しているうち、言葉の意味が次々と溶解しているのが大衆社会の現状である。そうならば危険を覚悟で、人々の聞きづらい大衆批判をあえてやってみることにも意味があるということになる。つまり言葉の意味を再発見するという意味があるのではないだろうか。（西部［1987: 1］）

西部の基本的な立場は、現代日本社会が、凡庸で低俗な大衆によって支配されている、というものであったと考えてよかろう。

西部は、大衆社会の貴族主義的批判と民主主義的批判という、コーンハウザーによる大衆社会論整理に言及しつつ、次のように考えた。前者による「教養と財産を持たぬ人々」という大衆イメージも、また後者による「政治的に操作されるもの」という大衆イメージも、「イデオロギーの終焉」が宣告された一九六〇年代以降の時代にはそぐわないものとなった（西部［1987: 12-19］）。そして、大衆を社会的・政治的階級としてでなく人間的・精神的階級としてとらえようとしたオルテガの議論のみが、現在でも生き残っており、一九八〇年代はオルテガのいう「大衆の反逆」が社会のほぼ全領域を支配するに至った時代である、というのである。同じオルテガを参照しつつも、先の山崎正和が、一九八〇年代はオルテガのような悲観的見方が妥当しなくなった時代であると認識していたのに対して、西部にとって八〇年代は、オルテガによる知識人批判がまさに当てはまり、エリートがすっかり大衆人となってしまっている時代なのであった（西部［1987: 19-20］）。

西部が問題提起したのは、一九七〇年代以降に支配的になった「日本は近代化（民主化と産業化）において特筆すべき成果を挙げた」という言説が、それ以前に存在した大衆論および大衆社会論を忘れているのではないか、ということである。西部によれば、アメリカおよびアメリカ化した日本は、いわゆる近代化に対して非常に楽観的であり、西欧が近代化に対する愛憎併存感情を持っていたのに対して、アメリカ文明は「大衆の天国」――近代化への懐疑を大幅に殺ぎ取ったこと――とも言える様相を呈していたのだった。そして彼は、「日本の成功」という民族規模における自己満悦の風潮の中に、凡庸と低俗につながる平等主義と快楽主義を見出したのであった（西部［1987: 36-37］）。

西部は大衆社会の中で、個性と多元性の名において伝統が失われつつあることを、もっとも忌み嫌ったと言えよう。日本の経済的成長と豊かな消費を賛美するような風潮に対して、彼は次のように述べた。

多元的社会を大衆社会のひとつの形態、おそらく最も高度に発達した形態とみなすことができる。この場合の大衆性とは、伝統から遊離することにたいし、ほぼ全面的な価値を見出そうとする態度である。少し注釈を与えれば、悪しき因襲とは異なるものとしての善き伝統には、自由と抑圧、個人と集団、流行と不易、分化と画一、信仰と懐疑など人間存在にとって回避することのできない矛盾・葛藤のなかで、いかに平衡を保ち、それらをどのように総合していくかということにかんする智慧が秘められている。この秘められしものを探索する営み、それを軽視あるいは無視するのが大衆人である。

大衆人が操作されることもあれば、逆に操作するがわにまわることもある。中間集団の形成に励むこともあれば、それを破壊する場合もある。価値を多様化させる作業に没頭することもあれば、多様化された価値を一挙に画一化する仕事に熱狂することもある。自己満悦にふけることもあれば、自己不安にさいなまれることもある。自分の都合のよいように法のルールをふりかざすときもあれば、法のルールをねじまげるときもある。要するに大衆人は、多元的に個性を競おうが、一元的に個性を放擲しようが、個性なるものが伝統とのかかわりでしか規定できないのだという自覚に欠けているのである。

また、このように考えるのでなければ、現代の多元的社会においてほとんど不可逆の過程のように進行している平等主義と快楽主義にたいして、批評の見地を確保することは困難であろう。

（西部［1987: 33-34］）

しかも西部は、いわゆる「豊かな社会」の豊かさが物質主義的なものに過ぎないことを指摘し、価値観がバラバラになっていることをあたかも「価値観の多様化」として弁護する世論を批判した。

商品の差異化が人間の欲望形成能力の減退の指標でありえたように、価値の多様化もまた人間の価値判断能力の衰退の証拠である可能性がある。（西部［1987: 55］）

こうした現象に注目するならば、「豊かな社会」はエフルエント・ソサイアティ（effluent society）とよばれるのがふさわしいということになろう。つまり「流出する社会」である。ちょうど商品の流行が次々と移り行くように、価値も流れ去っていく。このことをさして、大衆社会論が流砂のイメージで大衆をとらえたのであった。しかし大衆社会論が背景に退いてからは、価値の不安定な流動にすら多様化とか個性化といった肯定的な形容が付されるのである。

むろん現代社会は、今世紀前半にみられたような革命か反革命か、戦争か平和か、といった類の危機のなかにはいない。産業制にせよ民主制にせよ、なにほどかの秩序をもって運営されているように見える。しかし、その秩序は伝統によって基礎づけられているというには程遠い。絶えず新奇な商品や価値を供給しつづけ、その変化の速度によって人々を幻惑することができるかぎ

りにおいて秩序を保っている。それが高度大衆社会の本質なのではないか。（西部［1987: 56］）

西部は、一九八〇年代日本社会を単純に画一化社会と見ていたわけではないが、しかし彼は、価値の際限ない多元化・差異化は伝統的価値を失わせることで凡庸と低俗に導くと強調し、またそのような社会においてデモクラシーが過剰になれば、人々は平等主義《エガリテリアニズム》を最大限にまで賛美すると主張した。彼はそのようなデモクラシーを「デモクラティズム」と呼び（西部［1987: 61］）、以下のように続けている。

デモクラティズムあるいはエガリテリアニズムは、それ自身のうちに大きな逆説をかかえているために、かえって、極端に及ぶ傾向がある。つまり、平等主義が支配的イデオロギーとなると、それまでは当たり前のこととして容認されてきた小さな不平等までもが不満の種となって不平等感が強まり、それが過激な平等化要求となって現れるのである。そして、そうした要求をつらぬくには、人間は生まれながらにして平等であるという人間観を過激に強調しなければならなくなる。

それゆえ、大衆人は互いに均質的、標準的、平均的であるというのは正確ではない。彼らは、事実としてはほとんど均質でありながら、互いのあいだの微小な差異について過敏であり、その差異を解消するように努めながら、なおも残る差異についてますます神経を尖らせるのである。

その意味で、いわゆる差異化現象をうみだしている「小衆」とか「分衆」こそ、大衆人の振舞をよくなぞっているとみることができる。（西部［1987: 62］）

そして西部は、そのようなエガリテリアニズムとデモクラティズムは自由をおびやかし、トクヴィルのいう「多数者の専制」に陥る危険性がある、と考えた。「大衆人の真におそるべき性向は究極至上のものとしての主権を自分に授ける点である。しかも、当の自己が凡庸かつ低俗であると知ったうえで、そうするのである。凡庸・低俗の権利がかくも露骨に主張されている時代も少なくないといわなければならない」（西部［1987: 66］）。

以上のように、西部の一九八〇年代日本社会に関する議論は、山崎のそれと対照的であった。山崎が、人々が自分の個性を表現できる社会の到来する可能性を見たのに対して、西部は、「個性」「差異化」「多元性」といった言葉を、伝統の喪失として、また価値観が崩壊していることを正当化するものと、見なしていた。そして西部は日本社会を、平等主義的な凡庸さがすでに支配的になった高度大衆社会として、描き出したのであった。彼はあえてオルテガに立脚点を置き、文化的保守主義の立場から自身の貴族主義的な大衆社会批判をなしたと言えよう。

藤田省三――「安楽への全体主義」

一九八〇年代の日本社会に対するペシミスティックな議論のもう一つの例は、藤田省三である。藤田は一九五〇年代には、大衆社会に関する認識を松下圭一と共有していたと言える（Cf. 藤田［1957］）が、八〇年代半ばには、世界の経済大国と化した日本の支配的な空気を表すために「『安楽』への全体主義」という表現を用いた。

「『安楽』への全体主義」とは、「私たちに少しでも不愉快な感情を起こさせたり苦痛の感覚を与えたりするものは全て一掃して了いたいとする絶えざる心の動き」であるという（藤田［1985＝1995: 3-4］、傍点は原文）。藤田によれば、こうした全体主義が、国際競争に勝つために何の抑制もなく技術が無限に高度化する一九八〇年代日本を、支配するようになった。ここで彼が問題にしたのは、苦痛を避けて不愉快を回避しようとする人間にとって自然な態度ではない。そうではなく、不快を避ける行動を必要としないで済むように、不快を呼び起こすもともとのモノ自体を取り除き、そもそも不快なことが初めから起こらないようにしようとする動機が問題なのであった。

> ……不快の源そのものの一斉全面除去（根こぎ）を願う心の動きは、一つ一つ相貌と程度を異にする個別的な苦痛や不愉快に対してその場合その場合に応じてしっかりと対決しようとするのではなくて、逆にその対面の機会そのものを無くして了おうとするものである。そのためにこそ、不快という生物的反応を喚び起こす元の物そのものを全て一掃しようとする。そこには、不愉快な事態との相互交渉が無いばかりか、そういう事態と関係のある物や自然現象を根こそぎ消滅させたいという欲求がある。恐るべき身勝手な野蛮と言わねばならないであろう。（藤田［1985＝1995:

4-5]）。

藤田にとっては、この「根こぎ」こそが、あらゆる全体主義支配に根本的な特徴なのであった。彼は、安楽を追求する日本社会の支配的な態度は、価値観の多様化・多元化どころか全体主義的であると主張したのである。

かつての軍国主義は異なった文化社会の人々を一掃殲滅することに何の躊躇も示さなかった。そして高度成長を遂げ終えた今日の私的「安楽」主義は不快をもたらす物全てに対して無差別な一掃殲滅の行なわれることを期待して止まない。その両者に共通して流れているものは、恐らく、不愉快な社会や事柄と対面することを怖れ、それと相互的交渉を行なうことを恐れ、その恐れを自ら認めることを忌避して、高慢な風貌の奥へ恐怖を隠し込もうとする心性である。（藤田［1985＝1995: 5］）

藤田は決して、安楽であること自体が悪だとは言わない。しかし、「安楽」が他のすべての価値を支配する唯一の中心価値となり、不愉快の原因を一切消してしまおうと試みる場合には、「心の自足的安らぎは消滅して『安楽』への狂おしい追及と『安楽』喪失への焦立った不安が却て心中を満たすこととなる」。こうした「安楽」は、常に焦立った不安を内包する「安楽への隷属」となり、「安らぎを失った安楽」という前代未聞の逆説が出現することとなる（藤田［1985＝1995: 6-7］）。そして、即座の効用を満たすために、次から次へと物の開発と消費を反復する産業社会においては、その激しい反復によって人々は平静な落ち着きを失っていく。このような状態を藤田は「能動的ニヒリズム」と呼び、八〇年代日本は「全体主義」以外の何物でもないこうしたニヒリズムに支配されていると考えたのである（藤田［1985＝1995: 9-10］）。

藤田の視点は、二〇世紀を「全体主義の時代」と認識したいわゆるフランクフルト学派のものと通底するものと言えよう。彼は、ナチズムやスターリニズムと同様に日本の経済的繁栄の中にも、異質なものを滅ぼしてしまおうとする傾向性を見出したのである。さらに彼は、一九八〇年代の日本の経済成長は、もはや単なる経済活動ではなく、経済倫理を伴わない帝国主義——それも、二〇世紀を通じて変わらなかった帝国主義——であると主張するのである。

……一つは、いたずらにテリトリーを拡げようという、まぎれもない帝国主義的発想、もう一つは、円高や土地投機などによって儲けようとする、つまりコストを払わないで儲けようという投機の発想が、日本資本主義をつくりあげてきた精神だといっていいと思う。

そもそも第一次大戦のときから日本は〝漁夫の利〟と世界中からいわれ、戦後の高度成長の出発点も朝鮮戦争の特需景気でした。よそさまの不幸をタネにしてそれで儲けようという精神は、ずっと変わっていないのです。（藤田［1990＝1995: 93］）

さらに藤田は、かつてカール・レーヴィットが日本に関して「自己批判能力の欠如」と批判的にコメントしたことに触れつつ、倫理的な反省能力を欠いた日本のメンタリティをナルシシズムであると特徴づけた。

……個人としての自己愛であればエゴイズムになり、したがって自覚がありますが、日本社会の特徴は、自分の自己愛を自分が所属する集団への献身という形で表す。だから本人の自覚されたレベルでは、自分は自己犠牲をはらって献身していると思っている。その献身の対象が国家であれば国家主義が生まれ、会社であれば会社人間が生まれて、それがものすごいエネルギーを発揮する。しかしこれはほんとうはナルシシズムであって、自己批判の正反対のものなのです。錯覚された自己愛、ナルシシズムの集団的変形態であって、所属集団なしに自己愛を人の前に出すほどの倫理的度胸はない。本当に奇妙な状態です。
　よく外国の批評家が、日本人は集団主義だというけれども、それは一応はあたっている。ただし、日本人の集団主義は、相互関係体としての集団、つまり社会を愛するというのではなくて、自分が所属している集団を極度に愛し、過剰に愛することによって自己愛を満足させているのですから、そこに根本的な自己欺瞞がある。（藤田［1990＝1995: 91］）

藤田は、このようなナルシシズムと自己反省欠如とが、日本の経済成長を支えていると感じていた。

藤田による日本人の描写は、山崎正和のいう「柔らかい個人主義」と異なるだけでなく、一九六〇年代に議論された「市民」とも異なっている。むしろ藤田が語ったのは、（日高六郎的な意味で）経済主義的な私化した個人についてであった。六〇～七〇年代の、多くの市民運動・住民運動の経験にもかかわらず、藤田が八〇年代以降の日本に見たものは、ロナルド・F・イングルハートが脱物質主義的な「静かなる革命《サイレント・レヴォリューション》」と呼んだものとは反対の、物質主義であったと言えよう。

（1）「ベ平連」の中心的役割を果たした小田実にとって、市民とは文字通り「ふつうの人」「ただの人」のことであった（Cf. 米原［1995: 144-48］）。

（2）こうした松下の市民的自由の基本的アイデアは、すでに彼の論文「民主主義の歴史的形成」（一九五七年）および「忘れられた抵抗権」（一九五八年）において示されていた（いずれも松下［1969c］に転載）。

（3）日本型大衆社会とは特に、一九七三年のオイルショック以降、産業の合理化の過程で労働者の企業への従属が強化された、いわゆる「企業社会」「会社社会」という面を強く持つものと考えられたようである（細谷／元島［1982］）。また、加藤節［1999: 35-39］、加藤哲郎［1989］［1996］、渡辺／甲斐／広渡／小森田（編）［1994］などを参照。

（4）社会学の分野で考えてみると、例えば、辻村明の編集で一九七二年に出版された『社会学講座13　現代社会論』には、稲葉三千男の「階級社会論」と、辻村による「大衆社会論」（辻村［1972］）が収められている。これは、一九七〇年代初頭までは、「階級社会か大衆社会か」といったイシューが日本の社会科学で重要視されていたことを示すものであろう。しかしながらそれ以降、「階級社会か大衆社会か」という議論は次第に消えていった。

（5）ベルの著作の邦訳名では「脱工業社会」となっているが、山崎は「脱産業化社会」という言葉を用いている。山崎が post-industrial を「脱産業」と訳す理由は、「この著者［＝ベル］の指摘する現代の変化は、工業のみならず商業の内部でも起こってをり、むしろ従来の産業の全体を覆ってゐた、効率と量的拡大をめざす思想そのものの転換を迫ってゐる、と考へられるから」だということである（山崎［1984 = 1987: 71］）。なお、山崎（およびベル）のこうした認識は、本章第二節の最後に触れた松下のものとは、非常に対照的なものである。

第四章

現代デモクラシー理論と大衆社会論

自由と民主主義はそれにともに参加するということ、すなわち、全員の共同責任ということを意味するのです。

――ヴァーツラフ・ハヴェル（一九九〇年）

阿部斉は一九八九年の段階で、価値の多元化と、価値の画一化・同質化という、明らかに矛盾しあう傾向が同時に存在するのが、現代日本社会の特徴であると述べていた（阿部［1989: 39-41］）。そして彼は、山崎正和の「柔らかい個人主義」の議論を参照しつつ、かつての、自主・自律的な意思決定や抵抗ができる主体的な個人の確立、という課題が八〇年代までには後背に退き、消費社会の場で多様な表現を担うという意味での新しい個人主義へ、と「個人」の捉え方が変容したことを指摘した（阿部［1989: 99-101］）。だが、政治や現代社会に関する議論のあり方が変化したからといって、「戦後啓蒙」が提起した主体的・自律的な個人の育成という課題や、大衆社会の諸問題が、解決したわけではない。「現状が快適で満足しうるものであるから、現状を容認するということだけでは、十分な解答にならないことはいうまでもない。現状が快適でないという判断を下す人々もたしかに存在しているからである」（阿部［1989: 106］）という阿部の指摘は、中・東欧民主化やバブル経済の崩壊といった、時代の大転換を迎える直前のものであった。

しかしながら、第三章第三節で検討したような大衆論の後、一九九〇年代以降には、日本の政治理論や現代社会論の分野で、大衆社会やマス・デモクラシーに関する包括的な議論は姿を消してしまったように見える。もちろん九〇年代は、デモクラシーと市民社会に関する実に多くの議論が重ねられた時代であった。しかしそこでは、大衆社会やマス・デモクラシーを正面から議論の対象としたものは、決して多くは見られないと言ってよい。また、戦後日本の政治学を思想史的に見直そうという動きが活発化しているようではあるが、丸山眞男やいわゆる「市民社会青年」の政治思想などが主たる研究対象となることはあっても、松下圭一の政治理論・大衆社会論のトータルな再検討が開始されているとは言いがたい。政治思想・政治哲学の分野では、自由主義の再検討、およびしばしばポストモダンと称される新たな政治学的イシュー——差異の政治、アイデンティティの政治、多文化主義など——に関する議論が、市民社会論なりラディカル・デモクラシー論という名で語られるようになった。だが、それら九〇年代以降の諸議論と、大衆社会論とがいかなる関係性にあるのかは、決して明らかになっていない。

本書の最終章である第四章は、大衆社会論が現代デモクラシー理論に対して持つであろう意義について、筆者なりの現時点での見解を示すことを目的としている。第一節では、第二章および第三章で検討した松下圭一の大衆社会論の独自性について、一定の評価を試みる。続く第二～四節では、マルクスの影響を強く受けている松下の大衆社会論を、単に一九五〇年代日本の知的産物と見なすのでなく、その普遍的意義を明らかにする一助として、一九八〇年代以降のヨーロッパ左派デモクラシー論との比較を試みる。そして、本書を閉じる第五節においては、一九九〇年代以降の日本におけるデモクラシー論・社会論をごくラフに瞥見しつつ、大衆社会論の今日的意味についてコメントを述べたい。

第一節　松下大衆社会論の評価

松下圭一の大衆社会論のパラダイムは、彼自身の構想に即して理解されることは、ほとんどなかったようである。このことは、彼の著作の読まれ方にも表れているように思われる。例えば、日本におけるロック研究の古典に数えられる『市民政治理論の形成』と、大衆社会論の論稿を集めた『現代政治の条件』については、松下本人による解題や論説など（松下［1959b = 1969c］［1987］）を除けば、両者の連関性が社会科学者によって言及されることはほとんどなかった。その上、一九六六年の論文「『市民』的人間型の現代的可能性」は、明らかにその論理構成は一九五〇年代の大衆社会論を下敷きにしているにもかかわらず、大衆社会論を放棄して「大衆」から「市民」へと議論を転じたものと理解されることがないでもない。また、『シビル・ミニマムの思想』についても、そのシビル・ミニマムの構想が、「都市型社会における社会《ソサエティ》・主義《ズム》の実現」と「地方での意思決定への市民参加」という彼のパラダイムに由来するという点が看過されることもある。一九七〇年代以降の彼の諸議論は、むしろ、社会主義を放棄した行政学として理解されることが多かったのではないか。

一　大衆社会論としての独自性

すでに第二章で検討したように、松下は、単に階級闘争のイデオロギーを繰り返すのみで大衆社会状況を理論化しようとしない教条主義的なマルクス主義も、また資本主義的な階級関係を無視するような類の西欧の大衆社会論をも、ともに批判した。大衆社会においては、もはや個人は自律的ではなく原子化され組織化されており、官僚制的国家の権力がマキシマムになると同時に個人の力はミニマムにされるに至った。ゆえに彼は、「現代」の二重の疎外を克服すべく、自らの「社会・主義」としての社会主義を構想した。すなわち社会主義は、リベラル・デモクラシーを拒否すべきではなく、むしろファシズム化に抗して「形式民主主義」を擁護するものでなければならず、実質的にはいまだ国家と資本主義によって支配されている人々の（今日的な表現で言えば）エンパワーメントをはかるものでなければならなかった。このような松下の社会主義の理念は、大衆社会の時代における「レス・プブリカ」の構想であったと言うこともできよう。

では改めてここで、松下の大衆社会論を欧米のものと比較してみよう。まず第一に、松下の考える大衆社会は、アレントやレーデラーに見られるような「無階級社会」とは異なっていた。松下は、資本主義社会が階級社会であるということを議論の前提としており、ゆえに彼は「資本主義的疎外」を含めた二重の疎外を概念化したのである（と同時に彼は、大衆社会という社会形態は、資本主義体制・社会主義体制を問わず、工業社会に普遍的に見られるものであると、繰り返し主張していた）。松下の大衆社会論における重要な点の一つは、同じ資本主義的な階級関係という条件の下でも、二〇世紀（生産力とテクノロジーが高度化した独占資本主義段階）における社会形態は大衆社会となり、それは一九世紀（産業資本主義段階）の市民社会＝名望家社会とは異なるということであった。そして、大衆社会においては、官僚統制と大衆操作という「大衆社会的疎外」が起きるのであった。松下は、「経済構造」と「社会形態」を理論的に分節化することを通じて、工業社会の理論としてのマルクスやレーニンの階級理論と同じように、ヴェーバーやマンハイムらの官僚制論・産業社会論をも重視した。また、松下が、単にマス・デモクラシー状況に適合したに過ぎない社会民主主義も、またデモクラシー自体を否定する共産主義も、両方とも拒否したという点も重要であろう。むしろ彼にとっては、ファシズム的なマス・デモクラシーに陥らないために、社会主義はデモクラシーを擁護し強化するものでなければならなかった。

また、松下の大衆社会論は、コーンハウザーの場合のように、大衆社会を極端な政治《エクストリーミスト・ポリティクス》を生み出す不安定な社会と見なし、大衆社会と多元社会とを対比させるような、そうした大衆社会論とも異なっていた。松下にとって大衆社会は、工業化と民主化がもたらした社会形態である。それは、ファシズムや全体主義へ向けた非合理的な大衆動員の条件でもあるものの、しかし同時に人々の自律的な運動や政治参加をも可能にする、そうした「現代政治の条件」なのであった。松下は繰り返し、大衆が本質的に非合理的であるとする考えを拒否していた。つまり、大衆の非合理性は「体制の論理」の貫徹によって押しつけられるものであり、大衆社会状況はそうした「体制」に対する抵抗の条件をも提供するものであった。マルクスの影響を強く受け、しかも日本が下からのデモクラシーを勝ち取ったことがないという事実を重視した松下にとって、例えば労働運動は極端な政治なのではなく、労働者による政治参加であった。と同時に彼は、労働運動を単に階級闘争と結びつけてしか理解しない教条主義的なマルクス主義を批判し、その批判のために「経済構造＝社会形態＝政治体制」という分析枠組みを用意することで、社会形態と政治は経済構造から比較的自律性を持つことを主張したのである。ゆえに松下は、不安定な大衆社会を批判して多元社会を擁護するような、アメリカ的な利益集団多元主義につながる視点を持っていたとは言えない。彼にとっては、多元社会の社会形態もまた大衆社会であった。

また、松下の市民社会が「レス・プブリカ」の構想であったとすれば、この点に関してはウォーリン（およびアレント）との親和性を指摘することもできよう。ウォーリンは、デュルケムやマンハイムといった、一般的に大衆社会論に含まれ得る一連の社会理論を、政治的なもの（すなわちレス・プブリカ）を社会的なものへと還元してしまうものとして批判した。一九六〇年代のアメリカのコンテクストにおいては、ウォーリンは、利益集団多元主義や行動主義的政治科学——両者とも政治を、公的な事柄ではなく私的取引の問題へと矮小化してしまう傾向性を持つ——を批判したと言ってよい。それに対して松下は、マンハイムの社会理論やラスキのような英国の多元的政治理論を用いて、大衆社会の時代における市民社会を構想しようとした。戦後日本の政治学の文脈では、松下および彼の学問的師である丸山眞男は、政治的なものを「可能性の技術」と捉えることで、当時のマルクス主義的な経済決定論を批判した。松下には、社会形態を理論化することで、政治的なものを社会的なものへと還元してしまう意図は全くなかったと言える。彼にとって、大衆社会という社会形態は、事実の問題として、二〇世紀において政治と人間の自由を考察する場合に前提とせざるを得ないものであった。結果として、ネガティヴなマス・デモクラシーを克服して実現されるべき、松下の市民社会の構想は、アレントやウォーリンの「レス・プブリカ」と対応するものとなった。アレントやウォーリンが、古代ギリシャ思想以来の公／私の区別を検討することで「レス・プブリカ」に関する哲学的議論を展開したとすれば、松下は、外から与えられたデモクラシーが人々の私化によって空洞化するという戦後日本の文脈において、参加デモクラシーを構想する中で「レス・プブリカ」を指向したと言うことができるだろう。

二 「社会形態」論の意義と深化

確かに、松下の大衆社会論が「社会形態」論であったことには、いくつかのメリットがあった。それによって彼は、一九世紀の市民社会と二〇世紀の大衆社会との相違を理論化することができたし、社会主義を含めた工業社会に普遍的に見られる社会形態が大衆社会であると主張できた。また、彼が一九六〇年代日本社会を分析する場合に、「マス状況」と「ムラ状況」という二重構造の概念化ができたのも、社会形態論によるものであった。そして七〇年代には、彼は「大衆社会」を「都市型社会」と呼び換えるに至るのである。そしてまた、松下のデモクラシー論も、ある意味では形態論であった。つまり、彼にとってリベラル・デモクラシーは「ブルジョア的」として否定されるべきものではなく、「形式的」で「一般的」だからこそ普遍的な重要性を持つものとして擁護されなければならなかった。

だが、松下が「大衆社会」を「都市型社会」と呼び換え、彼の政治理論が文字通りの形態論になった時、彼の理論は、人々が私化した日本のマス・デモクラシーを批判する規範的性格を失っていった、という点も指摘しなければならないだろう。例え松下のいう「形式民主主義」が、単にシュンペーター的なエリート主義的・手続き的デモクラシーを擁護するものでなかったにせよ、もし「大衆社会」が「都市型社会」とイコールであるならば、それは所与の事実の問題であるに過ぎなくなる。確かに松下の一九五〇~六〇年代の議論には、自発的・活動的な市民による参加デモクラシーや市民社会への関心——それが「レス・プブリカ」であれ、「社会・主義《ソサエティズム》」としての社会主義であれ——を通じて、マス・デモクラシーに対する批判や革新勢力の前進への期待が込められていたと言える。言い換えれば、日本におけるデモクラシーの徹底化の主張が含まれていた。しかしながら、一九七〇年代およびそれ以降においては、松下の議論は、「都市型社会という社会形態が成熟した」とする彼の基本的パラダイムを政策・制度論のレベルへ深化させることをめざしていった（松下［1991］［1998］、cf. 松下［2004］）。ここでは、彼の言う「マス状況」は所与の事実となり、彼の議論が形態論であるかぎり、現代社会への批判的側面は影をひそめ、むしろ記述的な側面の方が前面に出るようになった。もちろんそれは、松下のパラダイムが、巨視的な観点から見て普遍性を持つということであるのだが。

松下が一九七〇年代以降、「都市型社会が成熟した」と繰り返したということは、松下が、その社会形態に適合する「市民」的人間型がすでに日本に根を下ろしたと考えていたことを意味しない。第三章でも少し触れたように、彼が一九八〇年代半ばに述べたのは、彼が五〇年代に提起した問題が理解されるのに三〇年かかったということ、および「市民」的な政治文化が日本に根づくのにはさらに三〇年かかるだろうということ、であった（松下［1985］）。しかし、松下は一九八五年を境に、雑誌や新聞などでの発言をやめ、その頃の山崎や西部らの大衆社会論に対しては関心を示さなかったようである。大衆社会に関する伝統的な議論が姿を消す傾向性に加え、松下がメディアにおける発言をやめたことが、「大衆社会論は過去のパラダイムである」とする一般的な認識へとつながったのかもしれない。

もっとも、一九八〇年代以降、松下が繰り返し自身の政治理論の再考を行い、新たに理論を磨き上げるのみならず、近現代政治理論の中に大衆社会論を位置づける作業をしてきたことも、また事実である。ここで、次節で松下の理論と現代ヨーロッパのデモクラシー論とを比較する視点を得るのに必要な限りにおいて、松下による自己解題を検討しておくことが有用であろう。図4―1が示すように、

図4—1　松下による、政治課題の歴史展望

伝統段階	近代化過渡段階			《市民政治》段階	
	Ⅰ型	Ⅱ型	Ⅲ型		
支配の継続（原基政策）	政府の構築（絶対国家）	国富の拡大（経済国家）	生活権保障（福祉国家）	政治スタイルの転換	世界共通課題
貢納・徴税政策＋治安・軍事政策	国内統一政策	経済成長政策	福祉政策 都市政策 環境政策	分権化 国際化 文化化	国際人権 核危機 南北調整＋侵略 環境保全 テロ
伝統政治理論	一元・統一型理論構成（国家主権）	二元・対立型理論構成（階級闘争）	多元・重層型理論構成（大衆政治）	分節政治理論	

歴史的展開　→　現代的累積

←　現代的再編

（松下［2004: 35］）

彼は政治的イシューと目標の変化に基づいて、政治理論の変容の歴史を巨視的に説明している。

この図によれば、近代の社会契約論は松下のいう近代化Ⅰ型（一元・統一型）政治理論を基礎づけたのであり、それを最終的に完成させたのは、正統化の原理によって「国家対個人」のアンチノミーを解決したロックであった。一方、近代化Ⅱ型（二元・対立型）政治理論の典型的な例は、一九世紀の産業資本主義段階において「ブルジョアジー対プロレタリアート」の対立を強調したマルクス主義であった。そして松下は、自身の大衆社会論を、近代化Ⅱ型から以下に述べるⅢ型への架橋であったと位置づけた。なぜなら、彼の大衆社会論は、「マルクス主義理論の二〇世紀的転換」という表現が示すように、近代化Ⅱ型の行き詰まりを示そうとした試みだったからである（松下［1994: 493-95］［1998: 191-93］）。

そして、松下のいう近代化Ⅲ型（多元・重層型）

政治理論は、彼によるシビル・ミニマム、自治体改革、都市政策、市民参加など、いわゆる「分節民主主義」の構想を含んでいる。一九六〇年代には彼は、伝統的に中央集権的な日本の文脈において、分権化と地方自治として「分節民主主義」を構想していたが、七〇年代にはグローバル・イシューを視野におさめるようになった。松下の政治理論は今や、地方分権とローカル・レベルにおける政治参加の構想だけでなく、ローカル・デモクラシー、ナショナル・デモクラシー、インターナショナル（あるいはトランスナショナル）・デモクラシーという重層的な分節化を指向するものとなっている。これらの点は、すでに狭義の大衆社会論の域を超えており、松下自身による政治理論のパラダイム転換であると言えよう。

三　現代ヨーロッパのデモクラシー論との親和性

筆者は、マルクスの階級理論を包含する松下の大衆社会論は、単に一九五〇年代の日本の社会科学の左翼的雰囲気の歴史的産物に過ぎないのでなく、世界的にもユニークな大衆社会理論として評価されなければならない、と述べてきた。と同時に筆者はまた、松下の大衆社会論は、デモクラシーと社会主義との関係性に関する重要な知見を含んでいる、と考えている。次節以降では、松下の理論と、現代ヨーロッパの左派的なデモクラシー論との間の親和性について、いくつか考えてみたい。

松下理論と、現代ヨーロッパの理論とを比較する場合、言うまでもないことだが、一九五〇年代日本と一九八〇～九〇年代ヨーロッパとの政治的・社会的コンテクストの相違に留意しなければならない。一九八〇年代以降の欧米の政治理論には、いくつかの共通するキーワードがあるように思われる。すなわち、「市民社会」(civil society)、「コミュニティ」(community)、「シティズンシップ」(citizenship)であり、これらはすべて、いわゆるラディカル・デモクラシーの議論で焦点とされることの多いものである。それら三つの概念がキーワードとされた現代政治理論の諸論点を大まかに考えてみると、以下のように整理できるのではないか。(1)

(1) 現代の民主国家における国家(政府)の無制限の力——いわゆる国家主義《ステイティズム》——と、単なるエリート選出の形式的手続きと化したデモクラシーの問題

(2) 先進自由主義諸国における、行き過ぎた個人主義・価値相対主義と、人々の間の公的空間(あるいはレス・プブリカ)の喪失

(3) 旧東欧諸国における、一党支配体制に対する「市民社会」という名の市民的抵抗

(4) 「新しい社会運動」によって提起された多様な政治的論点、および伝統的な公/私の区別の再検討

(5) 差異の政治、アイデンティティの政治、多文化主義などの台頭

確かにこれらは、ファシズムや全体主義といった二〇世紀前半の諸問題とは異なったイシューであり、大衆社会や全体主義的《トータリタリアン》デモクラシーといった議論が一九七〇年代に政治学・社会学で姿を消す傾向にあったのは、もっともなことかもしれない。さらに、いわゆるポストモダン、ポスト構造主義と

いった知的潮流が、デモクラシーに関する議論の性質を変えてしまったことも、事実かもしれない。にもかかわらず、市民社会、コミュニティ、シティズンシップといったキーワードが、広義の大衆社会論によって提起された諸問題を表す言葉であるというのも、また同様に事実であろう。大衆社会やマス・デモクラシーに関する議論が消えたということと、それらの諸問題がなくなったということは、同じではない。

その上、デモクラシーと社会主義との関係性という問題は、国家と市民社会をめぐって、一九八〇年代以来ヨーロッパ左派のデモクラシー論の中心的論点の一つであり、それはさらにポスト冷戦期に深められてきている。「大衆社会論争」が起こった一九五六~五七年が日本の知識人に与えたインパクト（スターリン批判、ハンガリー事件）と同様のものが、一九八〇~九〇年代という時代（中・東欧民主化、冷戦終結）によってヨーロッパ左派政治理論家たちに与えられたのかもしれない。しかし当時の日本の場合、デモクラシーと社会主義の関係について問題提起したのは、マルクス主義の側ではなく、マルクス主義ではないがマルクス的性格を色濃く帯びた松下の大衆社会論（および構造改革論者）であった。日本のマルクス主義者は、デモクラシーに関する見るべき議論を発展させたとは言えなかった。松下理論は、現代ヨーロッパ左派のデモクラシー理論の先駆であったと言うことも不可能ではない。ゆえに、二〇世紀全体でのデモクラシーに関する議論を包括的に再検討するためにも、松下理論と現代ヨーロッパのデモクラシー理論とを比較することには、重要な意味があるであろう。

当然のことながら、比較の対象は選択的にならざるを得ない。ここでは、市民社会とデモクラシーに関するジョン・キーンの議論、マルクス主義的な階級アイデンティティの相対化に関するポスト・マルクス主義の議論、デヴィッド・ヘルドのグローバル・デモクラシー論が、それぞれ松下理論と親和性を持つ側面について、考察してみたい。

第二節　J・キーンのデモクラシー理論と松下理論

一九五〇年代、松下は、マルクス主義者が否定的に「ブルジョア・デモクラシー」と呼んだものを、「一般民主主義」としてその形式性を擁護した。そして、マス・デモクラシー——常に個人の自由を脅かすファシズムと化す危険性を持つ——の下での社会主義の役割は、その形式的・一般的デモクラシーの擁護にこそある、と主張したのであった。佐藤昇や長洲一二ら、当時のイタリア共産党の議論に触発された日本の構造改革論者たちもまた、形式的デモクラシーは必要であり、労働運動は「ブルジョア」デモクラシーの否定ではなく、形式的デモクラシーを内実あるものとする労働者の参加デモクラシーである、と論じた。

以上のような日本におけるデモクラシーと社会主義の議論がただちに想起させるのは、ノルベルト・ボッビオによる自由主義的社会主義《リベラル・ソーシャリズム》の理念であろう。ボッビオは、現代西洋諸国においてデモクラシーの実現を阻む四つのパラドックス——規模の巨大化した現代の社会生活、国家機構の官僚制化、必要とされる意思決定のますますの専門技術化《テクニカリティ》、市民社会から大衆社会へという趨勢——を指摘するが、しかし彼が強調するのは、少なくとも現代デモクラシーが、ファシズム体制や国家主義的社会主義独裁よりははるかにましなものであることである（Bobbio［1987a: 99］、cf. Gamble［1991］）。ボッビオにとって、デモクラシーの最小限度の定義は、「誰が集合的決定をなす権限を与えられ、いかなる手続きがそこで採用されるか、それらを確立する一連の（基礎的・基本的な）諸ルール」というものである（Bobbio［1987b: 24］、傍点は原文イタリック）。そして、社会主義的な政治として唯一可能なものは、民主的制度を「ブルジョア的」「形式的」として拒絶するのでなく、むしろ民主的制度を擁護するものである、というのである。ここでは、ボッビオのこうした観点を受け継いで市民社会観念を練り上げているジョン・キーンの、社会主義とデモクラシーに関する議論を検討し、松下の構想と比較してみたい。

一　キーンの社会主義と市民社会の概念

「より大きなデモクラシー」としての社会主義

キーンもまた、社会主義者に対して、「社会主義はリベラル・デモクラシーを拒絶することによって実現される」という伝統的左翼の理念を、放棄することを求めている。つまり、「ポスト・リベラル・デモクラシーは、考えることが可能であるし望ましくもあるが、しかし非《ノン》リベラル・デモクラシーというのは、語義的にもまた事実の上からも矛盾である」というのである（Keane［1991a: 9］）。キーンは一九八〇年代、東欧と西欧の双方における市民社会の衰退を論じていた。——中・東欧においては、その一党システムのもとで、国家および共産党から自律した下からの公共圏《パブリック・スフィアーズ》という意味での市民社会は、息絶えようとしていた。そして、政治的生活と社会的生活との間の区別は無視されていた。一方、西欧の民主諸国においては、国家と市民社会との間の区別は維持されていたものの、市民社会は常に、その影響力を増大させる国家および私企業によって脅かされていた（Keane［1988b: 2-6］）。こうしたコンテクストにおいてキーンは、社会主義が中央集権化された国家権力と同一視されることのないように、社会主義者は社会主義をラディカルに再定義する必要性を強調した。つまり、市民社会を活性化させ、国家権力をより民主的に改革するために、社会主義は「より大きな《グレイター》デモクラシー」と同義とならなければならない、というのである。

キーンによれば、デモクラシーと社会主義、あるいは古くからの目標である自由と平等について、意味のある問いを立てようとするならば、国家と市民社会との関係を再考することによって可能となる。彼は、国家主導型社会主義《ステイト・アドミニスタード》（すなわちケインズ主義的福祉国家）と新保守主義との双方を拒絶することが必要であるという。国家主導型社会主義は、国家権力が社会的存在の世話人《ケアテイカー》およびモダナイザーとなり得る、という前提を持ち、その結果、ナショナル・レベルおよび地域・ローカル・レベルでの国家行為《ステイト・エイジェンシー》の顕著な増大をもたらした。それは、自由の問題を軽視し、市民社会に平等を強いるものであった。他方、新保守主義は、市民社会を非政治的な自由市場へと原子化しようと試み、それと同時に、国家の権威・権力は増大すべきであると考えていたので、結果として現存する不平等をそのまま維持させてしまった（Keane［1988a: 4-11］、cf. Keane［1984: 1-3］）[2]。したがって、キーンが言うには、もし社会主義者が自由と平等の両方を望むならば、「国家か市民社会か」あるいは「平等か自由か」といった社会主義に伝統的な問題構成を乗り越えなければならない。重要な問いは、自由を伴った平等を実現し最大化させるために国家と市民社会がどのように結びつけられ得るか、というものでなければならない（Keane［1988a: 11］）。

国家と市民社会——二重の民主化

キーンが、国家と市民社会との関係性を再考しなければならないと言う場合、そこでの国家とは「政治諸制度の複合的なネットワーク（国家の軍事的・法的・行政的・生産的・文化的機関を含む）」を意味し、また市民社会とは「法的に認知され、国家によって保障されている、社会的な（私的所有に基づいたり、市場指向的であったり、自発的に運営されたり、あるいは親睦《フレンドシップ》に基づくような）諸活動の領域」を意味している（Keane［1988a: 3］）。特に市民社会という用語に関して、キーンは、あたかもそれが資本主義的企業や家父長制的家庭に支配された、非国家的で法的に保障された領域以外の何物でもないとする、新保守主義的な狭義の定義づけを拒否している。むしろ彼は、より抽象的な意味で市民社会を考

える。つまり市民社会は、

その成員が主に複合的な非国家的活動――経済的・文化的生産、家庭生活、自発的結社《ヴォランタリー・アソシエーションズ》――に従事し、またその成員が、これらを通じてあらゆる圧力やコントロールを国家機構に加えることによって、自らのアイデンティティを維持あるいは変容させるような、そうした諸機構の総体

として理解し得るというのである（Keane［1988a: 14］）。キーンは新保守主義者と異なって、市民社会に何か単一で永続的な形態があるとは考えない。彼にとって重要な点は、市民社会が「法的に保障され自己組織的な、多元的な公共圏――生産単位、家庭、自発的組織、共同体《コミュニティ》ベースの公共サービス――を含むような非国家的領域」となる潜在的可能性である。したがって、彼のいう「民主化」（すなわち「社会主義への道」）は、社会的平等と自由の拡大、および国家機構の再構成と民主化、という二つの同時進行の過程を経て、市民社会と国家の境界線を再編する試みである（Keane［1988a: 14］）。

このような民主化の過程に必要な条件として、キーンは二つを挙げる。まず第一に、市民社会に対する権力が――それも私的資本や国家権力のみならず、白人・異性愛・男性市民による権力もまた――減じられなければならない。こうした権力の縮小は、「市民が『社交的な』公共圏において共に活動することによって、平等な権力を獲得でき、市民社会において活動的な役割を果たす市民の能力を極大化できるような」社会闘争と公共政策のイニシアティヴを通じて、可能となる。第二に、国家機構は

市民社会に対して、より責任《アカウンタブル》あるものにならなければならない。国家は、市民生活の保護者・コーディネイターとして、その機能を再編されなければならない。この二つの条件を同時に満たすということは、すなわち、国家と市民社会のいずれか一方が他方に取って代わる、という従来の前提そのものを拒否することを意味する（Keane［1988a: 14］)。ゆえに、

市民社会と国家とは相互に互いの民主化の条件とならなければならないのである。……要するに、私が議論しているのは次のことである。自律した公共圏として保障された独立した市民社会なしては、自由と平等、参加型計画、コミュニティの意思決定といった目標は、空虚なスローガンとなってしまうだろう。しかし、国家の保護的・再配分的・紛争調停的な機能なくしては、市民社会を変容させようという闘争は、閉じ込められ分断され停滞し、あるいは新たな形態の不平等・不自由を生み出すこととなろう。（Keane［1988a: 15］）

以上の議論を前提にして、キーンは、ラディカルに修正された、多元的な社会主義の再定義を提唱する。すなわち社会主義は、国家主導型社会主義の失敗に対しては「国家権力の民主的改革」を意味するものとなり、権威主義的な新保守主義に対しては「市民社会の活性化」を意味するものとなる（Keane［1988a: 25］)。従来の社会主義者は、デモクラシーを狭義の「社会主義」実現のための道具と見なしてきた。しかし、国家と市民社会をめぐる今日の新しい民主的メカニズムは、従来の社会主義者

の考え方――特に、集団的所有と、生産手段の国家管理という発想に集約された考え――を受け入れるとは限らない。したがって、もしも社会主義が、市民社会と国家の分離・民主化と等価であらねばならないのであれば、社会主義者は、中央集権化／分権化、国家による計画／私的な市場、法令的／自発的、専門的／素人的、公的所有／私的所有、などといった従来の二分法を放棄しなければならない。「国家主義的な社会主義モデル（社会民主主義であれ、国家消滅の名において実は国家を強化する共産主義革命であれ）か、あるいはサンディカリズムまたは他の形態の「リバタリアニズム」か、という伝統的な二〇世紀的選択は、すでに終わっているのである」（Keane［1988a: 25-26］）。

二　松下理論との比較

デモクラシー・市民社会・「社会・主義」

松下の大衆社会論および政治理論は、いくつかの点で、キーンの市民社会と国家に関する議論と親和性を持つ。まず、日本のマルクス主義者がデモクラシーを「ブルジョア・デモクラシー」として否定的に見ていたのに対して、松下が「一般民主主義」（すなわちデモクラシーの普遍性）を唱えたのは、キーンのいう「より大きな《グレイター》デモクラシー」としての社会主義（および、ボッビオのリベラル・デモクラシー理解）と同じ方向性であると言ってよい。つまり、デモクラシーは、社会主義実現のための手段と考えられてはならないし、また、廃止されるべきブルジョア・デモクラシーと見なされてもならない。

そうではなく、社会主義は、デモクラシーの徹底化《ラディカリゼーション》をもたらすものでなければならないのである。

松下が、マルクスはロック以来の市民政治理論の後継者であると言い、またマルクスの思想はブルジョア的市民社会に対してプロレタリア市民社会を構想した「社会・主義《ソサエティズム》」であったと言う場合、松下は社会主義をある種のラディカル・デモクラシーと理解していたということができるのである。松下にとって、「形式民主主義」はあくまで前提とすべきものであって、廃棄されてはならない。しかし同時に、普通選挙権の実現にもかかわらず、労働者は、資本主義的な階級関係（資本主義的疎外）のゆえに、また「形式民主主義」が官僚統制によって容易にマス・デモクラシーに陥る（大衆社会的疎外）のゆえに、実質的な主体者となり得ているとは言えない。ゆえに人々の、体制に対する「抵抗」、意思決定過程への「参加」、「自治」あるいは自律が強調されなければならなかった。その意味で、松下の意図は、形式的デモクラシーを実質化すること、あるいはデモクラシーを徹底化することにあったと言ってよく、当時の社会主義的な革新政党に対して、狭義の階級闘争にのみ基づくのでなく、二重の疎外をも認識した闘争を組織することを求めたのであった。

松下の、二重の疎外を克服するための「社会・主義《ソサエティズム》」構想は、市民社会と国家の二重の民主化のために社会主義を再定義しなければならないとするキーンの構想と、軌を一にするように見える。資本主義的疎外をいかに乗り越えるかという問題は、市場社会をいかに民主化し、新保守主義的な自由市場イデオロギーと法人資本主義にいかに対抗するか、という問題に通じる。また、大衆社会的疎外をいかに克服するかという問題は、官僚統制と大衆操作――人々の自己決定を妨げるもの――が中央集権的国家権力および巨大メディア資本の存在によって現代でもアクチュアルな問題である以上、市民社会をいかに活性化させ国家を民主化するかという課題に直結する。

多元主義と参加

このように言ったからといって、キーンの市民社会の構想が松下のものと同じであるというわけではない。キーンが一九八〇年代に念頭に置いたのは、一方では、国家から自律した領域としての市民社会がほぼ失われつつある、中・東欧の現存社会主義における一党システムであり、他方では、西欧において行き詰まりを見せていたケインズ主義的福祉国家であった。新保守主義の台頭に対抗して、キーンが構想したのは、国家と市民社会は相互に互いの民主化の条件とならねばならないということであり、草の根のインフォーマルで非政治的な「新しい社会運動」の役割を強調したのであった（Keane［1988b: 1-13］）。同時に彼は、参加デモクラシーおよび直接デモクラシーの可能性に対しては、懐疑的である。ボッビオと共に、彼は基本的にデモクラシーを、手続き的な諸ルールの体系であると理解する。「直接デモクラシーは、合意に基づく意思決定においてこそ成功するものである。……ゆえにそれは、政策の選択肢が限られている場合に、最もよく機能する」のであり、代表制デモクラシーの制度なしには、複雑で競合的な問題に関する意思決定は恣意的なものになる可能性がある（Keane［1991a: 8-10］）。

キーンの市民社会論は、人々の政治参加によりもむしろ多元主義《プルーラリズム》に力点を置いたものということができる。

> 自由の極大化は、市民の間の複合的な平等の極大化を要請するのだが、その自由の秘密は、市民社会と国家のそれぞれの内部およびそれらの間のさまざまな制度に、意思決定権力を分割しているところにある。市民の自由の極大化には、彼ら・彼女らの——特に、悪い影響を蒙る人々の間での——選択肢の最大化が伴う。そして、選択肢の拡大には、さまざまな集団や市民が、もし参加したいという意思があるならばその場合に参加できるような、そうした社会的・政治的領域の多様性が増すことが必要となる。（**Keane**［1988a: 13］）

彼はまた、市民がもしそうしたければ、市民社会や国家のある領域に参加できる、という条件が重要であるとしている。デモクラシーは、すべての個人にフルタイムで政治的動物の役割を果たすことを要求するものではない、というのである（**Keane**［1988a: 13］）。「過剰なデモクラシーは、デモクラシー自体を殺してしまう。生活をのべつ幕無しに政治化したり、フルタイムで全権を有する公民の社会を作ろうとすることは、実際のところ、デモクラシーとは正反対なのである」（**Keane**［1991a: 11］）。中・東欧の共産主義体制のように、市民社会と国家との区別や、社会的領域と政治的領域との区別が消えてしまっている世界においては、あらゆるものごとが政治的に定義づけられ、私生活は公的領域にすっかり飲み込まれ、人間は「まるごとの《トータル》公民」へと変えられてしまい、つまるところ、近代社会の持つ多様性や複雑性が一切否定されてしまう――キーンは、そのような結果に陥ることを警戒しているようである（Keane［1991a: 11］）。

一方、松下による市民社会の構想は、むしろ参加デモクラシー論とパラレルであったということができよう。彼はロックの政治理論から、自由な個人の自発的結合《アソシエーション》という理念を抽出し、またマルクスの『共産党宣言』の中に、プロレタリア個人の自由な結合としての市民社会を実現しようとするラディカル・デモクラシーの構想を見出した（これこそが、松下による「ロック的マルクス」理解である）。日本の文脈――戦前においては、市民的自由と私的領域が国家権力に支配され、人々は天皇制国家に忠誠を尽くしナショナリスティックな全体戦争を遂行する「国民《ネイション》」へとまるごと変えられた――において、松下は確かにキーンと同様に、政治的なものが社会的なものを侵してしまう危険性を感じていた（この点、文脈の異なるウォーリンの関心とは逆であるように見える）。そして松下は、国家権力からの個人の自由が、戦後日本において非常に重要であると見なしていた。にもかかわらず、彼が直面した戦後日本のデモクラシーは、「滅私奉公」から「滅公奉私」へという「私化」を通じたマス・デモクラシーであり、それは明治以来の集権的な官僚機構と、日本人の根深い前近代的・封建主義的なメンタリティおよび「ムラ状況」を伴うものであった。

そのようなコンテクストから、松下は、「市民」論に関わった他の知識人たちと同様に、人々の下からの自発性と政治参加を、ラディカルなデモクラシーの基礎として強調したのであった。ここで再び、松下はロックの理論からレジスタンスの思想（抵抗権）を抽出し、特に一九五〇年代にあっては、保守政権に対する抵抗としての政治参加を考えていた。そして、一九六〇年代には、彼の民主化論は、地方自治体の意思決定への市民参加という形で、分権化と「地域民主主義」に力点を置いた。その帰結がシビル・ミニマムであり、彼の理想とする社会主義は、市民自らの政治参加を通じて、都市生活における市民の最低限のニーズを満たすことを、意味するようになった。ここで地方自治体は、国家機構の下請け機関としてではなく、一種の「レス・プブリカ」として構想されていたと言えよう。松下は、直接的な参加デモクラシーを、代表制デモクラシーに取って代わるものとしてではなく、むしろ代表制を補完するものとして考えていた。しかし同時にまた、伝統的に中央集権的な日本政治のコンテクストから、彼が地方レベルでの直接デモクラシーにしばしば焦点を置いたことも事実である。彼は、分権化、シビル・ミニマム、地方の自律、という形で、彼のいう「分節民主主義」を追求したと言ってよい。この「分節民主主義」は後に、デヴィッド・ヘルドの民主的自律の理念と比較することにしよう。

第三節　ポスト・マルクス主義理論と松下理論

日本における「大衆社会論争」の一つの論点は、「階級の〈大衆〉化」という松下の説明をめぐるものであった。松下にとっては、一九世紀と二〇世紀とでは、どちらにも資本主義的階級関係が存在するものの、しかし労働者の生活様式・社会形態は変化したのであった。マルクス主義者は、松下の議論は階級関係を否定し人々を見下すものであるとして、批判を浴びせた。一方、松下の側では、革新政党が単に「階級闘争」を口に繰り返すのみでは人々を有効に組織できない、と主張したのであった。これは、階級アイデンティティが本質的であるか否かという議論につながるもの――当時「アイデンティティ」という言葉は日本では用いられなかったものの――であったと言うことができよう。

このことは、エルネスト・ラクラウとシャンタル・ムフに代表されるポスト・マルクス主義の議論と比較できよう。『ヘゲモニーと社会主義戦略』（*Hegemony and Socialist Strategy*、邦訳名『ポスト・マルクス主義と政治』）において、ラクラウとムフは、伝統的な左翼的言説が危機に陥ったと強調した。

> 今日危機にあるのは、社会主義という構想の全体なのである。社会主義の構想は、労働者階級の存在論的中心性とか、ひとつの社会から他の社会への移行における基礎定立的な契機《ア・ファウンディング・モメント》としての「大文字で始まる革命」の役割であるとか、政治の契機を無化してしまうような完全に単一的・同質的な集団意思という幻想的な展望などを、基盤にしているのである。今日の社会闘争の多岐にわたる多種多様な性格は、こうした政治的虚構の究極の基礎を最終的に解体してしまった。「普遍的」主体で満たされ、単一の歴史なるものを核として概念的に構築されているこうした政治的虚構は、「社会」を理解可能な構造として想定してきた。この構造は、ある特定の階級的立場を基盤として知的に支配しうるし、また政治的な特徴を持った基礎定立的行為《ア・ファウンディング・モメント》を通じて、合理的で透明な秩序として最構成されうるものとされてきた。今日では、左翼は、以上のようなジャコバン的仮想が解体する最終場面を目撃しつつあるのである。（Laclau / Mouffe［1985: 2 = 2000: 6-7］）

一　民主的等価性と自由主義的社会主義

本質主義批判

言うまでもなく、ラクラウとムフが念頭に置いているのは、フェミニズム、民族的《エスニック》・性的マイノリティの抗議運動、エコロジー運動、反核運動などの、多様な新しい社会運動である（Laclau / Mouffe［1985: 1 = 2000: 5-6］）。彼らにとって、それらの運動のすべては、多くの社会関係におけるさらなる民主化《ラディカル》のための闘争である。そして、その闘争の多様性・複数性は、労働者階級を含む特定のアイデンティティを究極的基礎定立《アルティメイト・ファウンデーション》と見なすことを許さないものである。階級アイデンティティは、社会関係の複数性を消去できるような、何かア・プリオリで普遍的なものと見なされるべきではない。むしろ、「各集団の要求が他の集団の要求と等価的に節合されるような仕方で――マルクスの言葉で言えば『各人の自由な発展があらゆる人々の自由な発展の条件である』ように――さまざまな集団のアイデンティティを変化させる、新しい共通感覚《コモン・センス》」を構築しなければならない（Laclau / Mouffe［1985: 183 = 2000: 288］）。

女性や移民や消費者の権利を犠牲にしないで労働者の利害を擁護するためには、これらの異なった諸闘争のあいだで等価性を確立することが必要である。このような条件のもとにおいてのみ、権力に対する闘争は真に民主的になり、権利の要求は個人主義的な問題構成を基盤に行なわれるのではなく、他の従属させられた諸集団の平等性を尊重するようになされるのである。（Laclau / Mouffe［1985: 184 = 2000: 288］）

これが、ラクラウとムフが「民主的等価性の原理《デモクラティック・エクイヴァレンス》」と呼ぶものである。彼らは、階級アイデンティティおよび階級闘争が本質的なものであるとする伝統的な左翼の考え――いわゆる「本質主義《エッセンシャリズム》」――を拒否するのである。ゆえに今日、左派の選択すべきオルタナティヴは、「民主主義革命の領野のなかに自らを完全に位置づけ、抑圧に対するさまざまな闘争のあいだでの等価性の連鎖を拡張することでなければならない。したがって、左派の課題は、リベラル・デモクラシーのイデオロギーを放棄することではなく、反対に、それを根源的かつ多元的なデモクラシーの方向へと深化・拡大させることにある」（Laclau / Mouffe［1985: 176 = 2000: 278］、傍点は原文イタリック）というのである。

個人主義批判と社会主義

またムフは、社会主義をラディカル・デモクラシーのプロジェクトに位置づけ直すために、政治的自由主義と社会主義とが節合されること――言わば自由主義的社会主義《リベラル・ソーシャリズム》――が重要であると指摘する。リベラル・デモクラシーの深化のためにムフが問題とするのは、自由主義と個人主義との結びつきである。彼女によれば、リベラル・デモクラシーの出発点と考えられている原子論的な個人主義は、しばしば自由主義に固有のものと理解されているが、個人主義と政治的自由主義のあいだの節合は、歴史的な産物にすぎない。この両者の節合は確かに、近代デモクラシーの発生においては重要な役割を果たしたが、しかしその後、近代デモクラシーの深化に対しては障害となってしまった（Mouffe［1993: 100 = 1998: 199］）。「今日、個々別々の存在としての個人による権力のコントロールという観点からのみデモクラシーを考えるのは、まったく非現実的である」（Mouffe［1993: 99 = 1998: 198-99］）。ムフは、やはり自由主義と両立する社会主義を構想しながら個人主義を必要不可欠の原理と考えるボッビオを批判しつつ、次のように述べる。

個人を単子《モナド》として、つまり社会に先立って存在し社会から独立して存在する「負荷なき」自己として理論化するのでなく、むしろ「主体位置《サブジェクト・ポジションズ》」の集合によって構成され、多種多様な社会関係のうちに深く定位されるひとつの場として理論化する必要がある。すなわち個人を、数多くのコミュニティに所属する成員、また多種多様な帰属意識《アイデンティフィケーション》の集合的形態への参画者として、理論化する必要がある。（Mouffe［1993: 97 = 1998: 194］）

ムフの個人主義批判は、前近代的な有機体的社会への回帰でもなければ、個別主義《パティキュラリズム》を擁護する普遍主義拒否でもない。「個人の普遍的・人間的な次元を否定し、純粋な個別主義——それは別の形の本質主義である——のみ許容する、といった観点に逆戻りすることなく、個人性《インディヴィジュアリティ》というものを、つねに相互に破壊する多種多様な帰属意識と集合的アイデンティティの交差によって構成されるものとして、想定し得るに違いない」（Mouffe［1993: 97 = 1998: 195］）。ムフの議論の中心にあるのは、現実の個人はさまざまな主体位置によって構成された複数のアイデンティティを有するのであり、そのアイデンティティの複数性こそが近代デモクラシーの特徴である、という理解である。したがって、リベラル・デモクラシーを深化させるためには、個人主義を問い直し、個人を単なる有機体的全体の構成要素に矮小化することなしに、個人の社会的性格を復興させるような、個人性への新たなアプローチが不可欠ということになる。彼女の見解では、社会主義思想の伝統が今日においても重要な役割を果たすことができるとすれば、まさにこうした新たな個人性を定式化することにおいてなのである。「社会主義と政治的自由主義との節合は、リベラル・デモクラシーによって作られた多元主義的な進歩を豊かにし、深化させることができ、根源的《ラディカル》かつ多元的《プルーラル》なデモクラシーの発展に求められる枠組みを作り出すのに役立ち得るのである」（Mouffe［1993: 100 = 1998: 200］）。

ムフ（およびラクラウ）の根源的かつ多元的なデモクラシーは、「民主主義革命」を広範な社会関係に拡大・深化させようというプロジェクトである。そしてムフは、そのようなプロジェクトの観点から社会主義を再定義し、多元的デモクラシーの枠組みの中に社会主義の目的を銘記し直そうというのである。そして彼女は、リベラル・デモクラシー体制を棄却して実現するまったく新しい社会システムとして社会主義を考えるのでなく、社会主義の目的と政治的自由主義の制度とを節合する必要性を強調する。彼女の観点からすれば、従来の「公式」――政治に対する生産関係（下部構造）の優位性、

「ブルジョア・デモクラシー」という近代デモクラシー規定、革命とプロレタリア独裁——は必ずしも社会主義思想に本来的なものではなく、ゆえに「自由主義か社会主義か」といった問題構成そのものを脱構築しなければならないものなのであった。

二　松下理論との比較

「節合」と「分節民主主義」

松下の政治理論が、ジャン＝フランソワ・リオタールやクロード・ルフォール、ルードヴィヒ・ヴィトゲンシュタインの哲学やカール・シュミットの政治学を基礎としたラクラウ／ムフのものと、大いに異なった性質のものであることは事実であろう。にもかかわらず、それらは共通の目的ゆえに、比較が可能であると思われる。すなわち、従来の左翼的な階級アイデンティティ観念を相対化すること、およびリベラル・デモクラシーと両立可能な社会主義（あるいは自由主義的社会主義）を構想すること、である。

まず、階級アイデンティティの相対化についてであるが、松下の「国民統一戦線型人民デモクラシー」の構想をここで想起しよう。この構想は、狭義の階級闘争を越えて、体制に対する統一的な民主化闘争を形成しようとするものであった。松下は一九五〇年代に、二〇世紀の労働者「階級」の社会形態が〈大衆〉へと変化したと論じた。そして彼は、マス・デモクラシーの否定的側面を指摘するのみならず、大衆社会の中に新たな市民運動の可能性の条件を見出したのであった。日本において、住民運動という形での市民の政治参加が勃興した一九六〇年代には、松下は市民的自律・市民運動の議論を発展させた。その当時、彼が「新しい社会運動」のポストモダン的な議論を念頭に置いたとは、時代的に考えがたいものの、しかし事実上、彼は労働運動を含めた人々の自発的運動の連帯への道を考えたのであり、階級闘争を特権的に扱うことを避けようとしたのであった。

　松下は近年、自身の一九五〇年代の大衆社会論における左翼的・準軍事的用語について、それら死語になりつつある言葉が現代的用語に置き換え可能であると述べている。例えば、「独占資本段階」は「大企業主導段階」に、また「統一戦線」は「ネットワーク」あるいは「連合」に、といった具合である（松下［1994: 526］）。もしも彼の「国民統一戦線型人民デモクラシー」が、今日的なネットワーク型市民運動へと読み換え可能であるならば、それはラクラウ／ムフによる「民主的等価性」と同様の指向性を持っていたと考えることができる。すなわち、さまざまな社会運動を根源的で多元的なデモクラシーへ向けて節合するために、階級アイデンティティに対する本質主義《エッセンシャリズム》的な見方を放棄しようという主張である。ラクラウ／ムフの本質主義の放棄は、主体位置を分散させる脱全体化・脱中心化の側面が有力な他の非本質主義者たちの観点とは異なっている。すなわち、いささか長くなるが引用すれば、

　われわれにとっては節合の側面が重要なのである。主体位置のあいだのア・プリオリで必然的な結びつきが存在することを否定するからといって、歴史的で偶然的で可変の結びつきをそれらの

あいだに確立しようとする絶えざる努力がないという意味ではない。こうした結びつきが、われわれが「節合《アーティキュレーション》」と呼ぶものであり、それはさまざまな位置のあいだに、あらかじめ決められていない偶然的な関係を確立するものなのである。たとえ異なる主体位置のあいだに必然的な結びつきがないにせよ、政治の分野においては、異なる立場から節合を調達しようという言説がつねにあるのである。そうした理由から、あらゆる主体位置は、本質的に不安定な言説的構造のなかに位置づけられている。というのは、主体位置は、それをつねに破壊し変革させるような多種多様な節合の営みに従属しているからである。ある主体位置と他の主体位置とのあいだに決定的なものはないというのは、そういう意味においてであり、したがって、完全かつ恒常的に獲得できるような社会的アイデンティティはない。このことは、われわれが「労働者階級」、「男性」、「女性」、「黒人」といった観念や、その他の集合的な主体を表すシニフィアンを使用できないという意味ではない。しかしながら、ある共通の本質の存在が一度放棄されたならば、それらの地位はヴィトゲンシュタインが「家族的類似性」と呼んだものと考えられなければならないし、それらの統一は、結節点の創出によるアイデンティティの部分的固定化の結果であるとみなされなければならない。（Mouffe［1993: 78 = 1998: 157-58］、傍点は山田）

確かに、松下の議論は、ラクラウ／ムフに見られるような「階級」アイデンティティの相対化の議論とは、異なっていよう。一九五〇年代の松下の議論は基本的に、（彼がアイデンティティという言葉を用いたかどうかに関わらず）国民という単一のアイデンティティのもとにあらゆる人々を統一させようとする「国民運動」を指向していた。当時の彼の論理は、社会主義者による「大衆ナショナリズム」の再評価を通じて、「逆コース」に対抗する国民統一戦線を確立するというものであり、しかもそれは、「大衆ナショナリズム」を上からの動員にではなく、労働者・農民・学生・主婦らを含めた「国民」の名における下からの抵抗運動へと転化しようとするものであった（Cf. 松下［1962］）。しかしながら、このことは必ずしも、松下が国民アイデンティティを何か本質的なものと見なしていたことを、意味するものではない。一九六〇年代の彼の「地域民主主義」に関する議論は、彼の多元主義的なデモクラシー観を示すものであったし、そこでの彼の構想は「分節民主主義」と呼ばれていた。彼がその当時、ポスト構造主義的な哲学に通じていたとは思われないが、実際的なレベルにおいては、彼の「分節」には「分権化《ディセンタリング》」と同時に「節合《アーティキュレーション》」が含まれていたと考えることができよう。

政治的なるものとアソシエーション

そうした節合の理念をめぐっては、ラクラウ、ムフ、松下（そして丸山眞男）の間に、「政治的なるもの《ザ・ポリティカル》」に対する共通の理解を見出すことができよう。ラクラウやムフにとっては、「政治的なるもの」に固有のものは紛争《コンフリクト》と決断《ディシジョン》の中に見出すことができるのであり、あらゆる人間社会に存在する敵対関係《アンタゴニズム》という性質をなくすことは不可能なのである。ムフが批判するところによれば、自由主義的思想は、ポスト冷戦期にあってはその最終的勝利が喧伝されたものの、しかしそれは政治的なるものを把捉することに失敗している。そして彼女は、友敵関係によって特徴づけられる、カール・シュミットによる「政治的なるもの」の概念を、リベラル・デモクラシーを弱めるのではなく強めるために用いようと試みる（Mouffe［1993: 1-3 = 1998: 1-4］）。ムフは、彼女がラクラウとともに構想した根源的かつ多元的なデモクラシーの多元主義とは、「闘争的多元主義《アゴニスティック・プルーラリズム》」であり、それは現代デモクラシーにとって脅威なのではなく、むしろ現代デモクラシーの存在条件そのものであるとしている（Mouffe［1993: 4 = 1998: 8］）。ここでは「政治的なるもの」は、決して消滅することもなければ最終解決がなされることもない、多元主義・紛争・敵対関係といった観点から定義づけられている。

　松下（および丸山）は、異なったコンテクストからではあるが、「政治的なるもの」に対する同様の考え方を示している。それは、戦後日本の教条主義的マルクス主義の持つ、「歴史の必然性」という理念を批判する文脈においてである（例えば丸山による、スターリン批判への批判）。松下も丸山も、「歴史の必然性」と「経済決定論」の双方を拒否している。つまり、政治的なるものとは「可能性の技術」であり、政治においては絶対的な「善」とか「悪」といったものは存在しない。すべては流動・生成しつつあるのであり、特定のイデオロギーに基づいた最終解決なるものもあり得ない。ベストな政治というものは不可能であり、政治においては常によりまし《ベター》なものを追求し続けるよりない（悪さ加減の問題）。その意味において、政治とは、所与の歴史的・社会的状況の中で、あらゆる可能性を追求するという人間の営みなのである（丸山［1964］、松下［1969c］、cf. 松下［1991］［1998］）。松下や丸山は、その著作において、政治的なるものを「多元主義」「紛争」「敵対関係」といった言葉で定義づけしているようには見えないが、その指向性はラクラウやムフと同様と言ってよいであろう。特に、松下の大衆社会論は、人々を単に労働者階級と考えて大衆という側面（私的娯楽への満足や、公的問題への無関心）を無視し、階級闘争のみを追求する日本のマルクス主義に対する批判であった。前述のように、彼の「経済構造＝社会形態＝政治体制」という三重構造分析の提唱は、経済決定論を退ける彼の、政治的なるものへのリアルな認識に基づいていた。確かに、ムフがシュミットに依拠して「政治的なるもの」を考えているのに対して、丸山や松下の場合はヴェーバーやラスキから着想を得ているという相違はあるであろうが。

　また、自由主義的社会主義に関しては、松下とラクラウ／ムフが、共に自らの議論を擁護するために、マルクスの『共産党宣言』から「各人の自由な発展があらゆる人々の自由な発展の条件」という同じ一節を引用していることに注目すべきかもしれない。この一節によって、松下はマルクスを「社会・主義《ソサエティズム》」として、ロック以来の「市民政治理論」の伝統の中に位置づけ、独自の大衆社会論を展開した。この同じ一節は、ラクラウ／ムフが、自らのラディカルな民主政治の方向性を示すものとして引用している箇所である。

　前述のようにムフは、個人主義と政治的自由主義の結びつきは近代デモクラシーの発生において重要な役割を果したが、しかしその後、近代デモクラシーの深化に対しては障害となってしまった、と主張する。そして、一九八〇年代の北米の政治理論家・哲学者たちによるリベラル／コミュニタリアン論争を検討する中で、ムフが指摘するのは、マイケル・J・サンデルのようないわゆるコミュニタリアンあるいは共和主義的な理論家が、自由主義的な多元主義を拒否し、共有された道徳的価値と実体的な共通善の観念とを中核として組織されたタイプのコミュニティへと回帰しようとしている、という点である（Mouffe［1993: 64 = 1998: 130］）[3]。そうしたコミュニタリアン的な政治的コミュニティ概念に対して、構想すべき政治社会のあり方としてムフが示すのは、「実体的な共通善の存在を当然のこととして仮定したりはしないけれども共同性の観念は含んでいるような政治社会《ポリティカル・アソシエーション》」であり、「政治社会に参加する者同士の結びつきを作り出す倫理―政治的な紐帯は含んでいて、強い意味でではないにしても政治的『コミュニティ』について語ることを可能にしてくれるような、そうした政治社会」である（Mouffe［1993: 66 = 1998: 132-33］）。

ムフは、自由主義的な原子的個人主義も、また自由主義的多元主義を抑圧しがちなゲマインシャフト的な共通善も、ともに拒否する。彼女は、リベラル／コミュニタリアン論争という地平を越え、マイケル・オークショットが説明する「ソキエタス」（societas）あるいは「市民的結社《シヴィル・アソシエーション》」の解釈を通じて、自由なアソシエーションの概念を追究する。共通の実体的な目的を追求したり共通の利益を促進したりする企てに参画することを意味する「ウニヴェルシタス」（universitas）に対して、「ソキエタス」あるいは「市民的結社」は、行為する際に課せられる一定の条件に権威があることを承認するという点において行為者が相互に関係をもつ、という規則に基づく形式的な関係である。言い換えれば、「ソキエタス」に参加する市民は、共通の企てのために連合するのでもなければ、各人の個人的な成功を手に入れやすくしようという考えで連合するのでもない。市民が結び合うのは、彼らの共通《コモン》の関心なり「公的な《パブリック》」関心を事細かに措定する諸条件、すなわち「市民性の慣行《プラクティス・オヴ・シヴィリティ》」がもつ権威を承認するからである。オークショットはこの市民性の慣行を「レス・プブリカ」（res publica）と呼ぶ――。ここで、ムフのオークショット解釈では、「レス・プブリカ」が、共通善という単一の実体的観念を伴わない、個々人の自由の余地のある多元主義的なアソシエーションと考えられている（Mouffe [1993: 66-67 = 1998: 134-36]）。

このようなムフの「レス・プブリカ」に関する議論は、松下の二〇世紀における「社会・主義《ソサエティズム》」の理念を連想させるものである。松下の考えは、オークショットにではなく、ギールケ、メートランド、フィギス、バーカー、ラスキらに由来するものだが、彼は大衆社会においては、個人の自由は集団あるいは目的団体《アソシエーション》を通じて実現され維持される、と論じたのであった。松下は市民社会（あるいはレス・プブリカ）を、市民運動論につながるような、自由な個人の自発的結合《アソシエーション》と概念化した。そして彼の論理では、先に引用された『共産党宣言』の一節は、ロックの市民政治理論以来の「社会・主義」の表明と理解されなければならなかった。松下が指摘したのは、ラスキらによる二〇世紀の集団理論は、「社会・主義」の理念を継承しており、そこでの市民社会の観念は「ソキエタス」に由来するということである（第二章第二節を参照）。松下とムフは、共に『共産党宣言』を、「ソキエタス」あるいは「レス・プブリカ」の意味での市民社会（または「社会・主義」）の構想として、読んだとも言えるのかもしれない。こうした理解は、リベラル・デモクラシーと両立ししかもそれを深化させるものとしての社会主義を構想するために、かなめ石となるものであり、一九五〇年代日本の松下大衆社会論にそうした知見が含まれていたことは注目すべきことであろう。

第四節　D・ヘルドのデモクラシー理論と松下理論

一　分節的・重層的なデモクラシー

松下は一九六〇年代に大衆社会論をさらに展開させ、「分節民主主義」を提唱した。それには、地方自治体の意思決定への市民参加、および地方の分権化が含まれていた。その意味で松下の「分節民主主義」は、参加デモクラシーの提唱であるのみならず主権国家の相対化でもあり、特に一九七〇年代以降、彼の政治理論は（今日的に言えば）グローバル・ポリティクスへの視点を提供するものとなった。今日に至る彼の政治理論が前提にしているのは、分権化と国際化（あるいはグローバリゼーション）とが

図4―2　松下による、政治イメージのモデル転換

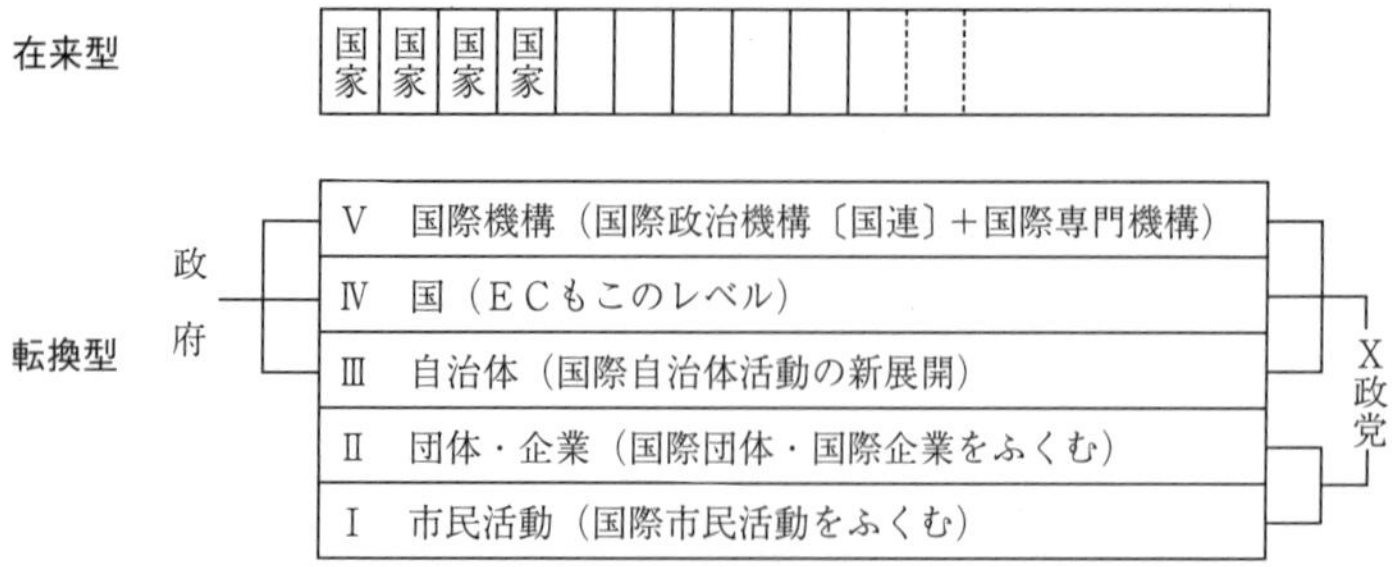

X政党は、各レベルをつらぬく、党派型〈政治媒体〉と位置づける。

（松下［1991: 54］）

パラレルな関係にあるということである。この点は、大衆社会およびマス・デモクラシーに関する議論と直接的な関係がないように見えるかもしれないが、しかし現在の松下のグローバルな政治理論は、一九五〇年代から続けられた彼の弛みなき理論の練り直し作業に基づいている。そして、彼の「分節民主主義」を、やはり地方の自律とグローバル・デモクラシーとを含むデヴィッド・ヘルドのデモクラシー理論と比較・検討することは、重要な作業となるであろう。

先に見たように、松下は自身の大衆社会論を、政治理論の近代化Ⅱ型から近代化Ⅲ型への橋渡しとして位置づけた。彼によれば、近代化Ⅲ型においては、一方では草の根の市民運動と市民参加が活発化し、他方で主権国家は、深刻なグローバル・イシュー――人権、南北問題、環境問題、核管理、等々――を排他的に解決する能力を失うようになる。ゆえに松下は、図4―2が示すように、現代政治のイメージの転換を要請するのである。

松下が強調するのは、ウェストファリア型の国家間《インター・ステイト》システムの放棄である。すなわち、世界的なコミュニケーションの発達

と、国際分業の拡大・深化は、不可避的に世界共通の諸課題を生み出し、グローバルな規模での政策基準が必要とされるようになる。そしてこのことは、必ずしも超国家的《スープラナショナル》な政府の成立を意味するものではなく、むしろ多様な脱国家的《トランスナショナル》な市民運動や国際的企業活動を刺激する。ゆえに松下は、伝統的な近代の国家間システムに替わるべき、多元的・重層的な政治理論のパラダイムを提唱するのである（松下［1991: 55］）。

松下の「分節民主主義」の理論は、国民国家を唯一の政府であるとは見なさない。図4―2によれば、政府には三つのレベルが存在する。すなわち、レベルⅢ（地方自治体）、レベルⅣ（主権国家）、レベルⅤ（国際機構）である。そして、彼の「分節」概念には二つの側面がある。一つには、レベルⅣからⅢへの分節化、つまり地方分権、ローカル・レベルでの直接デモクラシー、シビル・ミニマム、地方個性文化を通じての多元化である。もう一つは、レベルⅣからⅤへの分節化、つまり、世界共通の人権の確立、生活様式の国際平準化、飢餓・環境破壊・戦争などの問題解決という課題の地球規模への拡散、である。松下はしばしば「世界共通文化」という表現を用いるが、彼は決して単一の地球文明なるものを考えているのではなく、都市型社会化・工業化・民主化の普遍的進行による、各国の制度・政策・文化の平準化を意味している（松下［1991: 57-69］）。そして、自治体（Ⅲ）、国（Ⅳ）、国際機構（Ⅴ）という各レベルの政府は、次のようにそれぞれ独自の法を持つことになる。

自治体　　自治体法（シビル・ミニマムのための政策基準の独自策定）

国　　国法（ナショナル・ミニマムのための政策基準の全国調整）

国際機構　国際法（インターナショナル・ミニマムのための政策基準の国際調整）

そして、各レベルの法と政策が相互に連動しなければならないというのである（松下［1991: 33］）。

要するに、松下の分節的・重層的なデモクラシーの構想は、ローカル・デモクラシー、ナショナル・デモクラシー、グローバル・デモクラシーを包含し、同時にまた、レベルⅠ～Ⅴにおける多元的・重層的な意思決定をも含むものである。これは、ヘルドによるグローバル・デモクラシーの構想に非常に親和的であると言える。

二　「民主的自律性」とナショナル・デモクラシーの相対化

ヘルドは、国家と市民社会の再構成について、キーンとアイデアを共有している（Held / Keane［1984a］［1984b］、cf. Held［1989］: Chapter 5）。ヘルドは、国家と市民社会の両者の相互依存型変革という、二重の民主化《ダブル・デモクラティゼーション》過程が必要であるとの認識を通じて、彼の「民主的自律性《デモクラティック・オートノミー》」（あるいは「自由主義的社会主義《リベラル・ソーシャリズム》」）という概念を練り上げている。すなわち、国家の政策はより責任あるものとならなければならず、また非国家的《ノン・ステイト》活動は民主的に再編成されなければならない、というのである（Held［1996: 316 = 1998: 400］）。彼によれば、本質的な問題は、「民主的な公的生活条件（公開の討論、権力センターへのアクセス、一般的な政治参加など）と、法の支配の維持、紛争の仲裁、利益間の対立の調停を課題とする（執行部から行政の諸部門に至る）国家の諸機関との折り合いを、どのようにつけることができるか」、また「どうすれば『主権国家』と『主権人民』という両者の要件を充足できるのか」という点にある。

言い換えれば、問題になっているのは、立法と執行――および国家権力一般――を人民の無限の権力に委ねることなしに、国家に対する市民の主権を確立するということである。人民の無限の権力には、自律性の原理の確立、および個人や少数者の自由を、脅かす危険性が潜んでいるからである。もしもデモクラシーが、原理的に、すべての市民の権利と義務を尊重し、その遵守を求める状態と形態を維持すべきものであるならば、国家には、民主化のみならず、そのいくつかの独立的ないし公平な権力の保持と発展とが、求められているのである。（Held［1996: 317 = 1998: 401］）

そしてヘルドは、表4―1に示すように、国家と市民社会の二重の民主化過程をめぐって、「民主的自律性」のモデルを提示する。ここで彼の自律性の概念を詳細に検討する必要はあるまい。要するに、彼が自律性ということで意味しているのは、「各人は、他者の権利を否定しない限り、自らの生活条件を決定し得るという点で、自由かつ平等な存在となるべきである」ということであり、市民は自身の構想を自分で最大限にコントロールできなければならないのである。言い換えれば、ヘルドが考える

表4－1　ヘルドによる民主的自律性のモデル

【正当化《ジャスティフィケイション》の（諸）原理】

各人は平等な権利を享受すべきであり、したがってまた、自ら利用し得る機会が与えられ、かつ、これを限定する政治的枠組みを特定するという点で、平等な義務をも負うべきである。つまり、各人は、この枠組みに訴えて他者の権利を否定しない限り、自らの生活条件を決定し得るという点で、自由かつ平等な存在となるべきである。

【鍵となる諸特徴】

国家

・基本法と権利章典における自律性原理の明示
・代議制ないし議会制構造（PRとSRの両方を基礎とした二院型構成）
・諸権利の解釈について判断するための特別のフォーラムを含む司法体系（SR）
・競争型政党制（公的資金供与とDPによる修正）
・中央および地域行政サーヴィスは、「地域利用者」の諸要求を調整することを要件として、DPの原理に従って内部的に組織される

市民社会

・家事、情報源、文化制度、消費者集団などの類型の多様性（DPの原理によって統治される）
・育児、保健センター、教育のような地域サーヴィスはDPの原理をもって内部的に組織されるが、成人の利用者には優先順位が設定される
・自主管理型企業の展開と実験（重要産業は国有化されるか、そうでない場合には社会的ないし協同的に規制される
・技術革新と経済的柔軟性を高めるための私企業の多様な形態

【一般的な諸条件】

・公的諸問題について知見ある決定を期すための手がかりとして、情報が広く利用され得る状況にあること
・視野の広い参加の過程を作り上げるため、「市民陪審制」から「投票者フィードバック」に至る新しい民主的仕組みを導入すること
・公的・私的機関との討論において、政府が投資順位そのものを設定することとなるが、財貨と労働については広く市場の調整に委ねること
・公私両生活に占める無責任な権力センターを最小限に留めること
・組織諸形態を実験に付し得る制度的枠組みを維持すること

略語

DP	ある組織の調整に特定の市民層が直接参加すること（公開の集会、地域レファレンダム、委任型代表者を含む）
PR	比例代表の形態を基礎とした代表者の選挙
SR	「統計学的代表」を基礎として選出された代表（つまり、ジェンダーや人種を含む主要な社会カテゴリーを統計的に代表する人々のサンプル）

（Held［1996: 324-25 = 1998: 408-09］）

「権力の場《サイト・オヴ・パワー》」——身体、福祉、文化、市民的結社《シヴィック・アソシエーション》、経済、強制関係と組織的暴力、法的・規制的諸制度——において、市民のエンパワーメントが要請されるのである（Held［1995: 192-93 = 2002: 224］）。

ヘルドによれば、地域的《リージョナル》およびグローバルな「相互連関性」（interconnectedness）によって、デモクラシー理論の理論と実践の諸問題を国家的《ナショナル》な枠組みで解決するという伝統が、無効であると異議申し立てされるに至った——ということが、現代の民主的システムの問題なのである。「まさに、統治の過程が、国民国家の手から逃れる可能性がある。国家的《ナショナル》な共同社会《コミュニティ》は決して自らの決定や政策を排他的に作り、決めることはできないし、政府は決して、その市民たちにとって妥当なものが何であるのかを排他的に決定することはできない」（Held［1995: 16-17 = 2002: 20］）。為替相場、投資、原子力発電所、飢餓やエイズの発生、等々、自身の生活に対する市民の自律性と自己決定に影響を及ぼすものを、一つの主権的な国民国家がコントロールすることはもはやできないのである。

ヘルドは、地域的《リージョナル》およびグローバルなネットワークへの国民国家の拡散を通じて、近代のウェストファリア型の国家間《インターステイト》システムが変容する様を、以下のように説明している（Held［1995: 93 = 2002: 112］、cf. 佐々木［1998］、田口［1996］）。

（1）地域的・国際的・トランスナショナルな行為主体、組織、制度（政府的・非政府的）の増殖

（2）経済・政治・テクノロジー・コミュニケーション・法などの多くの重要な諸次元における、グローバルな相互連関性の増大

（3）国境の浸透性の高まり

(4) 財、サービス、思想と文化的産物などの流れを統御し得る政策手段を作り出す国家能力の減退
(5) 政策結果を統御するために、諸国家が相互に協力する必要の増大
(6) 国際的な行為主体・制度の成長（例えば、勢力均衡、レジームの拡大、国際組織の発展、多国間外交、国際法の範域、そして非国家的アクターや非国家的プロセスとの強力を支えるための諸々のメカニズムの成長）
(7) その一つの結果として、国家権力を維持し、再定義するグローバルな統治のシステムの創出
(8) 相互依存的なグローバル・システムの創出（しかしこのシステムは、資源、宗教的信条、イデオロギー、テクノロジーの変動によって傷つきやすく、高度に脆弱である）

ゆえに、ヘルドが繰り返し強調するのは、「権力の場」というものは国家的《ナショナル》であるのみならず、地域的《リージョナル》およびグローバルなものでもあり得るということであり、そこでは民主的自律性が考慮されなければならない、ということである。「権力の場」における市民の諸権利――「権能付与的諸権利《エンパワーリング》」ないしは「権能付与能力《エンタイトルメント》」――が民主的自律性には必要であり、しかしそれにもかかわらず、国民国家は今日ではそれら諸権利の多くを十全に保障することはできない。その上、「個別の国民国家の主張を直接超越するような権利の定式が、条約や地域の文書や国際法に現れ始めている」（Held[1995: 222-23 = 2002: 255]）。それゆえ、ヘルドは、民主的な政治的共同社会《ポリティカル・コミュニティ》のコスモポリタンな秩序を構想するのである。

権力の場は、ナショナルでも、トランスナショナルでも、国際的でもあり得る。したがって、政

治的共同社会内部の民主的公法は、国際領域でも民主的な立法を必要とする。民主的公法は、そうした法の国際的構造、つまり私が単に「コスモポリタンな民主主義法」と呼ぶべきものによって、強化され、支えられなければならない。コスモポリタンな民主主義法という概念で私が意味するのは、一義的には、境界の内部で、そしてそれを横断して強化された民主的公法のことである。(Held [1995: 227 = 2002: 259])

イマニュエル・カントを援用しつつコスモポリタンな民主主義法を練り上げたヘルドの構想について、これ以上詳細に検討する必要はない。ここでは、ヘルドと松下の政治理論について、何点かの点について比較しておこう。まず第一に、ヘルドの「民主的自律性」も松下の「自治・分権」も、自らの生活に関する市民の自己決定の原理を表している。両者とも、国民国家を超えた世界政府のような単一の権力よりも、むしろ権力の分節化と多元化を追求している。ヘルドにとっては、例えば個人の健康といった私的な事柄も、他国の意思決定よって影響を蒙るのであるから、民主的自律性は、国家的《ナショナル》のみならずトランスナショナルあるいはグローバルな権力の場を前提としなければならない。ヘルドは、社会関係・トランスナショナルな市民運動・多国籍企業などの相互連関性の増大や、IMFや世界銀行のような国際レジームを通じての世界的な相互依存性の増大を、認識していた。

松下は、同様の現象を認識しつつ、彼の一九六〇年代の「分節民主主義」構想を基礎としたグローバル・ポリティクスを考えている。図4—2に示したように、松下は国家《ナショナル》レベルの政治(レベルⅣ)を、市民活動（レベルⅠ）、団体・企業（レベルⅡ）、自治体（レベルⅢ）へと分節化し、国民国家から自律したそれぞれのレベルにおける自己決定を構想した。しかも、レベルⅠ〜Ⅲは、トランスナショナルな活動を内包している。松下が、身体や福祉を権力の場であると明白に見なしているとは言えないまでも、しかし彼は、市民的《シヴィック》・国家的《ナショナル》・国際的《インターナショナル》な各レベルで、市民のニーズの最低基準を満たすことを要請している。結果として松下は、ヘルドの構想とよく似た多元的な民主的自律性を指向することとなる。確かに、ヘルドのコスモポリタン・デモクラシー——トランスナショナルな世界秩序を可能にする構造として、コスモポリタンな民主主義法を練り上げる構想——の観点からすれば、松下のレベルⅤにおける国際政治は国際組織をその内容とするものであるが、彼の「分節民主主義」の構想は、国際組織における意思決定を最高とする垂直的なものでなく、イシューごとに各レベルⅠ〜Ⅴが自己決定できる重層的な構想であった。

松下の場合、「自治・分権」の論理をグローバルなレベルにまで展開・拡大させたものと言える。日本政治の文脈では、戦後日本社会においても今だに国民主権より国家主権の観念が根強く、そうした権威主義的な性格が日本の分権化を疎外し、ひいては日本政治をグローバルな問題に対して不適切なものにしている——という問題を、松下は深刻に受けとめてきた。彼の観点からすれば、日本の憲法学者は日本国憲法の「国民主権」規定を単なる美称として扱い、国家主権・国家統治を強調する傾向にあった。すなわち、そうした憲法学者たちは、「そもそも国政は、国民の厳粛な信託によるものであって、その権威は国民に由来し、その権力は国民の代表者がこれを行使し、その福利は国民が享受する」

という憲法前文に表れているジョン・ロック的な社会契約の理念の普遍的意義を、ほとんど理解していないというのである（松下［1975］、cf. 松下［1998］）。そして、一九六〇年代以降、市民運動は活発化してトランスナショナルな性格を持つようになり、それゆえ市民の自律および自己決定はグローバルな観点から考察されなければならなくなった。したがって、松下のグローバル・ポリティクスの構想は、ナショナル・デモクラシーの相対化という考えに基づいている。つまり、デモクラシーはナショナルなものであるとは限らず、ローカルなものでもグローバルなものでもあり得るのである。松下においては、国家主権の相対化と地方分権は、グローバリゼーションとパラレルな関係にあると言えよう（松下［1994: 232-99］［1998: 2-41］）(4)。

第五節　現代日本におけるデモクラシー論

一　現代は大衆社会ではないのか

日本に限らず一般に、現在の社会科学者の間には、明確に意識されているかどうかはともあれ、次のような二つの立場があるように思えてならない。すなわち、一方では「現代は画一的な大衆社会ではなく、多様性に満ちたポストモダン社会なのだから、大衆社会論はすでに過去のものである」との立場、他方では「大衆社会やマス・デモクラシーは、もはや所与の事実に過ぎないのだから、今さら改めて議論する必要はない」との立場、である。さらに、いささか乱暴ではあるが、大衆社会に対す

表4－2　現代社会は「大衆社会」か？

	「大衆社会」である	「大衆社会」ではない
楽観的な視点	Ⅰ 大衆消費社会、豊かな社会	Ⅱ ポストモダン社会、多元社会
悲観的な視点	Ⅲ ①大衆消費社会（私化、公共性の衰退） ②管理社会（画一化）	Ⅳ バラバラな社会 （断片化、公共性の衰退）

る過去二〇年間の立場を整理すれば、表4―2のようになるだろうか。

Ⅰのように、現代を「大衆社会である」と見なした上で、それを楽観視するのであれば、豊かな社会という議論となろう（例えば一九八〇年代の山崎正和）。また、同じ楽観論であっても、Ⅱのように「大衆社会ではない」という立場に立つのであれば、要するに現代は、画一的な大衆社会ではなく、多元的なポストモダン社会である、ということになると考えられる（中野収など。また、ポスト工業社会をめぐる諸議論は、ここに含まれようか。Cf. Bell [1973 = 1975a, 1975b]、Kumar [1995]、Lyon [1994 = 1996]）。

他方、悲観的な視点から、現代を大衆社会状況にあるとして批判するⅢの場合には、大衆社会とは、①人々が私化し、生活保守主義となり、公共性が衰退した、いわば「バラバラな社会」を意味することもできれば、あるいは②「画一化した管理社会」のことであると言うこともできる。また、現代は大衆社会ではなく、しかも好ましくない状況にあるというⅣの立場に立つとすれば、現代は「画一化」した大衆社会ではなく、バラバラに原子化して公共性が衰退した社会ということになろう（Ⅳの立場に立つ者が、大衆社会＝画一化社会と理解しているならば、ということだが)。この立場は現代社会の中に、ポジティヴな多元性・多様性をではなく、私化と価値観の喪失を見出すことになるのだろう[5]。

なお、以上の点に関連することだが、「大衆社会」と「ポストモダン社会」とがいかなる関係性にあるのかは、微妙な問題である。大衆社会を「画一化社会」と考えるのであれば、それは規律的な近代社会の帰結であり、多元的なポストモダン社会は大衆社会の後に到来した社会——言わば「ポスト大衆社会」——ということになる。しかしながら、大衆社会が「バラバラな社会」を意味するのであれば、それがそのままポストモダン社会を意味することとなろう(Cf. 山田竜作[1999: 25-27])。

ともあれ、現代的なデモクラシー論・市民社会論には、二つの側面が含まれているように見える。一つは、人々の私化や公共圏(またはレス・プブリカ)の喪失の問題への関心から、何らかの社会統合や社会的連帯——それが共同体であれ市民社会であれ——を取り戻し、行き過ぎた個人主義によってバラバラになった社会を乗り越えようとする面。もう一つは、むしろ社会の画一化に問題を見出し、さらなる多元主義を追求しようとする面、である。人々の私化の問題にせよ、あるいは画一化の問題にせよ、これらはいずれも古典的な大衆社会論が提起した問題と関わるポイントであろう。にもかかわらず、一九九〇年代以降、これらの二つの面は、いわゆるポストモダン的な議論の影響の下に、別々に議論される傾向があるように見え、その両者を視野に入れた現代社会のトータルな把握を困難にしているようである(そもそも、トータルな把握そのものを拒否するのがポストモダンなのかもしれないが)。

二　一九九〇年代に何が議論されたか

それでは、日本の政治理論家たちは、一九九〇年代以降、何に関心を抱いてきたのだろうか。思いつくままに例を挙げてみれば――公共性をめぐるハンナ・アレントやユルゲン・ハーバーマスの理論、いわゆるフランクフルト学派による近代批判、リベラリズムとコミュニタリアニズムとの間のアングロ・アメリカ的な論争、ミシェル・フーコーの権力論、多文化主義、差異の政治、アイデンティティの政治、等々が考えられよう。それらの中には、かつての大衆社会論が提起したと思われる諸論点も形を変えて含まれているはずなのだが、しかし第一章第一～二節で触れたような大衆社会論者が――トクヴィルやミル、オルテガなどを除いて――政治学の分野で触れられることが少なくなったことは事実であろう。むしろ、従来は大衆社会論とは考えられていなかった、マックス・ホルクハイマーとテオドール・アドルノの『啓蒙の弁証法』（*Dialektik der Aufklärung*）などが、大衆社会批判の代表作のように見なされることもある。

ここでは、印象の域を出ないかもしれないが、公共圏・社会再統合への関心と、近代の画一化に対する多元主義への関心というように、一九九〇年代以降の日本の主な議論を整理してみたい。

（1）公共圏と社会再統合をめぐって

まず、行き過ぎた個人主義や私化による共通の価値観の喪失、という問題に対して、共通善や公共性、市民的共和主義といった「共通のもの」を再興させようとする議論があったと言える。個人主義的な自由主義の価値相対主義が、特定の価値――それがイデオロギーであれ伝統的・慣習的なものであれ――の絶対化を排して個人を解放するというポジティヴな面のみならず、人々の間に共有され得る価値そのものを掘り崩す「価値判断の通約不可能性」をもたらした、というのである。アレントの『人間の条件』(*The Human Condition*)やハーバーマスの『公共性の構造転換』(*Strukturwandel der Öffentlichkeit*)、『コミュニケイション的行為の理論』(*Theorie Des Kommunikativen Handelns*)などが、しばしば議論の対象となった。また、一九八〇年代後半からは、北米のいわゆるリベラル/コミュニタリアン論争が、法哲学や倫理学、政治思想史の分野で紹介されるようになった。コミュニタリアニズムによるリベラリズム批判は、行き過ぎた個人主義を乗り越えるための新たな知的潮流であると理解された。コミュニタリアンと称される論者が提起した問題の中には、例えば大衆社会論に典型的な論点であった原子化と関連するはずの「アトミズム」などが含まれていたはずだが、デュルケムやテンニエスといった社会学者はもはや議論に上らず、チャールズ・テイラーのような哲学的な議論に注目が集まった。さらには、ポストモダンの知的潮流の中で、近代的自己への批判――マイケル・J・サンデルの「負荷なき自己《アンエンカンバード・セルフ》」やテイラーの「遊離せる自己《ディスエンゲージド・セルフ》」――が、リベラリズムを研究する日本の政治理論家や政治思想史家の関心を引いた(Cf. 斎藤[1993]、杉田[1998]、藤原保信[1993])。

また、自由主義的哲学をめぐる学術的な議論とは別に、特に日本の文化的保守主義者やナショナリストと思しき論者が、行き過ぎた個人主義や価値相対主義を助長したとして「戦後民主主義」を糾弾するような論陣を張るようになったのも、一九九〇年代に顕著な傾向であった。つまり、「戦後民主主義がわがままな個人を大量に生み出し、国家や社会に尽くそうとする観念を掘り崩した」というような内容の主張が、多くなされたのである。このような言説が、単純に旧来の復古主義や右翼と同じであると即断することはできない。しかしながら、このような保守的な立場から説かれる「公共性」や「共通の価値観」が、自由な個人の自発的結合《ヴォランタリー・アソシエーション》による公共圏《パブリック・スフィアー》に関するものでなく、むしろ「国家」や「権威」志向であり、場合によっては「戦後啓蒙」が批判した前近代的な共同体を想起させることもある点は、指摘しておくべきであろう（Cf. 佐伯［1997a］［1997b］、坂本［2001］）。

（2）多元主義をめぐって

一方、一九九〇年代以降の日本の議論には、別の側面、すなわち画一化を問題とし、さらなる多元主義を追求する側面も存在した。先に述べた文化的保守主義が、日本の極端な個人主義を批判するのとは対照的に、日本はもっと多元的な社会にならなければならないという議論である。

ここでは、多文化主義、ジェンダー、差異とアイデンティティ、等々といった、まさに「ポストモダン」として括られるような諸論点が登場し、政治学もそれらを無視できなくなった。近代の特徴を「規律化」に求め、「抑圧からの解放」という視点を徹底させるならば、重視すべきは人々の「共通性」よりもむしろ「差異」であり、共和主義的な「共通善」を持ち出すことは差異を否定し抑圧するものだ、という方向に議論が向いていく。政治理論においては、例えばシャンタル・ムフやウィリアム・

E・コノリーらの、アイデンティティを偶然的《コンティンジェント》なものと見なす本質主義批判が注目された。ラディカル・デモクラシーは、ムフらの闘争的多元主義やアゴーンの政治といった、ポストモダン的（あるいはポスト・リベラリズム的）な新しい議論と目された（Cf. 有賀ほか編［2000］、向山［2001］、杉田［1998］、千葉／佐藤／飯島編［2001］、土井［1997］）。これら欧米の議論が多く紹介されたのは、単に哲学的な関心からだけではなく、日本社会にも同じイシューが存在するとの認識があったからであろう。いずれにしても、これらの新しい論点の前には、大衆社会といった問題はすでに過去のものとなったかのようである。

　しかしながら、多元主義と称する議論は一歩間違えば、単なる「何でもあり」につながる極端な個別主義《パティキュラリズム》に傾きかねなかった。フーコーの議論が通俗化され、人々や社会に共通するものすべてが「規律化を強いる権力性」の一言で切って捨てられる傾向すら、見られなかったわけではない[6]。こうした傾向性は、さすがに政治学の領域ではほとんどなかったかもしれない。だが、社会学や現代思想の分野で、画一化からの解放に重心を置く立場には、伝統的な規範や共有された価値といったもの一切を「個人に対する抑圧的権力」と捉え、それらが「作られたものに過ぎない」がゆえに「葬ることも可」という、一種のアナーキー指向とも言うべき議論が散見された。そこでは、共同体から根こそぎにされ、他者との生きた結びつきを失った個人がアノミーに陥り、果ては「自由からの逃走」をもたらすという古典的な論点、あるいはマンハイムがかつて、過剰な価値相対主義こそファシズムの温床であると論じたこと（Mannheim［1943］）など、忘れられているかのようである。

また、多元主義という名の価値相対主義は、一方では極端な個人主義を生み出すと共に、他方ではことさら日本文化の独自性を強調する排他的な文化的保守主義をも、強化することにつながった面がある。つまり、ポストモダンを「西洋近代」批判と捉え、日本の文化や伝統を対置させる、という発想である。このような、文化的パティキュラリズムとも言えるような知的風潮（ある種の多文化主義かもしれない）が、一九九〇年代半ばに強まった、過去の日本の戦争をことさら肯定ないし美化する言説と、全く無関係であるとは考えがたい（Cf. 間宮［1999: 31-35］）。

三　大衆社会状況の克服――不断の課題

以上のように、現代日本社会を、再統合が必要な「バラバラな社会」と見るか――そこで強調されるのは、共同体であり自発的結社であり公共性である――、それとも「画一化社会」と見るか――ここでは、さらなる多元主義と価値相対主義が求められる――、その立場の相違によって議論は大きく隔たっている。だが、すでに指摘したように、「バラバラな社会」にせよ「画一化社会」にせよ、それらの議論の淵源を遡っていけば、何らかの形で大衆社会論にぶつかるはずなのである。本来、大衆社会論――特に、トータルな現代社会論としての性格を持つ松下やマンハイムの議論――は、現代社会の持つ画一性・均質性の側面と、断片化・分断化・相対主義的な側面との、両方を射程に入れていたはずである。しかしながら、現代においては、その二つの側面を総合的に把握する視点が奪われたままであるとの感が強い。結果として、二〇世紀におけるデモクラシー理論の歴史をイメージすることが、著しく困難になっていると思われるし、大衆社会論やマス・デモクラシー論の何が継承され、何が乗り越えられたのか、十分に消化されていない点はどこなのか、等々についても自覚されないままであるように見える。(7)

おそらく、「大衆社会」という言葉を用いると否とにかかわらず、大衆社会やマス・デモクラシーの問題は常に存在すると見た方がよいのであろう。大衆社会状況が所与の事実だから、分かりきったこととして議論の対象にしないのではなく、むしろ所与の事実だからこそ大衆社会論を振り返ることが必要であると思われる。また、政治社会の移り変わりを巨視的に理解しようとするならば、かつて大衆社会論が取り上げた諸問題について、形は変わっても今後とも議論し続けていく必要があろう。

日本では、一九八〇年代以来の「もはや全体主義を生むような大衆社会ではない」という雰囲気や、一九九〇年代から今日に至るまでの市民運動（NGO・NPO）の議論の陰に、大衆社会論は隠れてしまっているように見える。ボランティア論・ネットワーク型市民社会論が活性化する一つのきっかけとなったのは、阪神・淡路大震災であった。しかし、それが起こった一九九五年――「戦後五〇年」ということで「戦後民主主義」の見直しも少なくなかった――は同時に地下鉄サリン事件の年であったことを、私たちは忘れていない。また二〇世紀末の、地方における住民投票の実施や無党派知事の誕生によって、日本のさらなる民主化が深く進行しているという議論もあるが、いわゆる無党派層は自律した「市民」とは限らず、単なる私化した「消費者」や根無し草的な「浮動票」でしかない可能性も否定できまい。さらに、インターネットの普及により、サイバー・デモクラシーの可能性も論じられる今日だが、高度情報化社会における大衆操作はより巧妙になり得るし、メディアの多くが国家や巨大資本に握られている点については、デモクラシー論でもっと論じられてよい(8)。

ともあれ、現代日本社会に、デモクラシーを深化させる契機を見出すにせよ、それらはまだ可能性の萌芽にとどまっている。国家権力のマキシマムと個人の力のミニマムという構造は解消されてはいないし、松下が指摘した「マス状況」「ムラ状況」が消滅したわけではない。ゆえに、「もはや大衆ではなく市民」なのでは決してなく、むしろ、大衆社会状況やマス・デモクラシー状況の克服は、不断の課題として私たちの前に横たわっている。ゆえに、「ラディカル・デモクラシー」「トランスナショナルな市民運動」「市民のエンパワーメント」等といった今日的課題に応じた「政治理論のパラダイム転換」のためにも、大衆社会論は二〇世紀以降のデモクラシーを考える際の遺産なのである。そのことを象徴的に表していると思われる、ヴァーツラフ・ハヴェルの言葉を引用して、本書を閉じることにしたい。

権力を匿名化し非個人化して、単なる管理と操作の技術に還元されるこの過程には、もちろん、さまざまな形態と変異体と表現がある。その過程は、ある場合には隠れていて目立たず、またある場合には逆にまったく明瞭である。ある場合は緩慢でその道は巧妙に曲がりくねっており、またある場合には逆に野蛮なほどまっすぐである。しかしながら、本質的にその過程はただ一つの普遍的な動きなのである。それは近代文明全体の根源的性格であり、直接に近代文明の精神構造から成長するものであり、多くの錯綜した根でその中に入り込み、もはやその技術的性格や群盲性や消費主義的志向と切り離して考えられないものである。（ハヴェル［1991: 147］）

（1）このような整理の仕方については、アンソニー・アーブラスター氏およびマイケル・ケニー教授との討論に負うところが大きい。

（2）サッチャリズムに見られるような新保守主義は、社会民主主義的な福祉国家が市場経済に不当に介入しすぎることで、自由主義が脅かされていると見た。しかしながらそれは、レッセ・フェール的な「夜警国家」や最小国家への単なる回帰ではなく、国家の負担を軽減することで国家の権威を高めようというものであった。アンドリュー・M・ギャンブルのいう「自由経済と強い国家」である（Gamble［1994］）。また、福祉国家の行き詰まりと新保守主義の台頭への応答として登場した「第三の道《ザ・サード・ウェイ》」については、Giddens［1998 = 1999］、近藤［2001］などを参照。

（3）これはムフによるコミュニタリアン理解であり、当然のことながら異論もあるであろう。詳細は、菊池［2004］、斎藤［1993］、杉田［1998］などを参照。

（4）ヘルドが、コスモポリタンな民主主義法を、トランスナショナルな民主的秩序を保障する構造として構想するのに対して、松下の場合は一九七〇年代以来、自律と自己決定としての市民立法を提唱してきた。松下が繰り返し批判してきたのは、日本における根深い考え方、すなわち国家《ナショナル》レベルでのデモクラシーのみが正当化し得るものだという考え、および政治エリートのみが排他的な立法権を持つという考えであった。彼は、市民が法学的思考を持ち、市民立法という形での自己決定が可能になることを要請し、また同時に、保守・革新両勢力に対して、都市型社会において市民の自治・分権のためには市民立法が不可欠であることを理解するよう求めた（松下［1975］）。ともあれ、松下の考えるグローバル・ポリティクスは、市民自治という彼の共和主義的イメージに基づくものであり、また彼のロック研究・ラスキ研究に由来する国家主権の相対化の議論から導き出されるものであった。

（5）もっとも、このように整理することには一定の留保が必要である。それは、「大衆社会について今日議論しないこと」が、必ずしも「現代が大衆社会であることを否定すること」とは限らないからである。一九八〇年代後半以降、大衆社会に関する議論が見られなくなった、との問題意識を持つ筆者も、大衆社会であることを積極的に否定するような議論には決して多く出遭っているわけではない。特に、大衆社会であることを明示的に否定して、しかも現代社会を悲観的に見る、というⅣの立場に立つ論者を、具体的に挙げることはいささか困難である。ゆえに、このⅠ～Ⅳの図式のような「大衆社会か否か」という区別をひとまず措いて、現代社会をどう見るかについての立場の相違を考えた方がよいのかも知れない。

現代が大衆社会であるということを積極的に否定するのでない限り、少なくない論者は大衆社会を所与の事実として考えている可能性もある。例えば、本章第二節で触れたように、ノルベルト・ボッビオは一九八〇年代に、市民社会から大衆社会へという趨勢を述べていた（Bobbio［1987a: 99］）が、おそらく彼はそのトレンドを、長期にわたる普遍的な社会変容と認識していたのだろう。またアイリス・M・ヤングは、共通善というものが存在し得ない価値観の多様化した大規模社会を大衆社会と呼んでいるようであるが（Young［2000: 18］、cf. Young［1993: 127-28］）、これなどは「ポストモダン社会」に近い用法と言えよう。そこでは、大衆社会は所与の事実として扱われているようであり、そうした社会自体に対する価値判断は積極的にはなされていない。

（6）本章二九〇頁で少し触れたように、普遍主義や本質主義に批判的なムフは、同時に、このような極端な個別主義は形を変えた本質主義であるとして拒否している。個別主義がリベラル・デモクラシーに対して持つ意味は、「差異の政治」「アイデンティティの政治」の大きな論点でもあろう（Cf. Kenny [2004]）。

（7）もしも「一九八〇年代以降のポストモダン的な議論は、アカデミックな議論の仕方を全く新しいものに変えてしまった」というのであれば、そうしたポストモダニスト的な発想は、かつての教条主義的マルクス主義と似たような知的態度ではないかと思われる。マルクス主義者はしばしば、マルキシズムを最も「進んだ」理論として捉え、それ以外の理論や思想を「ブルジョア的な」「遅れた」それゆえ「乗り越えられるべき」ものと見なした。言い換えれば、マルクス主義者は往々にして、一旦（唯一の科学としての）マルキシズムが登場した以上、それ以前の「ブルジョア」科学は時代遅れになった、という進歩主義的な思考をしがちであった。似たような思考が、いわゆるポストモダニストにも言えるのではないか。つまり、一旦ポストモダン的な知的状況となった以上、大衆社会論は時代遅れである、というわけである――もちろん、そのように明確に意識されているわけではなく、おそらくなし崩し的に、大衆社会論への関心が失われていったというのが実情かもしれないが。

ここでは、アンソニー・アーブラスターの次のような知見を想起したい。中・東欧民主化によって「社会主義が崩壊した」と喧伝された一九九一年の時点で、彼はむしろ社会主義の再評価を主張する立場から、「思想あるいは世界観というものは、ある原理的なもっともらしさや合理性を備えているのであれば、何か単一の事件や一連の出来事によって破壊されたり、完全に失墜したりすることはないだろう」と述べていた（Arblaster［1991: 47］）。これは、イデオロギーや世界観だけの問題ではなく、政治理論や社会理論にも同じことが言えるのではないか。確かに現代社会論は、時代とともに変化するのが当然であり、古いパラダイムに固執することは許されまい。しかし、歴史のある時点でそれなりに集中的になされた議論を、きちんと継承ないし消化しないまま、新しいパラダイムへと流れていってしまうのは、松下が一九六〇年に指摘した「状況への埋没」と大同小異ではないかと思われるのである（第三章第二節を参照）。

（8）間宮陽介が、丸山眞男らを引用しつつ述べるように、メディアによる政治報道――政治批判とは異なる政治バッシング――が、かえって政治的無関心や政治不信を助長する傾向性を持つ点もまた、古くて新しい問題のはずである（間宮［1996: 148-49］［1999: 42-45］）。また、デモクラシーとメディアの関係性について、Keane［1991b］を参照。

あとがき

「大衆社会（論）について、今さら議論する必要はないのだろうか？」――ここ十数年来、私の頭を去らなかった疑問である。

一九八〇年代末に研究生活に入った私の目には、日本は「大衆社会」以外の何ものでもないと映っていた。とりわけ、日高六郎『戦後思想を考える』や藤田省三「『安楽』への全体主義」には、この上ないリアリティを感じていた。研究テーマが絞り込めない中で、英国期カール・マンハイムの政治学的再解釈に関心を持つようになったのは、学部の卒業論文を執筆する中でのことと記憶している。しかしながら、政治理論・政治思想史の分野で、私の考える「大衆社会論（者）」がほとんど取り上げられないことに改めて気づいたのは、大学院も博士後期課程になってからである。学界の動向にまるで無頓着に勉強してきた私が、絶望的なまでに途方に暮れたのはその頃からだった。

光明の見えないトンネルのような精神状態の果てに、一九九四年、英国シェフィールド大学大学院への留学の道が開けた時、「大衆社会論争」を中心とした戦後日本の政治理論史を、研究課題に据えた。日本の政治学において何が議論されてきたのかが、英米圏では満足に知られていないことを日々痛感しつつも、それゆえにこそ自身のテーマに意味があると考えられるようになったことは、留学中の私にとって大きな救いであった。その後、一九九六年に八戸大学商学部に、また二〇〇〇年からは日本大学国際関係学部に、教員として職を得る中で、「現代的なデモクラシー論や市民社会論の展開のためには、大衆社会論やマス・デモクラシー論の再確認が必要なはずだ」という自らの問題意識が、徐々に地に足の着いたものになっていったと思う。

本書は、私が二〇〇二年にシェフィールド大学に提出したPh・D. 学位論文 "Debate on Mass Society in Japan: Class, Mass, Citizen"、およびすでに公表した以下の論文に基づいている。それぞれに大幅な加筆・修正・削除などを施しているため、本書は実質的には書き下ろしと言える。

＊「現代デモクラシー論における『大衆社会論』再考のための予備考察」、『八戸大学紀要』、第一六号、一九九七年。

＊「ラディカル・デモクラシーと左派政治理論――社会主義とデモクラシーの結びつきについて」、『八戸大学紀要』、第一七号、一九九八年。

＊「松下大衆社会論における〈大衆〉と『階級』」、『八戸大学紀要』、第一八号、一九九九年。

＊「『市民政治理論』と『大衆社会論』――松下政治学の理論構造について」、『八戸大学紀要』、第二〇号、二〇〇〇年。

また、本書の直接的なベースとなったわけではないが、本書執筆の問題意識に関連する拙稿については、文献一覧に記しておいた。

もとより、十分に論じることができなかった点も少なくない。学位論文では、英語圏の読者を想定したため、日本の社会科学を理解するための知的・歴史的背景――講座派と労農派の論争、日本における「近代化」の多義性、スターリン批判やハンガリー事件の影響、等々――の説明にかなりのページを割いたが、本書ではそれらをほとんどオミットした。また、紙幅の大半を大衆社会論の再検討に費やしたが、管理社会論や消費社会論には十分な目配りができなかった。しかも、大衆社会の問題と現代デモクラシー論・市民社会論との連関性については、今後の課題を示すにとどまった。とはいえ、「政治理論のパラダイム転換」のためにこそ、政治学や社会学における二〇世紀デモクラシー論の原点に遡及する必要があることは確かであろう。その意味では、本書のささやかな試みによって、今後の研究のスタート地点にこぎつける作業は成し得たのではないかと考えている。

大学で教壇に立つ者として、果たしてよいのかどうかは分からないが、私の内面には常に「素人の域を出ていないのではないか」との疑心暗鬼がつきまとう。しかし、浅学との自覚あればこそ、謙虚に学んで行こうとの思いを持ち続けることができるのだ――と、「逞しき楽観主義」でものごとを捉えることに決めている。本書の完成に至るまでの過去十年間は、執拗な病との闘いの日々でもあったが、その間、実に多くの方々から有形無形のご助力・ご支援を受けた。私にとって最初の単著を世に送り出すにあたり、十分に意を尽くすことは到底できないものの、ここで感謝の思いを表しておきたい。まず、私の学部二年次より今日に至るまで、常に知的刺激と研究へのモチベーションを与え続けてくださる、日本大学法学部の藤原孝先生に、この場を借りて深く御礼申し上げたい。藤原先生より得た知遇なくして、マンハイム『変革期における人間と社会』や松下圭一『現代政治の条件』と出遭うことはなかった。また、かつて日本大学国際関係学部でご指導を受けた、松本博一、八幡康貞、岡本健、寺田篤弘の先生方は、無知ゆえに好き勝手な勉強をしている私を寛大に見守ってくださった。本書が、諸先生方の学恩に報いるものに仕上がっているかどうかは、汗顔の至りである。

シェフィールド大学留学時の指導教官である、アンソニー・アーブラスター、アンドリュー・M・ギャンブルの両先生には、私の思考の熟成を驚くべき忍耐力で待っていただく中で、新奇な議論に安易に飛びつくことなく、一見「分かりきった」事柄を丁寧に問い直す知的誠実さを教えられた。さらに、松下圭一先生からは、本書の根幹にかかわる部分で数々のご指摘・ご助言を頂戴した。記して感謝申し上げたい。

本書の構想段階から、折に触れて有益なコメントをいただいた、愛甲雄一、青山円美、故・秋元律郎、ジョン・キーン、北村浩、ジョン・クランプ、マイケル・ケニー、齋藤純一、佐藤高尚、田口富久治、田村哲樹、グレン・D・フック、前山総一郎、松島雪江、村松恵二の諸氏。また、私の志を内面的に支えてくださった、杉田明子、相馬伸一、高村陽子、田山昭、土井美徳、フミエ・ニール、スーザン・ハバード、浜中次美、宮古静賀、タカコ・メンラヴの皆さん。そして、逐一お名前を挙げられないすべての方々に、心より感謝申し上げたい。無論のことだが、本書の欠陥や問題点などは、全て私自身に帰せられるべきものである。

最後になってしまったが、シリーズ『政治理論のパラダイム転換』の企画段階でお誘いくださった千葉眞氏と古賀敬太氏、研究合宿の場で貴重なアドヴァイスをいただいた同シリーズ共同研究の諸氏、および私のような若輩の研究者に温かい眼差しを向けてくださった風行社の犬塚満氏に、厚く御礼申し上げる。なお本書は、平成一六年度科学研究費補助金・基盤研究（A）（1）「政治理論のパラダイム転換――21世紀の新しい理論構築にむけて」の研究成果の一部であることを、ここに記しておく。

二〇〇四年八月　スコットランド・エディンバラにて

山田竜作

《人名索引》

［ア］

［カ］

［サ］

［タ］

［ナ］

［ハ］

［マ］

［ヤ］

［ラ］

［ワ］

《事項索引》

［サ］

［タ］

[ナ]

[ハ]

[マ]

［ヤ］

［ラ］

文献一覧

1．人名のアルファベット順に，著者または編者，発行年，書名または論文名，発行所の順で示す。翻訳文献については，原著の後に，発行年，訳者，書名，出版社の順で示す。
2．初版または初出の出版年は〔　〕内に示す。

[A]

阿部斉　1973『デモクラシーの論理』〔中公新書〕，中央公論社

――――　1989『現代政治と政治学』，岩波書店

秋元律郎　1980「現代社会の権力エリートと大衆」，秋元ほか（編）[1980]，16-28頁

――――　1981『権力の構造――現代を支配するもの』〔有斐閣選書〕，有斐閣

秋元律郎／森博／曽良中清司（編）　1980『政治社会学入門――市民デモクラシーの条件』〔有斐閣選書〕，有斐閣

青木康容　1982「大衆社会論再訪」，同志社大学『評論・社会科学』，第20号（1982年３月），1-27頁

Arblaster, Anthony 1991 "The Death of Socialism − Again," *The Political Quarterly*,Vol. 62, No. 1, pp. 45-51

――――　2002〔1987〕 *Democracy*, third edition, Buckingham: Open University Press = 1991　澁谷浩ほか訳『民主主義』，昭和堂

Arendt, Hannah　1951　*The Origins of Totalitarianism*, New York: Harcourt Brace & Company = 1974 大久保和郎ほか訳『全体主義の起源［３］』，みすず書房

――――　1958　*The Human Condition*, Chicago: University of Chicago Press = 1994　志水速雄訳『人間の条件』〔ちくま学芸文庫〕，筑摩書房

有賀誠／伊藤恭彦／松井暁（編）2000『ポスト・リベラリズム――社会的規範理論への招待』，ナカニシヤ出版

[B]

Bachrach, Peter　1967　*The Theory of Democratic Elitism: A Critique,*

London: University of London Press

Barber, Benjamin R. 1984 *Strong Democracy: Participatory Politics for a New Age*, Berkeley: University of California Press

Bell, Daniel 1960 *The End of Ideology: On the Exhaustion of Political Ideas in the Fifties*, New York: Macmillan = 1969 岡田直之訳『イデオロギーの終焉――1950年代における政治思想の涸渇について』，東京創元社

――― 1973 *The Coming of Post-Industrial Society: A Venture in Social Forecasting*, New York: Basic Books = 1975a, 1975b 内田忠夫訳『脱工業社会の到来――社会予測の一つの試み［上］』，『脱工業社会の到来――社会予測の一つの試み［下］』，ダイヤモンド社

Bobbio, Norberto 1987a *Which Socialism?: Marxism, Socialism and Democracy*, translated by R. Griffin, Cambridge: Polity Press

――― 1987b *The Future of Democracy: A Defence of the Rules of the Game*, translated by R. Griffin, Minneapolis: University of Minnesota Press

Bottomore, Tom 1964 *Elites and Society*, London: C. A. Watt & Co. Ltd. = 1965 綿貫譲治訳『エリートと社会』，岩波書店

Bramson, Leon 1961 *The Political Context of Sociology*, Princeton: Princeton University Press

[C]

Carr, Edward H. 1951 *The New Society*, London: Curtis Brown Ltd. = 1953 清水幾太郎訳『新しい社会』〔岩波新書〕，岩波書店

千葉眞 1995『ラディカル・デモクラシーの地平――自由・差異・共通善』，新評論

――― 1996「デモクラシーと政治の概念――ラディカル・デモクラシーにむけて」，『思想』，第876号（1996年9月），5-24頁

千葉眞／佐藤正志／飯島昇藏（編）2001『政治と倫理のあいだ――21世紀の規範理論に向けて』，昭和堂

Curran, James (ed.) 1984 *The Future of the Left*, Cambridge: Polity Press

[D]

Dewey, John 1927 *The Public and Its Problems*, New York: H. Holt = 1969 阿部斉訳『現代政治の基礎――公衆とその諸問題』，みすず書房

土井美徳 1997「現代の政治思想――『差異』と『政治的なもの』の概念再考」，竹尾／井田（編著）［1997］，243-71頁

Durkheim, Émile　1951〔1897〕*Suicide*, translated by J. A. Spaulding and G. Simpson, Glencoe: The Free Press = 1980 宮島喬訳「自殺論」,『デュルケーム・ジンメル』〔世界の名著58〕, 中央公論社

[E]

江田三郎　1962「社会主義の新しいビジョン」,『エコノミスト』, 第40年第41号（1962年10月９日）, 毎日新聞社, 32-40頁

Eldridge, John　1983　*C. Wright Mills*, London: Tavistock Publications

[F]

Finley, Moses I.　1973　*Democracy Ancient and Modern*, London: Chatto & Windus = 1991　柴田平三郎訳『民主主義――古代と現代』, 刀水書房

Fromm, Erich　1941　*Escape from Freedom*, New York: Henry Holt and Company = 1965 日高六郎訳『自由からの逃走』, 東京創元社

藤村道生　1981『日本現代史』, 山川出版社

藤田省三　1957「現代革命思想の問題点」,『中央公論』, 1957年２月号, 213-28頁

――――　1985「『安楽』への全体主義」,『思想の科学』, 1985年９月号 = 藤田 [1995], 3-15頁

――――　1990「現代日本の精神」,『世界』, 第537号（1990年２月） = 藤田 [1995], 89-124頁

――――　1995『全体主義の時代経験』, みすず書房

藤原孝　1979「イデオロギーと政治社会」, 杉山ほか [1979], 69-96頁

藤原保信　1991『二〇世紀の政治理論』, 岩波書店

――――　1993『自由主義の再検討』〔岩波新書〕, 岩波書店

福田歓一　1972『現代政治と民主主義の原理』, 岩波書店

――――　1977『近代民主主義とその展望』〔岩波新書〕, 岩波書店

福武直（編）1957『講座社会学７　大衆社会』, 東京大学出版会

[G]

Gamble, Andrew M.　1981　*An Introduction to Modern Social and Political Thought*, London: Macmillan = 1992 初瀬龍平ほか訳『現代政治思想の原点――自由主義・社会主義・民主主義』, 三嶺書房

――――　1991 "Socialism, Radical Democracy, and Class Politics," in McLellan / Sayers (eds.) [1991], pp. 18-31

――――　1994〔1988〕*The Free Economy and the Strong State: The*

Politics of Thatcherism, second edition, London: Palgrave Macmillan
——— 2000 *Politics and Fate*, Cambridge: Polity Press = 2002 内山秀夫訳『政治が終わるとき？——グローバル化と国民国家の運命』，新曜社
Giddens, Anthony 1998 *The Third Way: The Renewal of Social Democracy*, Cambridge: Polity Press = 1999 佐和隆光訳『第三の道——効率と公正の新たな同盟』，日本経済新聞社
Giner, S. 2001 "Mass Society: History of the Concept," in Smelser / Baltes (eds.) [2001], pp. 9368-72
後藤道夫 1986「大衆社会論争」，唯物論研究会（編）[1986]，63-124頁
——— 1988「階級と市民の現在」，石井ほか [1988]，137-208頁

[H]

Halebsky, Sandor 1976 *Mass Society and Political Conflict: Toward a Reconstruction of Theory*, Cambridge: Cambridge University Press
長谷川高生 1996『大衆社会のゆくえ——オルテガ政治哲学：現代社会批判の視座』，ミネルヴァ書房
ハヴェル（Havel），ヴァーツラフ 1990 千野栄一ほか編訳『ビロード革命のこころ——チェコスロバキア大統領は訴える』〔岩波ブックレット〕，岩波書店
——— 1991〔1984〕石川達夫訳「政治と良心」，『反政治のすすめ』，恒文社，133-73頁
林秀甫 1977「〔大衆社会論争〕市民民主主義への回路」，『現代の眼』，第18巻第12号（1977年12月），132-39頁
林健太郎 1957a「現代歴史学の根本問題——マルクス主義歴史家への提言」，『思想』，第395号（1957年5月），2-11頁
——— 1957b「過去からの解放——マルクス主義と近代政治学の対立の克服」，『中央公論』，1957年6月号，160-69頁
Held, David 1989 *Political Theory and the Modern State*, Cambridge: Polity Press
——— 1995 *Democracy and the Global Order*, Cambridge: Polity Press = 2002 佐々木寛ほか訳『デモクラシーと世界秩序——地球市民の政治学』，ＮＴＴ出版
——— 1996〔1987〕*Models of Democracy*, second edition, Cambridge: Polity Press = 1998 中谷義和訳『民主政の諸類型』，御茶の水書

房
Held, David / Keane, John　1984a　"In a Fit State," *New Socialist*, March / April, pp. 36-39
――――　1984b　"Socialism and the Limits of State Action," in Curran (ed.) [1984], pp. 170-81
日高六郎　1957「『大衆社会』研究の方向について」，福武（編）[1957]，237-46頁
――――　1959「組織の問題について」，『思想』，第420号（1959年6月），2-3頁
――――　1964「戦後の『近代主義』」，日高（編）[1964]，7-52頁
――――　1968「戦後思想の出発」，日高（編）[1968]，3-38頁
――――　1980『戦後思想を考える』〔岩波新書〕，岩波書店
日高六郎（編）1964『近代主義』，筑摩書房
――――（編）1968『戦後思想の出発』，筑摩書房
日高六郎／鶴見俊輔　1983「〈対談〉いま，民主主義の根を探る――どこに足場を築くか」，『世界』，第453号（1983年8月），34-49頁
細谷昂／元島邦夫 1982「戦後日本の社会状況――日本型『大衆社会』の安定装置」，『講座・今日の日本資本主義4　日本資本主義の支配構造』，大月書店，307-30頁

[I]

飯坂良明　1957「大衆社会論――その前進の動向を探る」，『図書新聞』，第404号（1957年6月22日）
――――　1973『現代社会をみる眼』〔NHKブックス〕，日本放送出版協会
石井健司　1996「グレアム・ウォーラスの初期における社会主義論――一八八〇年代におけるフェビアン協会活動」，日本大学『政経研究』，第33巻第1号，547-69頁
――――　1999「グレアム・ウォーラスによる伝統的政治学批判の背景」，『近畿大学法学』第47巻第1号，35-75頁
石井伸男ほか　1988『モダニズムとポストモダニズム――戦後マルクス主義思想の軌跡』，青木書店

[K]

賀来健輔／丸山仁（編著）2000『ニュー・ポリティクスの政治学』，ミネルヴァ書房
加茂利男　1975『現代政治の思想像』，日本評論社
――――　1995「戦後五十年――日本政治文化の軌跡」，『年報日本現代史』，

第１号，44-78頁
加藤秀俊　1957a「中間文化論」，『中央公論』，1957年３月号，252-61頁
――――　1957b「戦後派の中間的性格」，『中央公論』，1957年９月号，231-41頁
――――　1960「日常生活と国民運動」，『思想の科学』，1960年７月号，28-35頁
加藤節　1994「政治学への挑戦――『民族紛争』からの問い」，『思想』，第839号（1994年５月），1-3頁
――――　1999『政治と知識人』，岩波書店
加藤哲郎　1989『戦後意識の変貌』〔岩波ブックレット〕，岩波書店
――――　1996『現代日本のリズムとストレス――エルゴロジーの政治学序説』，花伝社
Keane, John　1984　*Public Life and Late Capitalism: Toward a Socialist Theory of Democracy*, Cambridge: Cambridge University Press
――――　1988a　*Democracy and Civil Society: On the Predicaments of European Socialism, the Prospects for Democracy, and the Problem of Controlling Social and Political Power*, London: Verso
――――　1988b　"Introduction," in Keane (ed.) [1988], pp. 1-31
――――　1991a　"Democracy and the Idea of the Left," in McLellan / Sayers (eds.) [1991], pp. 6-17
――――　1991b　*The Media and Democracy*, Cambridge: Polity Press
Keane, John (ed.) 1988　*Civil Society and the State: New European Perspectives*, London: Verso
Kenny, Michael　2004　*The Politics of Identity*, Cambridge: Polity Press
菊池理夫　1992「ユートピアの終焉と政治思想の未来」，小野ほか [1992]，225-66頁
――――　2004『現代のコミュニタリアニズムと「第三の道」』，風行社
橘川俊忠　1984「大衆社会論の構図」，『経済評論』，第33巻第１号（1984年１月），68-79頁
小島亮　1987『ハンガリー事件と日本――一九五六年・思想史的考察』〔中公新書〕，中央公論社
小松茂夫　1957「史的唯物論と『現代』」，『思想』，第395号（1957年５月），64-76頁
近藤康史　2001『左派の挑戦――理論的刷新からニュー・レイバーへ』，木鐸社
Kornhauser, William　1959　*The Politics of Mass Society*, Glencoe, Ill.: Free

Press = 1961 辻村明訳『大衆社会の政治』，東京創元社
―――― 1968, "Mass Society," in Sills (ed.) [1968], pp. 58-64
古在由重／井汲卓一／村田陽一／長洲一二（編） 1958 『現代マルクス主義――反省と展望Ｉ　マルクス主義と現代』，大月書店
Kumar, Krishan 1995 *From Post-Industrial to Post-Modern Society: New Theories of the Contemporary World*, Oxford: Blackwell
久野収 1960 「市民主義の成立」，『思想の科学』，1960年７月号，9-16頁
栗原彬 1982 『管理社会と民衆理性――日常意識の政治社会学』，新曜社
黒川俊雄 1957 「新中間層の諸問題」，『思想』，第398号（1957年８月），31-51頁

[L]

Laclau, Ernesto / Mouffe, Chantal 1985 *Hegemony and Socialist Strategy: Towards a Radical Democratic Politics*, London: Verso = 2000〔1992〕山崎カヲルほか訳『ポスト・マルクス主義と政治――根源的民主主義のために』，大村書店
Laslett, Peter / Runciman, Walter G. (eds.) 1969 *Philosophy, Politics and Society*, third series, Oxford: Basil Blackwell
Lederer, Emile 1940 *State of the Masses: The Threat of the Classless Society*, New York: W. W. Norton & Company Publishers = 1961 青井和夫ほか訳『大衆の国家』，東京創元社
Lippmann, Walter 1922 *Public Opinion*, New York: Harcourt = 1987 掛川トミ子訳『世論［上］』〔岩波文庫〕，岩波書店
Lipset, Seymour Martin 1959 *Political Man: The Social Bases of Politics*, New York: Doubleday & Co. = 1963 内山秀夫訳『政治のなかの人間』，東京創元社
Lively, Jack 1962 *The Social and Political Thought of Alexis de Tocqueville*, Oxford: Clarendon Press
Lukes, Steven 1969 "Alienation and Anomie," in Laslett / Runciman (eds.) [1969], pp. 134-56
Lummis, C. Douglas 1996 *Radical Democracy*, Ithaca: Cornell University Press = 1998 加地永津子訳『ラディカル・デモクラシー――可能性の政治学』，岩波書店
Lyon, David 1994 *Postmodernity*, Buckingham: Open University Press = 1996 合庭惇訳『ポストモダニティ』，せりか書房

[M]

Macpherson, C. B.　1973　*Democratic Theory: Essays in Retrieval*, Oxford: Oxford University Press = 1978 西尾敬義ほか訳『民主主義理論』, 青木書店
――――　1977　*The Life and Times of Liberal Democracy*, Oxford: Oxford University Press = 1978 田口富久治訳『自由民主主義は生き残れるか』〔岩波新書〕, 岩波書店
間宮陽介　1996「政治空間の形成と民主主義――丸山眞男の民主主義論」,『思想』, 第876号（1996年９月）, 146-63頁
――――　1999『同時代論――市場主義とナショナリズムを超えて』, 岩波書店
Mannheim, Karl　1929　*Ideologie und Utopie*, Bonn: Friedrich Cohen = 1979 高橋徹ほか訳「イデオロギーとユートピア」,『マンハイム・オルテガ』〔世界の名著68〕, 中央公論社
――――　1940〔1935〕*Man and Society in an Age of Reconstruction: Studies in Modern Social Structure*, translated by E. Shils, London: Routledge & Kegan Paul = 1962 福武直訳『変革期における人間と社会――現代社会構造の研究』, みすず書房
――――　1943　*Diagnosis of Our Time: Wartime Essays of a Sociologist*, London: Routledge & Kegan Paul = 1975 長谷川善計訳『現代の診断――社会学者の戦時評論』〔マンハイム全集第５巻〕, 潮出版社
――――　1951　*Freedom, Power and Democratic Planning*, edited by H. H. Gerth and E. K. Bramstedt, London: Routledge & Kegan Paul = 1976 田野崎昭夫訳『自由・権力・民主的計画』〔マンハイム全集第６巻〕, 潮出版社
Marcuse, Herbert　1964　*One-Dimensional Man: Studies in the Ideology of Advanced Industrial Society*, Boston: Beacon Press = 1980 生松敬三ほか訳『一次元的人間――先進産業社会におけるイデオロギーの研究』, 河出書房新社
丸山眞男 (Maruyama)　1963　*Thought and Behaviour in Modern Japanese Politics*, edited by I. Morris, London: Oxford University Press
――――　1964『現代政治の思想と行動［増補版]』, 未來社
松本礼二　2003「戦後市民社会論再考――戦後日本と市民社会の問題」, 高畠（編）[2003], 35-53頁
松下圭一　1956a「集団観念の形成と市民政治理論の構造転換（一)」, 法政大学『法学志林』, 第53巻第３・４合併号, 131-73頁
――――　1956b「大衆国家の成立とその問題性」,『思想』, 第389号（1956

年11月）= 松下 [1969c], 9-34頁
———— 1957a 「『巨大社会』における集団理論」,『年報政治学1957年』, 岩波書店 = 松下[1969c], 143-72頁
———— 1957b 「マルクス主義理論の二〇世紀的転換」,『中央公論』, 1957年 3 月号 = 松下 [1969c], 83-103頁
———— 1957c 「現代政治における自由の条件」, 日本政治学会報告, 1957年 4 月（『理想』, 1957年12月号）= 松下 [1969c], 173-85頁
———— 1957d 「史的唯物論と大衆社会」,『思想』, 第395号（1957年 5 月）= 松下 [1969c], 35-61頁
———— 1957e 「日本における大衆社会論の意義」,『中央公論』, 1957年 8 月号 = 松下 [1969c], 229-46頁
———— 1957f 「集団観念の形成と市民政治理論の構造転換（二）」, 法政大学『法学志林』, 第55巻第 2 号, 83-167頁
———— 1958a 「社会民主主義の危機」,『中央公論』, 1958年 2 月号 = 松下 [1969c], 104-21頁
———— 1958b 「忘れられた抵抗権」,『中央公論』, 1958年11月号 = 松下 [1969c], 186-200頁
———— 1959a 『市民政治理論の形成』, 岩波書店
———— 1959b 『現代政治の条件』の「はしがき」「後記」, 中央公論社 = 松下 [1969c], 5-6頁, 278-315頁
———— 1960 「大衆社会論の今日的位置」,『思想』, 第436号（1960年10月）= 松下[1969c], 247-64頁（「社会科学の今日的状況」と改題）
———— 1961 「革新政治指導の課題」,『中央公論』, 1961年 3 月号, 157-69頁
———— 1962 『現代日本の政治的構成』, 東京大学出版会
———— 1965 『戦後民主主義の展望』, 日本評論社
———— 1966 「『市民』的人間型の現代的可能性」,『思想』, 第504号（1966年 6 月）= 松下 [1969c], 212-28頁
———— 1968 「戦後民主主義の危機と転機」,『朝日ジャーナル』, 1968年 6 月 9 日 = 松下 [1969c], 265-76頁
———— 1969a 「都市と現代社会主義」,『現代社会主義』, 1969年 1・2 月合併号 = 松下 [1971a], 228-46頁
———— 1969b 「直接民主主義の論理と社会分権」,『朝日ジャーナル』, 1969年 6 月 8 日 = 松下 [1969c], 201-11頁
———— 1969c 『現代政治の条件 [増補版]』, 中央公論社
———— 1969d 「現代市民運動の原理と展望」,『現代社会主義』, 1969年 6 月号, 68-83頁

——— 1969e 「大衆社会と管理社会——戦後民主主義の革新のために」,『現代の理論』, 1969年9月号, 41-55頁
——— 1970 「シビル・ミニマムの思想」,『展望』, 1970年5月号 = 松下[1971a], 270-303頁
——— 1971a 『シビル・ミニマムの思想』, 東京大学出版会
——— 1971b 『都市政策を考える』〔岩波新書〕, 岩波書店
——— 1975 『市民自治の憲法理論』〔岩波新書〕, 岩波書店
——— 1985 『市民文化は可能か』, 岩波書店
——— 1987 『ロック「市民政府論」を読む』〔岩波セミナーブック〕, 岩波書店
——— 1991 『政策型思考と政治』, 東京大学出版会
——— 1994 『戦後政治の歴史と思想』〔ちくま学芸文庫〕, 筑摩書房
——— 1998 『政治・行政の考え方』〔岩波新書〕, 岩波書店
——— 2003〔1986〕『社会教育の終焉［新版］』, 公人の友社
——— 2004 「公共概念の転換と都市型社会」, 西尾ほか（編）[2004], 31-68頁
松下圭一（編）1971 『市民参加』, 東洋経済新報社
松下圭一／上田耕一郎　1957 「マルクス主義は変わるか——大衆社会論をめぐって」,『東京大学新聞』, 第294号（1957年5月22日）
McLellan, David / Sayers, Sean (eds.)　1991　*Socialism and Democracy*, London: Macmillan
Mill, John Stuart 1989〔1859〕 *J. S. Mill: On Liberty and Other Writings*, edited by S. Collini, Cambridge: Cambridge University Press = 1971　塩尻公明ほか訳『自由論』〔岩波文庫〕, 岩波書店
Mills, C. Wright　1951　*White Collar: The American Middle Class*, New York: Oxford University Press = 1957 杉政孝訳『ホワイト・カラー』, 東京創元社
——— 1956 *The Power Elite*, New York: Oxford University Press = 1969 鵜飼信成ほか訳『パワー・エリート［下］』〔UP選書〕, 東京大学出版会
Mosca, Gaetano　1939　*The Ruling Class*, New York: McGraw-Hill = 1973 志水速雄訳『支配する階級』, ダイヤモンド社
Mouffe, Chantal　1992　“Democratic Politics Today,” in Mouffe (ed.) [1992], pp. 1-14 = 1996 岡崎晴輝訳「民主政治の現在」,『思想』, 第867号（1996年9月）, 59-73頁
——— 1993　*The Return of the Political*, London: Verso = 1998 千葉眞ほか訳『政治的なるものの再興』, 日本経済評論社

Mouffe, Chantal (ed.) 1992 *Dimensions of Radical Democracy: Pluralism, Citizenship, Community*, London: Verso
村上泰亮 1987〔1984〕『新中間大衆の時代——戦後日本の解剖学』〔中公文庫〕, 中央公論社
——— 1997〔1985〕「ゆらぎの中の大衆社会」,『村上泰亮著作集 第五巻』, 中央公論社, 465-87頁

[N]

永井陽之助 1958「現代政治とイデオロギー——組織論のための序説」,『思想』, 第406号 (1958年4月), 1-21頁
長洲一二 1958「マルクス主義理論と現代」, 古在ほか (編) [1958], 7-123頁
——— 1961「現代資本主義と新しい民主主義——構造改革の一般理論」,『世界』, 第184号 (1961年4月), 51-65頁
——— 1973『構造改革論の形成』, 現代の理論社
中村政則ほか (編) 1994『戦後日本・占領と改革 第4巻 戦後民主主義』, 岩波書店
中野収 1980「現代日本の大衆社会——大衆社会論への懐疑」,『世界』, 第419号 (1980年10月), 66-86頁
——— 1981「大衆社会論の錯誤」,『経済評論』, 第30巻第1号 (1981年1月), 39-51頁
Neumann, Sigmund 1942 *Permanent Revolution: The Total State in a World at War*, New York: Harper & Brothers = 1960 岩永健吉郎ほか訳『大衆国家と独裁——恒久の革命』, みすず書房
21世紀ひょうご創造協会 (編) 1984『市民意識の研究——実証的研究のための準備作業』, (財) 21世紀ひょうご創造協会
西部邁 1983『大衆への反逆』, 文藝春秋
——— 1987『大衆の病理——袋小路にたちすくむ戦後日本』〔NHKブックス〕, 日本放送出版協会
西尾勝／小林正弥／金泰昌 (編) 2004『公共哲学11 自治から考える公共性』, 東京大学出版会

[O]

岡稔 1957「現代資本主義社会と労働者階級——独占段階における窮乏化法則についての一考察」,『思想』, 第395号 (1957年5月), 77-91頁
奥井智之 1990『60冊の書物による現代社会論——五つの思想の系譜』〔中

公新書〕，中央公論社
Olson, Philip (ed.)　1963　*America as a Mass Society: Changing Community and　Identity*, Glencoe: The Free Press
小野紀明ほか　1992『モダーンとポスト・モダーン――政治思想史の再発見Ｉ』，木鐸社
Ortega y Gasset, José　1932〔1930〕*The Revolt of the Masses*, New York: W. W. Norton & Company = 1979 寺田和夫訳「大衆の反逆」，『マンハイム・オルテガ』〔世界の名著68〕，中央公論社
大嶽秀夫　1999『高度成長期の政治学』，東京大学出版会

[P]

Pareto, Vilfredo　1935　*The Mind and Society*, Vol. 3, London: Jonathan Cape
Pateman, Carole　1970　*Participation and Democratic Theory*, Cambridge: Cambridge University Press = 1978 寄本勝美訳『参加と民主主義理論』，早稲田大学出版部

[R]

Riesman, David et al.　1961　*The Lonely Crowd: A Study of the Changing American Character*, New Heaven: Yale University Press = 1964 加藤秀俊訳『孤独な群集』，みすず書房
蝋山正道　1974『日本の歴史26　よみがえる日本』〔中公文庫〕，中央公論社

[S]

佐伯啓思　1997a『現代民主主義の病理――戦後日本をどう見るか』〔NHKブックス〕，日本放送出版協会
――――　1997b『「市民」とは誰か――戦後民主主義を問いなおす』〔PHP新書〕，PHP研究所
斎藤純一　1992「批判的公共性の可能性をめぐって――親密圏のポテンシャル」，小野ほか [1992]，189-224頁
――――　1993「自由主義」，白鳥／佐藤（編）[1993]，173-96頁
坂本多加雄　2001『国家学のすすめ』〔ちくま新書〕，筑摩書房
向山恭一　2001『対話の倫理――ヘテロトピアの政治に向けて』，ナカニシヤ出版
桜井哲夫　1981「戦後知識人の解体――大衆社会論をめぐって」，『中央公論』，1981年11月号，72-92頁
佐々木寛　1998「『グローバル・デモクラシー』論の構成とその課題――D・ヘルドの理論をめぐって」，立教大学『立教法学』，第48号，

142-82頁
佐藤昇　1957「現段階における民主主義」,『思想』, 第398号（1957年8月）, 1-14頁
澤井敦　2004『カール・マンハイム――時代を診断する亡命者』, 東信堂
Schumpeter, Joseph 1942 *Capitalism, Socialism and Democracy*, London: George Allen & Unwin = 1962 中山伊知郎ほか訳『資本主義・社会主義・民主主義［中］』, 東洋経済新報社
Selznick, Philip　1952　*The Organizational Weapon: A Study of Bolshevik Strategy and Tactics*, New York: McGraw-Hill
――――　1963〔1951〕"Institutional Vulnerability in Mass Society," in Olson (ed.) [1963], pp. 13-29
芝田進午　1957a「『大衆社会』論への疑問――マルクス主義学徒の立場から」,『中央公論』, 1957年6月号, 170-86頁
――――　1957b「再び『大衆社会論』を批判する」,『図書新聞』, 第408号（1957年6月20日）
柴田高好　1962『現代とマルクス主義政治学』, 現代思潮社
Shils, Edward　1963　"The Theory of Mass Society," in Olson (ed.) [1963], pp. 30-47
嶋崎譲　1957「マルクス主義政治学の再出発」,『中央公論』, 1957年4月号, 78-89頁
清水幾太郎　1951『社会心理学』, 岩波書店
――――　1960「大衆社会論の勝利――安保改正阻止闘争のなかで」,『思想』, 第436号（1960年10月）, 26-43頁
塩田潮　1994『江田三郎――早すぎた改革者』, 文藝春秋
白鳥令／佐藤正志（編）1993『現代の政治思想』, 東海大学出版会
庄司興吉　1977『現代化と現代社会の理論』, 東京大学出版会
――――　1984「大衆社会論とパラダイムの問題」,『エコノミスト』, 1984年8月21日, 122-24頁
Sills, David L. (ed.)　1968　*International Encyclopedia of the Social Sciences*, Vol. 9, New York: The Macmillan Company and The Free Press
Smelser, Neil J. / Baltes, Paul B. (eds.)　2001　*International Encyclopedia of the Social and Behavioral Sciences*, Vol. 14, Oxford: Elsevier Science Ltd.
Squires, Judith. (ed.)　1993　*Principled Positions: Postmodernism and the Rediscovery of Value*, London: Lawrence & Wishart
杉田敦　1986a「人間性と政治――グレアム・ウォーラスの政治理論［上］」,『思想』, 第739号（1986年1月）, 98-117頁

——— 1986b「人間性と政治——グレアム・ウォーラスの政治理論［下］」,『思想』, 第741号（1986年3月）, 124-41頁
——— 1998『権力の系譜学——フーコー以降の政治理論に向けて』, 岩波書店
杉山逸男ほか 1979『現代政治学の構想と動態』, 南窓社

[T]

田口富久治 1956「『大社会』の形成と政治理論」,『思想』, 第389号（1956年11月）, 53-76頁
——— 1996「D・ヘルドのコスモポリタン民主主義論」, 立命館大学『立命館法学』, 245号, 34-69頁
——— 2001『戦後日本政治学史』, 東京大学出版会
高畠通敏 1994「戦後民主主義とは何だったか」, 中村ほか（編）[1994], 1-18頁
——— 1997〔1983〕『政治の発見——市民の政治理論序説』, 岩波書店
——— 2001「『市民社会』問題——日本における文脈」,『思想』, 第924号（2001年5月）, 4-23頁
高畠通敏（編）2003『現代市民政治論』, 世織書房
高橋徹／城戸浩太郎／綿貫譲治 1957「集団と組織の機械化——官僚化をめぐる諸問題」,『岩波講座・現代思想Ⅷ　機械時代』, 岩波書店, 87-172頁
高根正昭 1958a「社会運動と公衆」,『思想』, 第406号（1958年4月）, 74-87頁
——— 1958b「『大衆社会論争』と組織——社会科学者への提案」,『思想』, 第408号（1958年6月）, 104-15頁
竹尾隆／井田正道（編著）1997『政治学の世界』, 八千代出版
竹内良知 1957「松下理論は修正主義」,『東京大学新聞』, 第10号（1957年6月12日）
——— 1965「日本のマルクス主義」, 竹内（編）[1965], 7-58頁
竹内良知（編）1965『マルキシズムⅡ』, 筑摩書房
田中浩 1996『戦後日本政治史』〔講談社学術文庫〕, 講談社
田沼肇 1957「日本における『中間層』問題」,『中央公論』, 1957年12月号, 195-207頁
Tocqueville, Alexis de 1981〔1835-40〕*Democracy in America*, abridged with an Introduction by T. Bender, New York: Random House = 1987a, 1987b, 1987c 井伊玄太郎訳『アメリカの民主政治［上］』,『アメリカの民主政治［中］』,『アメリカの民主政治［下］』〔講談社学

術文庫〕，講談社
戸坂潤　1977〔1936〕『日本イデオロギー論』〔岩波文庫〕，岩波書店
外山公美ほか 1999『統治システムの理論と実際』，南窓社
辻村明　1967『大衆社会と社会主義社会』，東京大学出版会
――――　1972「大衆社会論」，辻村（編）[1972]，31-56頁
辻村明（編）1972『社会学講座13　現代社会論』，東京大学出版会
鶴見俊輔 1960「根もとからの民主主義」，『思想の科学』，1960年７月号，20-27頁
都築勉 1995『戦後日本の知識人――丸山眞男とその時代』，世織書房

[U]

上田耕一郎　1958「『大衆社会』理論とマルクス主義」，古在ほか（編）[1958]，201-57頁
――――　1960「大衆社会論と危機の問題」，『思想』，第436号（1960年10月），16-25頁

[W]

Wallas, Graham　1908　*Human Nature in Politics*, London: Constable & Company Ltd. = 1958 石上良平ほか訳『政治における人間性』，創文社
――――　1914 *The Great Society*, London: Macmillan
Walter, E. V.　1964　"'Mass Society': The Late Stages of an Idea," *Social Research*, Vol. 31, No. 4, pp. 391-410
渡辺洋三／甲斐道太郎／広渡清吾／小森田秋夫（編）1994『日本社会と法』〔岩波新書〕，岩波書店
Weber, Max 1991〔1948〕*From Max Weber: Essays in Sociology*, edited by H. H. Gerth and C. W. Mills, with a New Preface by B. S. Turner, London: Routledge
Williams, Raymond　1976　*Key Words: A Vocabulary of Culture and Society*, Fontana: Croom Helm Ltd. = 2002 椎名美智ほか訳『キーワード辞典』，平凡社
Wolin, Sheldon S.　1960　*Politics and Vision: Continuity and Innovation in Western Political Thought*, London: George Allen & Unwin = 1994 尾形典男ほか訳『西欧政治思想史』，福村出版

[Y]

藪野祐三　1987『先進社会＝日本の政治――ソシオ・ポリティクスの地平』，

法律文化社
山田格　1984「市民論の内容分析――市民論に見る市民的エートスの探索」，21世紀ひょうご創造協会（編）[1984]，51-67頁
山田竜作　1993a「マンハイムの政治学方法論における『責任倫理』」，日本大学『大学院論集』，第3号，21-35頁
――――　1993b「マンハイムの『第三の道』としての社会計画論再考――そのデモクラシー観を中心に」，日本大学『法学研究年報』，第23号，407-41頁
――――　1995「フェミニズム政治理論の一考察――二分法的思考への挑戦」，日本大学『大学院論集』，第5号，35-51頁
――――　(Yamada)　1996　"Post-war Japanese Democracy: A Consideration of its Idea and Practice," *RIES: Research Paper*, No. 30, pp. 1-25
――――　1999「大衆社会論からラディカル・デモクラシーへ――多元主義と社会統合をめぐって」，外山ほか[1999]，21-38頁
――――　2000「デモクラシー論の再構築」，賀来／丸山（編著）[2000]，141-62頁
――――　2001a「ヨーロッパ左派の政治戦略としてのラディカル・デモクラシー」，日本大学『国際関係研究』，第21巻第4号，373-88頁
――――　2001b「日常のなかの民主主義――現代日本の市民社会と民主主義」，『日本の科学者』，第36巻第12号，22-27頁
山口定　2004『市民社会論――歴史的遺産と新展開』，有斐閣
山崎正和　1987〔1984〕『柔らかい個人主義の誕生――消費社会の美学』〔中公文庫〕，中央公論社
読売新聞社（編）1999『20世紀　どんな時代だったのか　思想・科学編』，読売新聞社
米原謙　1993「戦後思想を読む」，米原ほか[1993]，181-274頁
――――　1995『日本的「近代」への問い――思想史としての戦後政治』，新評論
米原謙／山口裕司／土居充夫　1993『日本の政治を考える［補訂版］』，法律文化社
吉原次郎　1957「『大衆社会論』をめぐる論争」，『前衛』，1957年10月号，44-50頁
Young, Iris Marion 1989 "Polity and Group Difference: A Critique of the Ideal of Universal Citizenship," *Ethics*, Vol. 99, No. 2, pp. 250-74 = 1996 施光恒訳「政治体と集団の差異――普遍的シティズンシップの理念に対する批判」，『思想』，第867号（1996年9月），97-128頁
――――　1993 "Together in Difference: Transforming the Logic of Group

Political Conflict," in Squires (ed.) [1993], pp. 121-50
——— 2000 *Inclusion and Democracy*, New York: Oxford University Press
唯物論研究会（編） 1986『戦後思想の再検討――政治と社会編』，白石書店

山田竜作（やまだ・りゅうさく）
1967年　福島県生まれ。
英国シェフィールド大学大学院 Ph. D. コース修了。Ph. D.（政治理論）。
政治理論・政治思想史専攻。現在，日本大学国際関係学部助教授。
主要業績
　著書：『現代政治へのアプローチ［増補版］』（共著，北樹出版，1998年），『ニュー・ポリティクスの政治学』（共著，ミネルヴァ書房，2000年）。
　訳書：タラ・スミス『権利の限界と政治的自由』（共訳，サンワコーポレーション，1997年），シャンタル・ムフ『政治的なるものの再興』（共訳，日本経済評論社，1998年），デヴィッド・ヘルド『デモクラシーと世界秩序』（共訳，ＮＴＴ出版，2002年）。

大衆社会とデモクラシー
──大衆・階級・市民──

2004年11月18日　　初版第１刷発行

著　　者　山　田　竜　作
発 行 者　犬　塚　　満

発 行 所　株式会社 風 行 社
〒102-0073 東京都千代田区九段北1-8-2
電話 03-3262-1663／振替 00190-1-537252

印刷・製本　モリモト印刷株式会社
装　　丁　狭山トオル

 ISBN4-938662-72-8

シリーズ『政治理論のパラダイム転換』発刊にあたって

二〇世紀末から世界は大きな変動期に入っていったが、政治理論の世界も大きな転換期にさしかかっている。アレクシス・ド・トクヴィルは、古典的名著『アメリカにおける民主主義』(一八三五年、一八四〇年)の序文において、注目すべき時代観察を書き記している。「それ自体がきわめて新しい社会には、新しい政治学が必要とされる。」二一世紀初頭の今、このトクヴィルの指摘は、われわれの時代的な観察および実感と呼応しているように思われる。

主権的国民国家、権力政治、支配と被支配のメカニズム、利益政治、議会主義、政党政治など、これまで既存の政治理論のパラダイムを組み立ててきたさまざまな制度や理念的前提が、グローバルな規模で挑戦を受け、激動する社会と政治の現実に対してズレを示し始め、既存の認識枠組みでは十分に説明できない「変則性」(anomalies/トーマス・クーン)を示し始めている。環境問題、情報化社会の出現、グローバリゼーション、民族紛争、テロリズムと報復戦争の悪循環、持てる者と持たざる者との地球規模の構造的格差など、現代世界は大きな変容を示している。しかし、現今の政治学の状況は、こうした世界の激動に相即する新たな認識枠組みおよび分析枠組みを必ずしも構築し得ているわけではない。つまり、今日の政治学は、新たな政治理論のパラダイムを取得し得ているわけではなく、その具体的形姿を示し得ているわけでもない。事実、現今の政治学は、いまだに政治理論のパラダイム転換を模索する途上にあり、しかもそうした摸索の試みの初期の段階にあるといえよう。

本シリーズは、こうした激動する社会と政治の現実および知の今日的展開を踏まえつつ、政治理論のパラダイム転換にむけて、政治学の諸種の基本概念やイデオロギーや制度構想の再検討を行うさまざまな試図を表している。本シリーズにおいて再検討と再吟味に付されるテーマには、主権国家、市民社会論、平等、環境、生命、戦争と平和、市民的不服従、共和主義、コミュニタリアニズム、リベラリズム、デモクラシー、ナショナリズム、連邦主義などである。本シリーズは、こうした再検討の作業を通じて、三つの課題を追求しようと試みている。第一の課題は、政治理論ないし政治思想の基本概念、イデオロギー、制度構想の変容過程を仔細にフォローしつつ、その意味内容を精確に認識することである。第二の課題は、第一の作業を踏まえて、そのような基本概念、イデオロギー、制度構想が、現代においてどのような意味合いと役割を持ち得ているのかを、種々の角度から具体的に問い直し、今日の社会、政治、世界に対して行動および政策の規範や指針や方向づけを提示することである。そして第三の課題は、とりわけ日本の現状を問い直しつつ、日本の社会状況および政治状況に対して、分析と批判、方向づけと提言を行っていくことである。こうして本シリーズの目標は、政治理論の分野において新しい知のパラダイムを模索していく過程で、幾多の啓発的かつ果敢な理論的試みを示していくことにほかならない。

（シリーズ編者）千葉　眞／古賀敬太